Magnus Brechtken

Die nationalsozialistische Herrschaft 1933–1939

Geschichte kompakt

Herausgegeben von
Kai Brodersen, Martin Kintzinger,
Uwe Puschner, Volker Reinhardt

Herausgeber für den Bereich *19./20. Jahrhundert*:
Uwe Puschner

Berater für den Bereich *19./20. Jahrhundert*:
Walter Demel, Merith Niehuss, Hagen Schulze

Magnus Brechtken

Die nationalsozialistische Herrschaft 1933–1939

Die Deutsche Nationalbibliothek verzeichnet diese Publikation
in der Deutschen Nationalbibliografie;
detaillierte bibliografische Daten sind im Internet über
http://dnb.d-nb.de abrufbar

2., durchgesehene und bibliographische aktualisierte Auflage 2012

1. Auflage 2004
Die Herausgabe des Werkes wurde durch
die Vereinsmitglieder der WBG ermöglicht.
Satz: Janß GmbH
Einbandgestaltung: schreiberVIS, Bickenbach
Gedruckt auf säurefreiem und alterungsbeständigem Papier
Printed in Germany

Besuchen Sie uns im Internet: www.wbg-wissenverbindet.de

ISBN 978-3-534-24892-6

Elektronisch sind folgende Ausgaben erhältlich:
eBook (PDF): 978-3-534-72647-9
eBook (epub): 978-3-534-72648-6

Inhalt

Geschichte kompakt

In der Geschichte, wie auch sonst,
dürfen Ursachen nicht postuliert werden,
man muss sie suchen. (M. Bloch)

Das Interesse an Geschichte wächst in der Gesellschaft unserer Zeit. Historische Themen in Literatur, Ausstellungen und Filmen finden breiten Zuspruch. Immer mehr junge Menschen entschließen sich zu einem Studium der Geschichte, und auch für Erfahrene bietet die Begegnung mit der Geschichte stets vielfältige neue Anreize. Die Fülle dessen, was wir über die Vergangenheit wissen, wächst allerdings ebenfalls: Neue Entdeckungen kommen hinzu, veränderte Fragestellungen führen zu neuen Interpretationen bereits bekannter Sachverhalte. Geschichte wird heute nicht mehr nur als Ereignisfolge verstanden, Herrschaft und Politik stehen nicht mehr allein im Mittelpunkt, und die Konzentration auf eine Nationalgeschichte ist zugunsten offenerer, vergleichender Perspektiven überwunden.

Interessierte, Lehrende und Lernende fragen deshalb nach verlässlicher Information, die komplexe und komplizierte Inhalte konzentriert, übersichtlich konzipiert und gut lesbar darstellt. Die Bände der Reihe „Geschichte kompakt" bieten solche Information. Sie stellen Ereignisse und Zusammenhänge der historischen Epochen der Antike, des Mittelalters und der Neuzeit verständlich und auf dem Kenntnisstand der heutigen Forschung vor. Hauptthemen des universitären Studiums wie der schulischen Oberstufen und zentrale Themenfelder der Wissenschaft zur deutschen und europäischen Geschichte werden in Einzelbänden erschlossen. Beigefügte Erläuterungen, Register sowie Literatur- und Quellenangaben zum Weiterlesen ergänzen den Text. Die Lektüre eines Bandes erlaubt, sich mit dem behandelten Gegenstand umfassend vertraut zu machen. „Geschichte kompakt" ist daher ebenso für eine erste Begegnung mit dem Thema wie für eine Prüfungsvorbereitung geeignet, als Arbeitsgrundlage für Lehrende und Studierende ebenso wie als anregende Lektüre für historisch Interessierte.

Die Autorinnen und Autoren sind in Forschung und Lehre erfahrene Wissenschaftler und Wissenschaftlerinnen. Jeder Band ist, trotz der allen gemeinsamen Absicht, ein abgeschlossenes, eigenständiges Werk. Die Reihe „Geschichte kompakt" soll durch ihre Einzelbände insgesamt den heutigen Wissensstand zur deutschen und europäischen Geschichte repräsentieren. Sie ist in der thematischen Akzentuierung wie in der Anzahl der Bände nicht festgelegt und wird künftig um weitere Themen der aktuellen historischen Arbeit erweitert werden.

Kai Brodersen
Martin Kintzinger
Uwe Puschner
Volker Reinhardt

Für Philip

Vorwort des Autors

Die nationalsozialistische Herrschaft in Deutschland und ihre Folgen für Europa und die Welt gelten als das am besten erforschte Untersuchungsfeld der modernen Geschichte. Wer sich anschickt, auf knappem Raum einen verlässlich gewichtenden Überblick zu bieten, tritt neben eine Vielzahl anderer Darstellungen. Doch gerade weil die Forschung stetig voranschreitet, ist es notwendig, regelmäßig Charakter und Gepräge des „Dritten Reiches" in einer Kombination der großen Linien mit differenzierter Detailpräzision aktuell zu resümieren. Das ist die Absicht dieses Buches.

Zugleich reflektiert es mehr als ein Jahrzehnt universitärer Forschung und Lehre, in deren Rahmen ich als Dozent in Bayreuth und München, Edinburgh und Nottingham sowie bei meinen Forschungen in Frankreich, Polen und den Vereinigten Staaten regelmäßig den historischen Ort des „Dritten Reiches" im Kontext der deutschen und internationalen Geschichte diskutieren konnte. Die hierbei immer wieder wahrnehmbaren Schwerpunkte des Interesses sowohl auf Seiten der Studierenden wie bei vielen Kolleginnen und Kollegen hinsichtlich der Aufbereitung und Gewichtung einer solchen Zusammenschau spiegeln sich in Aufbau und Struktur der folgenden Darstellung.

Für vielfältige Hilfe, namentlich bei der bisweilen vom Ausland her schwierigen Quellenprüfung in der Schlussphase, danke ich Dr. Ralf Forsbach (Siegburg), Dr. Markus Huttner (Leipzig), Dr. Klaus A. Lankheit (München) und insbesondere Dr. Christoph Studt (Bonn), der seit nun fast zwanzig Jahren in bewundernswerter Beständigkeit freundschaftlichen Rat und mitdenkende Sympathie gewährt.

Dem zuständigen Reihenherausgeber PD Dr. Uwe Puschner (Berlin), der den Band angeregt und mit hilfreicher Sorgfalt gelesen hat, sowie dem betreuenden Lektor Daniel Zimmermann (Darmstadt) danke ich für die außerordentlich angenehme und kooperative Zusammenarbeit.

Die Wurzel des Kreativen liegt im Privaten. Frauke war wie stets anregende Stütze und ablenkende Freude, die mehr ist, als jemand erwarten darf, der sich vom „Kobold des Hervorbringens" treiben lässt.

Dies Buch ist für Philip, der so oft warten musste, wenn sein Vater im Bemühen um Erkenntnis, Verstehen und Reflexion in die diffizile Zeitgenossenschaft der Vorfahrengenerationen abzutauchen suchte.

Wollaton Park, Pfingsten 2004 Magnus Brechtken

Vorwort zur zweiten Auflage

Für die zweite Auflage wurde der Text durchgesehen und aktualisiert; das Literaturverzeichnis ist auf den neuesten Stand gebracht. Für wichtige Hinweise danke ich Michael Grüttner, Thomas Karlauf und erneut ganz besonders Christoph Studt, dessen Rat und Freundschaft wie stets eine wertvolle Hilfe waren.

Rösenbeck, 13. Februar 2012 Magnus Brechtken

I. Einleitung: Nationalsozialistische Herrschaft und deutsche Geschichte

„Drittes Reich" als Kontinuum

Der Blick auf die nationalsozialistische Herrschaft in Deutschland, die mit der Ernennung Adolf Hitlers zum Reichskanzler am 30. Januar 1933 begann und mit der bedingungslosen Kapitulation des Deutschen Reiches am 8. Mai 1945 endete, offenbart ein komplexes, zusammengehöriges Kontinuum. Gleichwohl markiert der Beginn des Zweiten Weltkrieges eine Zäsur, die einen separat fokussierenden Blick auf die Friedenszeit des „Dritten Reiches" sinnvoll erscheinen lässt. Schon diese gut sechseinhalb Jahre enthüllen konturscharf die kennzeichnenden Wesensmerkmale des Nationalsozialismus – eine stetig forcierte Rassenpolitik und einen beharrlichen außenpolitischen Expansionismus –, aber sie bergen doch noch die verbreitete Hoffnung, dass dergleichen aggressive Herrschaft in Deutschland in friedlicher Weise kompatibel bleiben könnte mit den übrigen Staaten Europas. Erst mit dem Einmarsch deutscher Truppen in Polen am 1. September 1939 zerbrach auch die letzte Illusion jener, die solcherart Hoffnung über die Krisen und Konflikte der Vormonate hinweg gegen alle Erwartung bewahrt haben mochten. Wenngleich die geschichtsnotorische Erinnerung an das „Dritte Reich" mit einer gewissen Folgerichtigkeit dominant von den ungleich monströseren Verbrechen der Kriegsherrschaft und Vernichtungspolitik in Europa geprägt bleibt, erscheint es doch angezeigt, einen erklärenden Blick auf das unterschwellige und offenbare, jedenfalls schon in den Friedensjahren angelegte Bewegungsgesetz des Nationalsozialismus zu richten, um dessen Charakteristika plastisch werden zu lassen.

Der ungekannt gewaltsam-revolutionäre Charakter und die verbrecherische Bilanz dieser zwölf Jahre deutscher Geschichte provozierten seit jeher die Frage nach dessen Ursachen und Wesen. Die Irritation darüber, dass sich ein mitteleuropäisches Kulturvolk schleichend oder im Galopp der Barbarei einer alltäglichen Willkürherrschaft teils widerwillig, teils lethargisch, teils euphorisch hingab, beschäftigte schon manche Zeitgenossen und erklärt, warum das „Dritte Reich" inzwischen „der wohl am intensivsten bearbeitete Untersuchungsgegenstand in der modernen Geschichte überhaupt" (Klaus Hildebrand) geworden ist.

Deutscher Sonderweg?

Auf der Suche nach Erklärungen wird bis in die Gegenwart immer wieder diskutiert, inwieweit Deutschland im 19. und 20. Jahrhundert auf einem „Sonderweg" der europäischen Geschichte geschritten sei. Dergleichen Diskussionen haben eine zweifache Perspektive. In der Tat hätten wohl viele Deutsche, die in den Jahren vor 1914 und darüber hinaus über die Rolle der eigenen Nation in der Welt nachdachten, die Frage nach ihrer nationalen Besonderheit mit innerer Überzeugung bejaht. Insofern sich also zahlreiche Deutsche sowohl im Kaiserreich als auch in der Weimarer Republik und dann, rassistisch übersteigert, im „Dritten Reich" als eine „besondere Nation" mit einer spezifischen „Sendung" betrachteten, ist die Rede vom „positiven" Sonderweg als verbreitetes Selbstbild zumindest bis zum Ende des Zweiten Weltkrieges regelmäßig erkennbar.

Die zweite Perspektive resultiert aus dem verständlichen Bemühen, den Zivilisationsbruch des Nationalsozialismus zu erklären. Die These vom „negativen Sonderweg“ interpretiert die deutsche Geschichte seit der Mitte des 19. Jahrhunderts als ein Verlassen des vermeintlich „normalen“ Entwicklungspfades, wie ihn ökonomisch ähnlich strukturierte Länder in Westeuropa, allen voran Großbritannien und Frankreich, in ihrer politischen Evolution beschritten hatten. Die gescheiterten Revolutionen von 1848 und die konstant erfolgreiche Reformfeindlichkeit des preußisch-deutschen Obrigkeitsstaates nach der Reichsgründung 1871 gegenüber den Forderungen nach einer Parlamentarisierung und durchdringenden Demokratisierung konstituieren in dieser Perspektive eine vielfältig angereicherte Kontinuitätslinie „von Bismarck zu Hitler“, in der Nationalismus, Obrigkeitsorientierung und Antiparlamentarismus, Militarismus und Effizienzstreben, Bürokratievertrauen und Fürsorgeerwartung, Antimodernismus und historisch mythifizierender Irrationalismus, tief wurzelnde Präferenzen für Ordnung vor Freiheit gleichsam spezifisch deutsch zur Bereitwilligkeit kumulieren, dem scheinbar all dies neuartig amalgamierenden Nationalsozialismus die Macht zu überlassen.

Argumente zur Sonderwegsdebatte

Zwei Argumente vor allem widersprechen dieser Betrachtung. Zum einen die Vorstellung, dass es einen historischen „Normalweg“ gebe, auf dem Deutschland bis zu einem gewissen Punkt, beispielsweise 1848, 1862 oder 1871, geschritten und dann abgeirrt sei, um schließlich nach 1945 auf diesen Weg zurückzukehren. In manchen Augen mag diese Interpretation insofern etwas Verlockendes haben, als sie die grundsätzliche Anlage der deutschen Geschichte hin zur liberaldemokratischen Gegenwart als das „Normale“ impliziert, freilich, indem sie das „vergangene Reich“ (Klaus Hildebrand) der Jahre 1871 bis 1945 einer gewissen generellen Stigmatisierung preiszugeben droht, bei der man fragen muss, ob sie den seinerzeit Lebenden in toto gerecht zu werden vermag.

Das zweite Argument zielt auf die in dieser Konstruktion notwendigerweise angelegte Perspektive, dass aus bestimmten Konstellationen bestimmte Folgen entstehen. Denn problematisch, weil im Grunde unerklärlich bleibt, warum Hitler im Januar 1933 zur Macht kam. Die beschriebenen Kontinuitätslinien existierten lange vorher, brachten aber weder 1923 noch 1929 Hitler an die Regierung. Die Ernennung zum Reichskanzler war keine notwendige, sondern eine aus den Intrigen einer kleinen Kamarilla gespeiste Entscheidung, die Manchen verlockend und wünschenswert erschien, aber zu keinem Zeitpunkt zwangsläufig war. Wenngleich also viele Kontinuitätslinien deutscher Geschichte in Hitlers Herrschaft zusammenlaufen und ihn auch trugen, so ist er gleichwohl nicht ihr notwendiges Produkt.

Wenn man also die Theorie eines „Sonderweges“ als Konstruktion charakterisiert, die eine bestimmte Erwartungshaltung an einen vermeintlich „normalen“ Verlauf historischer Prozesse als Maßstab impliziert, so ist das beschriebene deutsche „Sonderbewusstsein“ (Karl Dietrich Bracher) dennoch unübersehbar. Der Regierungsauftrag an Hitler hatte nach den Krisenjahren zwischen 1929 und 1932 in vielen Augen etwas Zwingend-Verlockendes, weil sein Machtanspruch über die Wahlurnen legitimiert erschien. In Zusammenschau mit den beschriebenen Traditionen sowie einem erkennbaren Hang zur autoritätsorientierten Selbstentmündigung generierte dies eine weit reichende Akzeptanzbereitschaft, die der NS-Herrschaft vielfältig erleichternd entgegenkam. Zugleich beeinflusste auch die Deutschen jene europäische Zeittendenz der Zwischenkriegsjahre, die autoritäre Regime wie Pilze aus dem fiebrigen Boden eines allgemeinen Krisenempfindens emporsprießen ließ und dazu beitrug, dass von 25 Demokratien des Jahres 1919 im Jahr 1938 nur noch elf existierten. Gleichwohl ist festzuhalten, dass dergleichen Anfälligkeit stets auch das Maß des humanzivilisatorischen Niveaus reflektiert, das eine Gesellschaft im Verlauf ihrer Geschichte als kulturelle Tradition entwickelt hatte und zu stabilisieren vermochte. Deutschland war ein wissenschaftlich, technisch, sozial und kulturell hochdifferenziertes, im Maßstab anderer Nationen in vielen Bereichen ein über Jahrzehnte führendes Land. Vor diesem Hintergrund markiert das „Dritte Reich“ tatsächlich einen Zivilisationsbruch.

Zeitgenössische Wahrnehmung

Versetzen wir uns allerdings in die zeitgenössische Perspektive des 30. Januar 1933, als Adolf Hitler als Führer der stärksten Reichstagsfraktion zum Kanzler berufen wurde, so wird deutlich, dass die meisten Menschen in Deutschland wie in Europa kaum zu ahnen vermochten, dass dieser Vorgang etwas grundlegend Anderes hervorbringen würde als die beinahe zur frustrierenden Gewohnheit gewordenen Regierungswechsel der Monate und Jahre zuvor. Gewiss, das NSDAP-Parteiprogramm präsentierte in 25 „unabänderlichen“ Punkten die Axiome der so genannten nationalsozialistischen „Bewegung“ und „Weltanschauung“, und im Vorwort seines programmatischen Werkes *Mein Kampf* verkündete Hitler, dass darin „das Grundsätzliche [...] für immer“ niedergelegt sei. Aber die meisten Menschen rechneten darauf, dass die aggressiv-gewaltverheißende Programmatik zwar latent bleiben, die politische Wirklichkeit aber halbwegs pragmatisch und letztlich berechenbar sein würde.

Neben den problematischen Traditionen der deutschen Geschichte, die ein autoritäres Regime begünstigten – ohne dass den meisten Menschen zugleich voll bewusst war, wem sie da die Tore öffneten –, spielten auch außenpolitisch-internationale Faktoren eine gewichtige Rolle, die der ehemalige preußische Ministerpräsident Otto Braun (1872–1955) unter den Schlagworten „Versailles und Moskau“ zusammenfasste. Ohne die offensichtlichen Unzulänglichkeiten des Versailler Vertrages – der je nach Perspektive zu weich war, weil er Deutschland als potentielle Großmacht intakt hielt, oder zu hart, weil er den Besiegten mit materiellen und psychologischen Bürden überlud – wäre die allgemeine Revanchegier wohl moderater und schwerer instrumentalisierbar gewesen. Und ohne die permanente Furcht vor einer kommunistischen Machtübernahme in Deutschland und der drohenden Bolschewisierung Europas wäre die Toleranz der Westmächte, namentlich Großbritanniens, für den vermeintlichen Wellenbrecher Hitler zweifellos kaum so ausdauernd geblieben. Wäre die internationale Staatengemeinschaft, wären vor allem Frankreich und Großbritannien der Hitlerschen Salamitaktik von Beginn an entgegengetreten, so hätte dessen Dynamik, wenn nicht im Keim erstickt, so doch zumindest enorm und vielleicht, was die Option zur Kriegführung betrifft, entscheidend gebremst werden können. Der Hinweis auf die internationale Situation zeigt allerdings zugleich, dass eine nennenswerte innerdeutsche

Bremse gegen die Politik Hitlers mit den Jahren immer weniger erkennbar war und sich praktisch nie durchzusetzen vermochte. Es waren die Deutschen, die den Nationalsozialismus an sich mächtig machten, aber es waren auch die anderen Großmächte, die ihn international immer mächtiger werden ließen.

E

Faschismus – Totalitarismus – Politische Religion?

Bis in die Gegenwart wird diskutiert, wie die nationalsozialistische Herrschaft am treffendsten auf einen Begriff gebracht, wie ihr Wesenskern präzise charakterisiert werden kann. Die gängigsten Begriffe interpretieren den Nationalsozialismus als „deutschen Faschismus", als Totalitarismus oder als politische Religion. Wer sich unvoreingenommen darum bemüht, die NS-Herrschaft analytisch zu verstehen, wird feststellen, dass der Versuch, sie auf einen einzigen Begriff zu reduzieren, eine erkenntnisbehindernde Reduktion bedeutet.

Aus kommunistischer Perspektive war der Nationalsozialismus schlicht „der Faschismus an der Macht" und bedeutete nach der von Georgi Dimitrow 1935 auf dem VII. Weltkongress der Komintern in Moskau geprägten Formel theoriegetreu „die offene terroristische Diktatur der reaktionärsten, am meisten chauvinistischen, am meisten imperialistischen Elemente des Finanzkapitals." Daraus folgte: „Die reaktionärste Spielart des Faschismus ist der Faschismus deutschen Schlages." Auch ein weniger orthodoxer Faschismusbegriff bietet in der Anwendung auf den Nationalsozialismus einen vergleichsweise begrenzten Erkenntnisgewinn. Zu groß waren bei Lichte betrachtet die Unterschiede zwischen der Diktatur Mussolinis oder anderer ähnlicher „faschistischer" Regimes und der Herrschaft Hitlers in Deutschland und dann in Europa, wobei die genuine Differenz nicht allein, aber vor allem in der gezielten und systematischen nationalsozialistischen Massenvernichtung identifizierbar ist.

Der Begriff Totalitarismus liefert mit seinen weitgehend formalen Kriterien – offizielle Ideologie, Massenpartei, Kontrolle der Massenkommunikationsmittel, terroristische Polizeimaßnahmen und Geheimpolizei, Waffenmonopol, Kontrolle bis hin zur zentralen Lenkung der Wirtschaft (Carl J. Friedrich), ergänzt durch revolutionäre Dynamik, totalen Herrschaftsanspruch, Führerprinzip, Fiktion der Identität von Herrschern und Beherrschten (Karl Dietrich Bracher) – einen höheren Gegenwert analytischer Erkenntnis und ermöglicht nicht zuletzt, die entscheidenden Differenzen zwischen Demokratie und Diktatur herauszupräparieren. Allerdings fokussiert der hochgradig formale Totalitarismusbegriff auf die Analyse der Herrschaftstechnik, während er sozioökonomische Antriebe, mentale Dispositionen und politische Ziele vernachlässigt.

Die Interpretation des Nationalsozialismus als politische Religion rekuriert vor allem auf religionssoziologische und religionspsychologische Kategorien, in denen etwa die Adaption liturgischer Elemente, Masseninszenierungen und Rituale, eine auf Initiation und Berufung fußende Auserwähltheitsprogrammatik mit Heilsversprechen und Heilserwartung bis hin zur „Vergöttlichung" des „Führers" als „Erlöser" in das Zentrum gerückt werden. Demgegenüber bleiben die Techniken des Machterwerbs, der Machtdurchsetzung und Machtbehauptung unterbelichtet.

Eine undogmatische Offenheit des Betrachters eröffnet in der Zusammmenschau dieser und weiterer analytischer Zugriffe ein sich ergänzendes Bild von Machttechnik und Mentalität, Terror und Tradition, Gewalt und Gesinnung, Folgsamkeit und Verführung, das für ein Verständnis der Komplexität der NS-Herrschaft, ihrer Beweggründe, Funktionsweisen und Ziele unerlässlich erscheint.

Hitler und Satrapen

Wenn im Folgenden vom NS-Regime die Rede ist, so stets eingedenk von Hitlers Rolle und Funktion im Zentrum des Herrschaftsprozesses, um den, je nach Politikbereich, ein Kreis wechselnd einflussreicher Männer der zweiten Reihe zu identifizieren ist: von Hermann Göring und Joseph Goebbels über Rudolf Heß und Martin Bormann, Heinrich Himmler und Reinhard Heydrich bis zu zahlreichen Gauleitern und „Beauftragten des Führers". Für jeden dieser NS-Partialherrscher lässt sich eine Kurve seines Einflusses und seiner Wirksamkeit zeichnen. Göring beispielsweise steigerte seine Macht vom Tag des Regierungsantritts kontinuierlich über seine Funktion als preußischer Innenminister, Ministerpräsident und Reichsluftfahrtminister bis zu seiner Rolle als „Beauftragter für den Vierjahresplan", die ihn mit den Vollmachten eines Quasi-Wirtschaftsdiktators auf den Höhepunkt seiner Macht führte. Von hier fiel er mit Kriegsbeginn angesichts der vielfältigen unbeherrschten Probleme in seinem kaum mehr überschaubaren Verantwortungsbereich wieder ab und wurde von anderen, effizienteren „Helfern" Hitlers wie Albert Speer (1905–1981) so verdrängt, wie Göring selbst einst Hjalmar Schacht verdrängt hatte. Die Karriere Heinrich Himmlers ist hinsichtlich seines Machtzuwachses wohl die steilste – er avancierte vom Anführer einer wenige hundert Mann starken Truppe zum Kommandeur eines effizient Macht raffenden SS-Korpus von mehreren hunderttausend Köpfen.

Gleichwohl ist kaum vorstellbar, dass eine dieser Figuren der zweiten Reihe für sich allein genommen in der Lage gewesen wäre, genügend Macht zu akkumulieren und eine Gefolgschaft zu sichern, mit der das Reich zu regieren gewesen wäre. Göring war ob seiner vordergründigen Jovialität ein beliebter Politiker, aber weder stand seine Treue zu Hitler jemals in Zweifel noch wurde er aus seinen eigenen politisch-ideologischen Vorstellungen heraus wohl zu jenem Vabanquespiel um Weltmacht oder Untergang angetrieben, wie es bei Hitler der Fall war. Himmler verfügte mit den Jahren über immer mehr Machtinstrumente, um die Bevölkerung einzuschüchtern und zu kontrollieren. Zugleich war er selbst höchst unpopulär, und es erscheint zutiefst fraglich, ob ihm eine Herrschaft aus eigener Kraft möglich gewesen wäre – und Ähnliches gilt für alle anderen Exponenten der Clique um Hitler.

Komplexität des „Dritten Reiches"

Schließlich ist zu betonen, dass alle Bereiche des politischen und gesellschaftlichen Lebens im „Dritten Reich", wie sie im Folgenden dargestellt werden, selbstverständlich vielfältig miteinander verwoben waren. Die Differenzierung der folgenden Kapiteleinteilung dient allein der analytischen Transparenz und sollte sich bei der Lektüre, in der Zusammenschau des Gesamttextes, zu einem detaillierten, gleichwohl konturscharfen Bild nationalsozialistischer Herrschaft formen, der viele Deutsche erlagen, der sie willig folgten, die sie lange tatkräftig, ja euphorisch unterstützten, und bei der dennoch die Vielen oft nicht erkannten, was ihnen eigentlich geschah.

Millionen Deutsche waren überzeugte Nationalsozialisten; sie „glaubten an Hitler", wie Reichsjugendführer Baldur von Schirach (1907–1974) später schrieb. Sie trugen und gestalteten das „Dritte Reich" und handelten im Dienst der immer radikaleren Ziele, die vor allem in den Kriegsjahren sichtbar wurden. Deren Kernelemente – vor allem die Rassen-, Rüstungs- und Expansionspolitik waren schon in den Friedensjahren angelegt – stehen im Mittelpunkt der weiteren Darstellung.

II. Hitlers Persönlichkeit und Bedeutung für den Nationalsozialismus

Zentrale Bedeutung Hitlers

Adolf Hitler war der Anfang und das Ende der nationalsozialistischen Herrschaft in Deutschland. Ohne ihn wäre seine Partei nicht in dieser Form an die Macht, wäre das „Dritte Reich" so nicht ins Leben gekommen. Ohne ihn hätte es keine unbeirrte, ja stringente Politik zum Krieg, keinen permanenten, perspektivisch grenzenlosen Willen zur territorialen Expansion bis hin zum Vabanquespiel um Weltmacht oder Untergang, keine Politik des „Rassenkriegs" mit millionenfachem Menschenmord gegeben.

Zugleich war Adolf Hitler nichts ohne die nach hunderttausenden zählenden Anhänger und Millionen Wähler, die seit Ende der zwanziger Jahre in freien Abstimmungen immer wieder für ihn und seine Partei votierten, die ihn 1932 mittels Straßenradau und Wahlurne vor die Tür der Reichskanzlei trugen, wo ihn eine kleine Clique sich selbst überschätzender konservativ-nationalistischer Türsteher um den senilen Reichspräsidenten Hindenburg schließlich nach langem Zögern am 30. Januar 1933 einließ. Wäre Hitler nicht auf die Bereitschaft vieler Deutscher gestoßen, seinen Versprechungen und Imaginationen in partieller oder weit reichender Übereinstimmung zu folgen, es hätte das „Dritte Reich" nicht gegeben. Aber es sei wiederholt: Hätte es Hitler nicht gegeben, dann wohl auch nicht dieses „Dritte Reich". Es erscheint angebracht, diese doppelseitige Perspektive so explizit zu betonen, um den bisweilen wahrnehmbaren Eindruck zu vermeiden, man könne das eine ohne das andere denken – das „Dritte Reich" ohne Hitler oder Hitler ohne das millionenfache Mitmachen der Deutschen.

Deutsche Traditionen und Mentalitäten

Wer Hitlers entscheidende Rolle für die Existenz des „Dritten Reiches" erkennt und betont, nimmt zugleich keinerlei Verantwortung von denjenigen, die ihm zur Macht verhalfen und sich an den Verbrechen der NS-Herrschaft zwischen 1933 und 1945 beteiligten. Dieser Hinweis erscheint angebracht, weil in der Diskussion um die Rolle Hitlers in der deutschen Geschichte, vereinfacht gesagt, bisweilen eine falsche Alternative impliziert wird: Wer Hitlers herausragende Rolle betont, dem wird nicht selten unterstellt, er wolle den Zivilisationsbruch, den das „Dritte Reich" in der deutschen Geschichte repräsentiert, auf die Schuld eines Mannes und weniger Satrapen reduzieren, um die übrigen Deutschen gleichsam als bloß Verführte zu exkulpieren. Das wäre ebenso irreführend, wie wenn man demgegenüber Hitler als genuin-eigenwilligen Faktor vernachlässigte und allein die kompliziert-spannungsreiche Entwicklung der deutschen Gesellschaft, ihrer nationalistischen Eliten und autokratischen Mentalitäten, ihrer antiparlamentarischen Traditionen und ihres antidemokratischen Bewusstseins als allein entscheidend, womöglich gar als eine Art Einbahnstraße ins „Dritte Reich" interpretieren wollte.

Wenngleich zweifellos niemand den Nationalsozialismus mit Hitler gleichsetzen würde, lässt sich bei allen Vorbehalten gegen historische Spekulationen doch behaupten, dass die NS-Bewegung ohne Hitler vermutlich eine zersplitterte Form verschiedener radikaler, nationalistischer, völkischer, antisemitischer, mystisch-esoterischer, antikapitalistischer, teilweise auch sozialistischer Gruppierungen geblieben wäre, wie sie in den zwanziger Jahren zuhauf in Deutschland existierten. Betrachten wir Hitlers engste Anhänger, so wird dieses Argument plastisch: Die einen, wie etwa Göring, waren radikal nationalistisch, dabei eher wirtschaftskonservativ und zugleich informell imperialistisch auf einen mitteleuropäischen Großwirtschaftsraum ausgerichtet, standen damit für sich genommen den Vorstellungen Alfred Hugenbergs und der DNVP oder auch Hjalmar Schachts nahe. Die anderen, etwa Gregor Straßer, bis 1926 auch Goebbels, oder auch Robert Ley, orientierten sich an sozialistisch-antikapitalistischen Gemeinschaftsvorstellungen. Eine dritte Gruppe wiederum, etwa um Ernst Röhm, favorisierte faschistisch-militaristische Ideale mit sozialistischen Untertönen. Weitere Orientierungen ließen sich nennen, etwa der esoterische Mystizismus, dem Heß ebenso huldigte wie Himmler. Gleichwohl ist niemand erkennbar, der diese heterogenen, zum Teil antagonistischen Strömungen integrierend zu bündeln vermochte, wie es Hitler so offensichtlich mit einer in alle Richtungen wirkenden Glaubwürdigkeit gelang. Mit Blick auf die verbrecherische Wirkungsgeschichte der NS-Herrschaft in Europa würde heute zudem „wahrscheinlich die große Mehrzahl der Historikerinnen und Historiker, die sich mit der Geschichte des 'Dritten Reiches' beschäftigen, die These unterschreiben: 'Ohne Hitler kein Holocaust'" (Peter Longerich). Anders formuliert und zusammengefasst: Hitler war vor 1933 und blieb bis zu seinem Selbstmord *die* pseudomissionarisch treibende, ideologisch orientierende, politisch inspirierende und integrierende Kraft des Nationalsozialismus und des „Dritten Reiches". Wer Hitler aus den Jahren 1933 bis 1945 wegdenkt – und dies unterscheidet ihn von allen anderen Tätern dieser Jahre –, der kommt zu einem grundsätzlich anderen Verlauf der Weltgeschichte.

„Ohne Hitler kein Holocaust"

E

Hitlers Lebenslauf bis 1933

Als Kind eines aus ärmlichen Verhältnissen aufgestiegenen österreichischen Zollbeamten und seiner 23 Jahre jüngeren Frau am 20. April 1889 in Braunau geboren, zeigte Hitlers Lebenslauf in den ersten dreißig Jahren politisch wenig Auffälliges. Seine schulischen Leistungen blieben mittelmäßig und wiederholt musste er Nachprüfungen bestehen, um versetzt zu werden. Mit dem plötzlichen Tod des Vaters im Januar 1903 endete auch ein Erziehungskonflikt, da der Sohn sich beharrlich sträubte, die ihm zugedachte Beamtenkarriere einzuschlagen. Sechzehnjährig schloss er 1905 unter Schwierigkeiten die ungeliebte Realschule ab und führte fortan das „Leben eines schmarotzenden Faulenzers" (Ian Kershaw), das seine finanziell abgesicherte, weiche Mutter aus sorgender Liebe ihrem einzigen Sohn ermöglichte. Schon in diesen Jahren scheint Hitlers hyperegozentrisches, träge tagträumendes Wesen hervor. Er posierte vor sich selbst und der Welt als verkanntes Genie, dessen Stunde kommen werde. Arbeiten, systematisch und zielstrebig, wollte er nicht. Jähzornig und verwöhnt, kontaktarm und sexuell gestört, phobisch und phlegmatisch, unerzogen in den Tag dilettierend, rechthaberisch gegen seine Mitmenschen illustrierte seine egomane Unduldsamkeit schon jene Anlage zum voluntaristischen Größenwahn, die seine Jahre als Politiker und Diktator kennzeichnen sollten. Doch abgesehen von seiner unmittelbaren Umgebung, die ihn zu ertragen hatte, blieb dies noch bedeutungslos. Als Hitler sich im Herbst 1907 erfolglos an der Wiener Akademie für Bildende Künste bewarb, war seine Mutter bereits schwer erkrankt. Ihr Tod im Dezember 1907 bedeutete neben tiefsten seelischen Schmerzen auch das Ende seiner verwöhnten Sorglosexistenz. Im Februar 1908 zog er nach Wien, wo ihm statt der Linzer Behaglichkeit nun täglich die fordernde Lebenswelt einer spannungsreichen Weltstadt entgegentrat, und viele seiner Phobien, Vorurteile und späteren „Welterklärungsmodelle" sich zu entwickeln begannen. Nachdem er im Oktober 1908 von der Akademie erneut abgelehnt worden war, tauchte er ein in die Welt der Wiener Männerheime, bis ihm die Auszahlung des väterlichen Erbteils im Mai 1913 den Umzug in das viel bewunderte München ermöglichte – wie auch das vorläufige Entweichen vor den österreichischen Militärbehörden. In Österreich glücklich ausgemustert, meldete er sich bei Kriegsbeginn freiwillig zur bayerischen Armee und kämpfte vier Jahre lang, vornehmlich als zuverlässiger Meldegänger, ohne je für irgendeine Führungsposition erwogen zu werden. Nach der Niederlage, die er wie viele Zeitgenossen als traumatischen Einschnitt seines Lebens empfand, blieb er zunächst Soldat und zählte zu einer Spitzeltruppe, die über Gruppierungen der Münchner Lokalpolitik zu berichten hatte. Dieser Kontakt eröffnete ihm seinen weiteren Lebensweg. Hitlers politische Karriere begann, nachdem er am 12. September 1919 als V-Mann der Reichswehr über eine Veranstaltung der „Deutschen Arbeiterpartei" (DAP) berichten sollte. Er entdeckte seine Affinität zu dieser Splittergruppe, deren Führung wiederum Hitlers rhetorisches Talent erkannte – einige Tage später trat er mit der Mitgliedsnummer 555 bei. Nachdem er Ende März 1920 aus der Reichswehr verabschiedet worden war, widmete er sich ganz der politischen Propaganda. Hitler avancierte rasch zu einem über die Grenzen Münchens hinaus bekannten Bierkelleragitator, dessen volkstümliche Rhetorik und autosuggestive Erlösungsgläubigkeit so überzeugend auf viele Zuhörer wirkten, dass sie in ihm einen visionären Retter zu sehen bereit waren. Auf einer Großveranstaltung im Festsaal des Münchner Hofbräuhauses verkündete Hitler am 24. Februar 1920 ein 25-Punkte-Programm der DAP. Die Versammlung wurde im Nachhinein zur „Gründungsversammlung" der NSDAP stilisiert, zu deren Vorsitzenden mit diktatorischen Vollmachten Hitler am 29. Juli 1921 avancierte. Am 9. November 1923 versuchte er vergeblich durch einen Putsch, an dem auch der prominente Weltkriegsgeneral Erich Ludendorff (1865–1937) teilnahm, die Staatsmacht zu erobern. Von der bayerischen Justiz mit größter Nachsicht behandelt, wurde Hitler zu fünf Jahren Festungshaft verurteilt und bereits nach knapp acht Monaten Ende 1924 entlassen. Im Landsberger Gefängnis diktierte er den ersten Band seiner Programmschrift *Mein Kampf*, der 1925 erschien. Ein zweiter Band folgte im Jahr darauf. Die NSDAP war während Hitlers Haft zersplittert. Er gründete sie 1925 neu und legte sich fortan auf den strikten Legalitätskurs fest, über Wahlen an die Macht zu gelangen, um anschließend das parlamentarisch-demokratische Regierungssystem zu beseitigen. Die NSDAP blieb zunächst eine Splittergruppe, Hitler eine ins Vergessen geratene Randfigur. Doch die Reichstagswahlen vom 14. September 1930 katapultierten die Partei von 12 auf 107 Mandate und damit auf den zweiten Platz hinter der SPD. Die NSDAP profilierte sich als „Volkspartei des Protests" (Jürgen Falter), mobilisierte traditionelle und neue Wählergruppen, verdoppelte ihren Stimmenanteil bei der nächsten Wahl im Juli 1932 und wurde mit 37,3% die stärkste Partei. Hitler hatte damit offensichtlich das Maximum seines Wählerreservoirs ausgeschöpft. In den nächsten Wahlen am 6. November 1932 sank der Stimmenanteil der NSDAP auf 33,1%. Angesichts der fortdauernden Regierungskrise und der Stärke seiner Fraktion pochte Hitler auf das Amt des Reichskanzlers, stieß damit allerdings bei Reichspräsident Hindenburg und dessen beratender Kamarilla bis zum Januar 1933 auf Ablehnung. Obwohl „Führer" der stärksten politischen Bewegung und in vielen Augen ein legitimer Anwärter auf die Regierungsübernahme, konnte er diese aus eigener Kraft nicht erreichen. Erst das Nachgeben des von seinen Beratern gedrängten Reichspräsidenten ebnete Hitler den Weg ins Kanzleramt.

1. Hitlers „Weltanschauung"

Bedeutung der „Weltanschauung"

Hitlers politisches Wirken nach 1933 ist nicht angemessen zu verstehen, sofern man es nicht zu jenen ideologischen Axiomen in Beziehung setzt, die er selbst als seine „Weltanschauung" bezeichnete und die den langfristigen Rahmen seines Handelns bestimmen sollten. Hitler hat diese „Weltanschauung" seit seinem ersten politischen Wirken mit ungeschminkter Offenheit in Reden und Schriften verbreitet. Das bekannteste und zeitgenössisch am weitesten verbreitete Werk über seine Gedankenwelt ist das Buch *Mein Kampf.* Ein weiteres Buch, das er 1928 verfasste und das vor allem seine außenpolitischen Vorstellungen abhandelt, blieb zu Hitlers Lebzeiten unveröffentlicht.

E

Hitlers *Mein Kampf*

Mein Kampf erschien ursprünglich in zwei Bänden. Der erste mit dem Titel *„Eine Abrechnung"*, den Hitler weitgehend während seiner Haftzeit in Landsberg diktiert hatte, erschien 1925. Der zweite Band mit dem Titel *„Die nationalsozialistische Bewegung"* folgte Ende 1926. Eine Volksausgabe, die erstmals 1930 erschien, vereinigte beide Bände. *Mein Kampf* ist vermutlich von mehreren Bearbeitern im Laufe der Jahre immer wieder durchgesehen und an manchen Stellen stilistisch und orthographisch verbessert worden, ohne allerdings den Inhalt zu verändern, der authentisch Hitlers Gedanken und Weltsicht ausdrückt. Als Hitler zum Kanzler berufen wurde, lag die Auflage bei rund 287000 Exemplaren, bis Ende 1933 stieg sie um rund eine Million, was Hitler unabhängig von seiner politischen Macht zum wohlhabenden Mann werden ließ. In einem Rundschreiben der Parteikanzlei vom Februar 1939 hieß es, es sei „anzustreben, dass eines Tages jede deutsche Familie, auch die ärmste, des Führers grundlegendes Werk besitzt." Bis 1945 wurde das Buch in Deutschland rund zehn Millionen Mal gedruckt und außerdem in sechzehn Sprachen übersetzt.

Inhaltlich ist *Mein Kampf* ein weitschweifiges Buch prahlerischer Halbbildung, dessen bramarbasierend redundanter Stil die Lektüre selbst dann zur Tortur macht, wenn man über den durchweg inhumanen Rassismus und seine totalitären Weiterungen hinwegzusehen vermag. Es galt schon Hitlers Zeitgenossen als schwer erträgliche Lektüre und als Bestseller, den kaum jemand gelesen hatte.

Das Buch ist durchzogen vom Mantra des immerwährenden Vergleichs zwischen menschlichem Körper und Volkskörper. Mensch und Volk seien analoge Entitäten, beide ins Leben gesetzt mit der Notwendigkeit, sich gegen anderes Leben zu behaupten. Der einzelne Mensch gehe zugrunde, wenn er „ungesund" lebe, sich nicht pflege und Krankheiten in seinem Körper nicht entschieden bekämpfe. So auch der Volkskörper. Wem die ubiquitären Körperanalogien in *Mein Kampf* simplizistisch erscheinen, der hat Recht. Gleichwohl: Hitler glaubte, was er sagte, und zog aus der kumulierenden Selbstbestätigung seiner politisch-propagandistischen Aktionen eine messianistische Motivation, die Millionen in ihren Bann zu ziehen vermochte.

Rassismus als Lebensgesetz

Die Grundfigur von Hitlers Weltanschauung ist ein manichäistischer Rassismus. Auf der einen Seite stehen die „Arier", von denen die Deutschen den größten zusammenhängenden Siedlungsblock der Erde bilden – Hitler spricht mal von achtzig, mal von über hundert Millionen Menschen. Diesen „Rassenkern" gilt es zunächst zusammenzufassen, zugleich militärisch und mental aufzurüsten und für den weiteren Kampf zu präparieren. Alle Geschichte ist für Hitler eine Geschichte von Rassenkämpfen.

Während auf der einen Seite „menschliche Kultur und Zivilisation" stets „gebunden" sind „an das Vorhandensein des Ariers", so personifiziert für ihn gleichzeitig „den gewaltigsten Gegensatz zum Arier [...] der Jude." Dieses Axiom ist in Hitlers Augen ein Naturgesetz, das alles weitere Handeln bestimmen muss.

„Instinkt der Natur"

Entscheidend für Hitlers Weltsicht und Politik ist darüber hinaus die fortgesetzte Dominanz des „Instinkts der Natur", den es gegen alle ablenkenden Gedanken und Werte, sei es Liberalismus, sei es Sozialismus, sei es Christentum, seien es andere Formen von human-zivilisierter Orientierung menschlichen Zusammenlebens, neu zu wecken und zu erhalten gelte. „Folge dem Instinkt der Natur" lautet gleichsam Hitlers kategorischer Imperativ. Der entsprechende „Verstand" muss rassisch „angeboren" sein, um die Natur instinktiv zu erkennen und angemessen zu verstehen. Mit Blick auf die „arischen" Deutschen ist es daher die Aufgabe der Politik, diesen Instinkt wieder anzufachen und das deutsche Volk umfassend zu präparieren. Die in diesem Zusammenhang erkennbaren Modernisierungsambitionen sind instrumenteller Natur, kein genuines Ziel allgemeiner Wohlfahrt. Insofern den „arischen" Deutschen – und nur diesen – moderne Sozialeinrichtungen, gesunde Arbeitsplätze und die Errungenschaften der technischen Moderne verfügbar gemacht werden, verbindet sich damit zwangsläufig die Forderung nach volksgemeinschaftlicher Konformität und entindividualisierter Funktion im Zeichen des globalen Rassenkampfes, den, analog zum Menschenbild, nur ein gesunder „Volkskörper" zu bestehen vermag. Sobald die „arischen" Deutschen in ihrem Siedlungsgebiet vereint, „rasserein" und gerüstet sind, sollen sie, dem wieder entfesselten „Instinkt der Natur" folgend, die Zukunft ihrer nachfolgenden Generationen sichern, indem sie neuen „Lebensraum" erobern. Zu keinem Zeitpunkt akzeptierte Hitler daher eine Politik der Wiederherstellung der Grenzen von 1914, denn das seinerzeitige Territorium war in seinen Augen für die Zukunft entschieden zu klein und ein Kolonialreich macht- und siedlungstechnisch zu distanziert. Nach Hitlers Auffassung konnte der zu erobernde Lebensraum nur in Verbindung zum „arischen Kernland" im Osten Europas liegen.

Q

Hitler über das Naturrecht auf Krieg zur Lebensraumeroberung

Denn die Dinge liegen doch so, daß auf dieser Erde zur Zeit noch immer Boden in ganz ungeheuren Flächen ungenutzt vorhanden ist und nur des Bebauers harrt. Ebenso ist auch richtig, daß dieser Boden nicht von der Natur an und für sich einer bestimmten Nation oder Rasse als Reservatfläche für die Zukunft aufgehoben wurde, sondern er ist Land und Boden für das Volk, das die Kraft besitzt, ihn zu nehmen, und den Fleiß, ihn zu bebauen. Die Natur kennt keine politischen Grenzen. Sie setzt die Lebewesen zunächst auf diesen Erdball und sieht dem freien Spiel der Kräfte zu. Der Stärkste an Mut und Fleiß erhält dann als ihr liebstes Kind das Herrenrecht des Daseins zugesprochen. (Zit. n.: Hitler, Mein Kampf, S. 147.)

Es gibt nur ein einziges Volk der Erde, das in großer Geschlossenheit, in einheitlicher Rasse und Sprache eng zusammengedrängt im Herzen Europas zusammenwohnt, das ist das deutsche Volk mit seinen 110 Millionen Deutschen in Mitteleuropa. [...] diesem geschlossenen Block Mitteleuropas wird und muß einmal die Welt gehören. (Zit. n.: Hitler vor Generälen, 21. Januar 1938, in: Müller, Armee und Drittes Reich 1933–1939, S. 244.)

Juden als „Feindrasse"

Das Postulat des Kampfes um Lebensraum ist untrennbar verbunden mit dem Kampf gegen die „Feindrasse", das Judentum. Hitler nimmt hier europaweit verbreitete antisemitische Phobien auf, mit deren österreichischen Varianten er schon während seiner Jugendzeit in Kontakt kam (ohne dass eindeutig zu klären ist, ob er selbst in diesen Jahren schon Antisemit war). Diese Theorien verdichteten sich in seiner Weltwahrnehmung nach der Kriegsniederlage zu einer radikal-manichäistischen rassistischen Ideologie, die von 1919 bis zu seinem Selbstmord im Bunker sein politisches Denken und Handeln bestimmen sollte. Hitlers Antisemitismus zeigte sich dabei früher als sein Antibolschewismus und sein Lebensraumkonzept. Beides – Antibolschewismus und osteuropäisch orientierte Lebensraumvorstellungen – entwickelte er erst sukzessive seit Anfang der zwanziger Jahre.

Q

Kontinuität und Stringenz in Hitlers Antisemitismus

Erste „politische" Äußerung, Brief an Adolf Gemlich, 16. September 1919
Der Antisemitismus aus rein gefühlsmäßigen Gründen muß seinen letzten Ausdruck finden in der Form von Pogromen [im Original: „Progromen", M.B.]. Der Antisemitismus der Vernunft jedoch muß führen zur planmäßigen gesetzlichen Bekämpfung und Beseitigung der Vorrechte des Juden, die er zum Unterschied der anderen zwischen uns lebenden Fremden besitzt (Fremdengesetzgebung). Sein letztes Ziel aber muß unverrückbar die Entfernung der Juden überhaupt sein. (Zit. n.: Jäckel/Kuhn, Hitler. Sämtliche Aufzeichnungen, S. 89–90 [Dok. 61].)

Punkt vier des NSDAP-Parteiprogramms, 24. Februar 1920
Staatsbürger kann nur sein, wer Volksgenosse ist. Volksgenosse kann nur sein, wer deutschen Blutes ist, ohne Rücksichtnahme auf Konfession. Kein Jude kann daher Volksgenosse sein. (Zit. n.: Feder, Das Programm der NSDAP und seine weltanschaulichen Grundgedanken, S. 8.)

***Mein Kampf* (1924/25)**
Siegt der Jude mit Hilfe seines marxistischen Glaubensbekenntnisses über die Völker dieser Welt, dann wird seine Krone der Totenkranz der Menschheit sein, dann wird dieser Planet wieder wie einst vor Jahrmillionen menschenleer durch den Äther ziehen. Die ewige Natur rächt unerbittlich die Übertretung ihrer Gebote. So glaube ich heute im Sinne des allmächtigen Schöpfers zu handeln: Indem ich mich des Juden erwehre, kämpfe ich für das Werk des Herrn. (Zit. n.: Hitler, Mein Kampf, S. 70.)

Hitlers politisches Testament, 29. April 1945
Vor allem verpflichte ich die Führung der Nation und die Gefolgschaft zur peinlichen Einhaltung der Rassegesetze und zum unbarmherzigen Widerstand gegen den Weltvergifter aller Völker, das internationale Judentum. (Zit. n.: Ursachen und Folgen, Bd. 23, S. 199, [Dok. 3636].)

In Hitlers Antisemitismus amalgamierten persönliche Ängste und gesellschaftlich weit verbreitete Bedrohungsperzeptionen zu einem pseudorationalen Welterklärungsmodell, in dem „das Judentum" und „der Marxismus" als die entscheidenden Ursachen allen Übels imaginiert wurden. Dieses Welterklärungsmodell war notwendigerweise hermetisch und rationaler Einsicht nicht zugänglich: Nur wer glaubte statt zu denken, konnte sich diesem religiös anverwandten Irrationalismus ergeben, in dem alle Probleme des Alltags in einer simplen Formel zusammengefasst und gleichsam aufgehoben waren. Alles, was aus seinem Antisemitismus folgte, von seiner Bierkelleragitation der unmittelbaren Nachkriegszeit bis zur genozidalen „Endlösung" im Zweiten Weltkrieg, war für Hitler ein originär „weltanschauliches" Ziel, abgeleitetet aus dieser rassistischen Pseudorationalität, keine Reaktion mithin auf konkrete Vernichtungsängste etwa seitens der Revolution in Russland, keine Kopie, sondern genuines, ideologisch rationalisiertes, „idealistisch" verbrämtes Verlangen aus missionarischem Überzeugungseifer.

2. Stufen zur Macht und charismatische Stilisierung

Politischer Instinkt und Charisma

Hitler war ein Instinktpolitiker und über die längste Zeit seines Wirkens, was immer man moralisch über ihn urteilen mag, ein gewiefter politischer Taktiker, der dies bisweilen gern mit einem selbstvergessenen Wohlgefühl kundtat. Er hielt sich für berufen, auserwählt und genial, und die Reaktionsmuster seiner innerdeutschen wie seiner internationalen Kontrahenten lieferten ihm mit den Jahren immer weniger Anlass, in Selbstzweifel zu geraten. Die moralische Verwerflichkeit seiner verbrecherischen Lebensbilanz darf nicht darüber hinwegtäuschen, dass Hitler einer der praktisch raffiniertesten, taktisch skrupellosesten und machiavellistisch intelligentesten Politiker seiner Epoche war. Seine autosuggestiv induzierte charismatische Ausstrahlung traf auf eine bald millionenfache Glaubens- und Hingabebereitschaft.

Hitler erreichte jene Machtposition, die ihn zu einem ernstzunehmenden Kandidaten für das Amt des Reichskanzlers werden ließen, über seine politische Massenbewegung und durch Wahlen. Im Unterschied zur cliquenhaften Machtusurpation Lenins oder Mussolinis waren es Millionen Deutsche, die Hitler über die Wahlurnen zum politischen Faktor aufbauten. Von jeweils rund 44 Millionen Stimmberechtigten hatten im September 1930 mehr als 6,4 Millionen Deutsche für die NSDAP votiert, im Juli 1932 mit über 13,7 Millionen fast doppelt so viele und im November desselben Jahres immerhin noch mehr als 11,7 Millionen. Beim ersten Wahlgang für das Amt des Reichspräsidenten im März 1932 erhielt Hitler mehr als 11,3 Millionen, bei der Stichwahl am 10. April 1932 über 13,4 Millionen Wählerstimmen. Er rief später wiederholt verklärend in Erinnerung, wie er „auf 13 Millionen gestiegen" sei und den „Bolschewismus in Deutschland" weit hinter sich gelassen habe.

E

Charismatische Herrschaft

Der Begriff der charismatischen Herrschaft ist Max Webers Herrschaftstypologie entnommen und basiert nach dessen Definition „auf der außeralltäglichen Hingabe an die Heiligkeit oder die Heldenkraft oder die Vorbildlichkeit einer Person und der durch sie offenbarten oder geschaffenen Ordnungen". Diese heuristische Konstruktion hat eine partiell hohe Erklärungswirkung für Aufstieg, Rolle, Funktion und Stellung Hitlers seit 1919. Sie lässt sich in vielen Bereichen sinnvoll auf die Position des „Führers" in der nationalsozialistischen Partei und „Bewegung" wie auch auf seine Rolle und Funktion in Staat und Gesellschaft nach 1933 anwenden. In jüngster Zeit ist der Begriff mehrfach mal mehr, mal weniger stringent (Hans-Ulrich Wehler; Ian Kershaw) benutzt worden, um einer Erklärung der herausragenden und letztlich in den Kernfragen entscheidenden Persönlichkeit Hitlers im Gefüge der NS-Herrschaft aus einer strukturellen Perspektive, die Einzelpersönlichkeiten ansonsten historiographisch zu nivellieren geneigt ist, adäquat näher zu kommen. Wenn Ian Kershaw das Zitat vom „dem Führer entgegen arbeiten" in das Zentrum seines Ansatzes zur biographischen Erfassung Hitlers gesetzt hat, so illustriert gerade dieses Interpretament, dass es nur solange erklärenden Sinn macht, wie man „Führer" und „Hitler" gleichsetzt. Das intendierte „Hitler entgegen arbeiten" besaß in der Tat eine motivierende Kraft, die alternativen Konnotationen unzweideutig abging – „Göring entgegen arbeiten", „Goebbels entgegen arbeiten" oder „Himmler entgegen arbeiten" ist als Grundmovens schwer vorstellbar –, was die Fixierung dieser Interpretationsperspektive ebenso deutlich werden lässt wie sie Hitlers im Kern singuläre Rolle erneut unterstreicht.

3. Generationenzusammenhang

„Feldzugs-generation"

Ohne das Generationenmerkmal überbewerten zu wollen, lässt sich festhalten, dass es für die Führungsschicht der NS-„Bewegung" und des „Dritten Reiches" einen generationellen Zusammenhang gab, in dem die Erfahrung des Ersten Weltkrieges von prägender Bedeutung war. Diese Generation war mithin weit reichend repräsentativ für das Empfinden weiter Teile der deutschen Bevölkerung, die dieses Urerlebnis der Gewalt in einer ähnlichen Weise erlebt und durchlitten hatten und ihre politische und mentale Gedankenwelt prägend daraus ableiteten. Hitler selbst charakterisierte seinesgleichen als „Feldzugsgeneration"; in der Forschung ist diese „Kohorte" als „junge Frontgeneration" (zwischen 1890 und 1900 Geborene) bezeichnet worden.

Tatsächlich repräsentierte die Führungsclique des Regimes um Hitler zu einem großen Teil diese „Feldzugsgeneration". Die Kohorte von Robert Ley (Jahrgang 1890), Fritz Todt und Max Amann (Jahrgang 1891), Hermann Göring, Joachim von Ribbentrop und Alfred Rosenberg (Jahrgang 1893), Rudolf Heß und Fritz Sauckel (Jahrgang 1894), Richard Walther Darré (Jahrgang 1895), Joseph Goebbels und Otto Dietrich (Jahrgang 1897) illustriert den Zusammenhang. Nimmt man für den Aufstieg des Nationalsozialismus wichtige Persönlichkeiten wie Gregor und Otto Straßer (Jahrgang 1892 und 1897) hinzu, verstärkt sich dieses Bild.

Sie unterschieden sich deutlich von der eher konservativ-nationalistischen Kaiserreich-Generation, der sie sich ebenso zu bedienen wussten wie sie ihnen nach und nach die Macht entrissen, wie Alfred Hugenberg (Jahrgang 1865), Konstantin von Neurath (Jahrgang 1873), Hjalmar Schacht (Jahrgang 1877), Franz von Papen (Jahrgang 1879) oder gar dem im Grunde weiter im monarchischen Idealbild seiner Lebensjahrzehnte vor 1914 wurzelnden Paul von Hindenburg (Jahrgang 1847).

„Kriegsjugend-generation"

Sie unterschieden sich aber auch von der zwischen 1900 und 1910 geborenen „Kriegsjugendgeneration", die schon auf eine ideologisch-technokratischere zweite Generation des „Dritten Reiches" verwies. Zu ihr zählten neben Heinrich Himmler, Hans Frank und Martin Bormann (Jahrgang

1900) auch Reinhard Heydrich (Jahrgang 1904) und Werner Best (Jahrgang 1903), der als geradezu idealtypischer Vertreter einer dem „heroischen Realismus" anhängenden „Generation der Sachlichkeit" (Ulrich Herbert) charakterisiert worden ist, sowie Albert Speer (Jahrgang 1905) und Baldur von Schirach (Jahrgang 1907).

Aus der unmittelbaren Führungsschicht während Hitlers Aufstieg waren Julius Streicher (Jahrgang 1885) und Ernst Röhm (Jahrgang 1887) älter als Hitler (Jahrgang 1889). Es ist wohl eher zufällig, aber doch auch symptomatisch, dass beide im „Dritten Reich" nach der Machtsicherung keine Position in seinem Umfeld zu etablieren vermochten; Röhm, der sich Hitler in manchem überlegen fühlte, wurde ermordet, Streicher aufgrund seiner irrational-pathologischen Unberechenbarkeit trotz aller Verbundenheit mit dem „Führer" nach einigen Jahren kaltgestellt.

4. Image und Öffentlichkeit

Fortschreitende Stilisierung Hitlers

Wenngleich Hitler zeit seines Lebens stets von einer Entourage williger Anhänger, gläubiger Bewunderer und eifriger Komplizen umgeben war, hatte er im Grunde keine Freunde, sondern, aus einer gewissen inneren Zwanghaftigkeit heraus, vornehmlich instrumentelle Beziehungen. Die Menschen waren ihm Mittel zum Zweck und mit den Jahren verlangte der selbst geschaffene und propagandistisch stilisierte Nimbus der Unfehlbarkeit eine weit reichende Unantastbarkeit. Die ersten erhaltenen Filmaufnahmen aus dem Jahr 1923 und der älteste überlieferte Parteitagsfilm aus dem Jahr 1927 lassen noch keine Stilisierung und Ästhetisierung des „Führers" erkennen. Mit der Machtübernahme allerdings begann, namentlich unter Goebbels' Einfluss, die fortschreitende filmische Inszenierung des Hitlerkultes. Leni Riefenstahls (1902–2003) Parteitagsfilm *Sieg des Glaubens* aus dem Jahr 1933 war ein erster, noch recht plump anmutender Versuch, Hitler und die NSDAP als weltliche Erlöser zu präsentieren. Mit ihrem Film *Triumph des Willens* über den Parteitag von 1934 gelang es Riefenstahl zumindest von der technischen Seite, diesem Ziel so nahe zu kommen als möglich. Das von Hitler geförderte Projekt, für das zwölf Kameras 130000 Meter Film belichteten, von denen schließlich 3000 Meter für den Schnitt ausgewählt wurden, gilt mit einigem Recht als die „unmißverständliche geistige Mobilmachung auf der Leinwand" und Hitler als „der einzige Politiker des 20. Jahrhunderts, der in einer abendfüllenden Verfilmung seiner eigenen politischen Legende selbst die Hauptrolle spielt" (Stephan Dolezel und Martin Loiperdinger).

Wandel der „Führerikonographie"

Fotografisch prägte das Hitlerbild der Massen entscheidend sein „Leibfotograf" Heinrich Hoffmann (1885–1957), der den noch unbeholfenen Jungpolitiker bereits Anfang der zwanziger Jahre in München kennen lernte, bald zu dessen Entourage zählte und bis zu Hitlers Tod angeblich 2½ Millionen Aufnahmen des „Führers" anfertigte. Zeigte sich Hitler zunächst scheinbar volksnah und offen, gab er bisweilen sogar Einblick in sein Privatleben, so wandelte sich diese Haltung angesichts der politischen Erfolge insbesondere nach 1933. Das Image und die tatsächliche Erreichbarkeit

Hitlers klafften zusehends auseinander. Mitte der dreißiger Jahre begann ein Wandel der Führerikonographie, der mit Hitlers abhebender Selbsteinschätzung von der „traumwandlerischen Sicherheit" seines angeblich von der „Vorsehung" bestimmten Lebensweges korrelierte. Wenngleich Hitler in diesen Jahren kaum von der öffentlichen Bühne verschwand und vom Volk mit triumphalistischer Regelmäßigkeit in ekstatischen Massenversammlungen als Retter gefeiert wurde, entrückte er doch zugleich. Es waren nun vor allem außenpolitische Coups und das distanzierte Parkett der Diplomatie, die das öffentliche Bild des „Führers" zusehends bestimmten. Mit Kriegsbeginn begann Hitler, sich immer stärker aus der Öffentlichkeit zurückzuziehen, verlor auch das Interesse an den früher so nützlichen fotografischen Inszenierungen, was dem stilisierten Mythos allerdings selbst im Angesicht des Untergangs wenig Abbruch tat und diesen im Grunde erst mit seinem Tode erlöschen ließ.

5. Geld und Gunst

Während Hitler sich öffentlich als der „selbstlose Führer" gerierte, sorgte er privat von Beginn seiner Karriere an energisch dafür, sich einen Lebensstil mit Auto, Chauffeur und großzügigen Wohnungen zu sichern. Während der Weimarer Jahre versuchte er sorgfältig, sein Einkommen und dessen Quellen zu vertuschen. Für die Jahre 1919 bis 1925 gibt es überhaupt keine Steuerakten, danach behauptete er gegenüber dem Finanzamt, sein Auto und seinen Lebensunterhalt per Kredit bezahlt zu haben. Ein jahrelanger Streit folgte, und es blieb unklar, woher Hitler die Gelder beispielsweise für den Kauf des Berghofes auf dem Obersalzberg nahm. Während Hitler im Februar 1933 publikumswirksam auf sein Gehalt und seine Aufwandsentschädigung als Reichskanzler (29 200 RM plus 18 000 RM pro Jahr) verzichtete, weil er als „Schriftsteller" sein Einkommen selbst verdiene und seine öffentliche Stellung als Ehrenamt auffasse, liefen im gleichen Jahr Steuerschulden von 405 494 Reichsmark auf; das Finanzamt München-Ost mahnte den Reichskanzler noch 1934. Als Hitler allerdings nach Hindenburgs Tod das Amt des Reichspräsidenten auf seine Person vereinigte, befreite ihn das Finanzamt als Staatsoberhaupt von allen Steuern und vernichtete die Steuerunterlagen. Fortan ließ sich Hitler seine steuerfreien Gehälter wieder auszahlen und avancierte rasch zum Multimillionär. Die Tantiemen aus dem Verkauf von *Mein Kampf*, den Sammelbänden mit seinen Reden und den Honoraren für die Abbildung seines Portraits auf den Briefmarken der Reichspost wurden ergänzt durch die jährliche „Adolf-Hitler-Spende der Deutschen Wirtschaft". Hitler nutzte seine ausgedehnte Verfügungsmacht über private und öffentliche Mittel für vielfältige großzügige Dotationen, um die Menschen in seinem Umfeld und vor allem die ihm dienstbare Elite mit großem „Erfolg" materiell zu korrumpieren.

6. Regierungsstil

Lebensstil und Missionarismus

Hitlers Tagesablauf und Lebensrhythmus blieben über die Jahrzehnte geprägt von dem unsystematischen, intuitiven und voluntaristischen Stil, den er schon in Jugendjahren pflegte. Er stand meist spät auf, saß selten am Schreibtisch, verabscheute konzentriertes Aktenstudium, lebte augenscheinlich in den Tag hinein, um abends, möglichst nach dem Genuss eines Films, im Kreis seiner Entourage stundenlang zu monologisieren. Eine Beschreibung von Hitlers Regierungsstil allerdings, die vor allem auf diesen immer wiederkehrenden bohemehaften Lebensrhythmus und seine unsystematische Arbeitsweise abhebt, wird Hitlers Einfluss und Wirkung nur unzureichend gerecht, wenn sie einen gedachten „Normalfall" sachlicher Bürokratie als Maßstab anlegt, wonach ein Kanzler sich morgens um acht an den Schreibtisch setzt, um irgendwann abends nach fleißigem Detailstudium den letzten Aktendeckel zu schließen. Hitler betrieb Politik auf andere Art und er entschied auf andere Weise. Er war auf seine eigene Art durchaus „fleißig", wenn es den Kern seiner „Mission" betraf, blieb im Innersten seines Wesens stets rastlos und von der Angst vor einem frühen Tod getrieben. Dieses Getriebensein verschmolz im Politischen wie im Alltäglichen durchweg mit seinem ideologischen Glauben, der ihm die autosuggestive Selbstgewissheit missionarischer Auserwähltheit zum tragenden Charakterzug seines Wesens, aber auch zur ständigen inneren Mahnung werden ließ, seine „Mission" noch zu Lebzeiten so weit zu treiben als irgend möglich. Namentlich seine Wahlkampfreisen und Werbereden, überhaupt die Vorbereitung seiner Auftritte und deren rigorose rhetorische Berechnung, aber auch die vielfältigen Einmischungen in alltägliche Dinge, wie sie in den mannigfachen Führerweisungen zum Ausdruck kommen, offenbaren und spiegeln diesen fiebrigen Fleiß des „Berufenen".

Hitler entschied nicht selten intuitiv, und das scheinbare Sichtreibenlassen spiegelte oft jene Inkubation des Instinktiven, die er gerade bei schwerwiegenden Konfliktfragen benötigte, um seine Entschlüsse heranreifen zu lassen. Weil er hiermit erfolgreich war und mit den Gewinnen vieler Jahre in diesem Selbstbild euphorisiert wurde, war es zusehends unmöglicher, ihn von dergleichen Entscheidungen, sobald sie einmal getroffen waren, wieder abzubringen. Anders formuliert: Hitler war von seiner historischen Sendung nicht nur überzeugt, sondern geradezu besessen. Er fühlte sich als auserwähltes Werkzeug der „Vorsehung". Dementsprechend waren seine Entscheidungen für ihn nicht etwa Ergebnisse rationaler Überlegung, sondern übermenschlicher Eingebung, und seine Erfolge wiederum waren es, die ihn mit den Jahren immer überzeugter werden und keinerlei Zweifel mehr zuließen.

Hitlers Entscheidungsgewalt

Wer darüber hinaus die Frage nach dem jeweiligen Einfluss Hitlers auf die Entscheidungen innerhalb des NS-Herrschaftsgefüges stellt, um den tatsächlichen Einfluss zu beurteilen, muss die Tatsache im Auge behalten, um welche Details sich eine einzelne Person im Laufe eines Tages zu kümmern vermag und was die generelle Linie der NS-Politik erstrebte. Die Stärke Hitlers spiegelt sich nicht zuletzt in der Tatsache, dass er bisweilen kaum etwas unternehmen musste, um seine langfristigen Vorstellungen in der Bahn zu halten. Hitler beschwor und verfolgte die großen Linien: Machtsicherung, Aufrüstung, Volksgemeinschaftskonzeption, außenpolitische Großmachtentwicklung – alle jeweiligen Entscheidungen verknüpfend mittels voluntaristisch durchtränkter Propaganda und exemplarisch-symbolischer Handlungen. Er konzentrierte sich, von Instinkt und politischem Talent beeinflusst, auf das in diesem Gesamttableau jeweils vordringlichste Element. So gab es nach der Ermordung Röhms niemanden mehr, der seine Führer-Position in Frage stellte. Viel schneller als beispielsweise Mussolini in Italien oder Stalin in der Sowjetunion wurde Hitler in den Augen einer breiten Öffentlichkeit binnen weniger Jahre gleichsam vergöttert. Es bedurfte auch keiner jahrelangen Schauprozesse oder sonstiger „Säuberungen" – ein immer noch verbreiteter Euphemismus für politischen Massenmord –, um Signale der Einschüchterung in die Öffentlichkeit zu senden und bedingungslose Gefolgschaft in den eigenen Reihen zu erreichen. All dies, wofür Stalin Jahre brauchte und was Mussolini in diesem Umfang nie durchzusetzen vermochte, erreichte Hitler in anderthalb Jahren. Hitlers Durchsetzungsfähigkeit spiegelt zugleich den Fanatismus vieler seiner Anhänger, seine breite Resonanz in zunächst rund der Hälfte der deutschen Bevölkerung, später in immer weiteren Kreisen, aber sie zeigt auch die Schwäche der Gesamtgesellschaft, sich gegen die antizivilisatorischen Anforderungen seiner Raubtier-Ideologie und Gewaltherrschaft zu behaupten.

E

„Monokratie" und „Polykratie"
Die in der Forschung lange Zeit diskutierte Frage, ob sich das „Dritte Reich" besser als „Monokratie" oder als „Polykratie" fassen lasse, erscheint nur dann diffizil, wenn man beide Erscheinungen als Gegensätze oder Alternativen auffasst statt als die dialektisch-komplementäre Wirklichkeit, als die sich das „Dritte Reich" tatsächlich präsentiert. Verkürzt gesagt, erkennen wir eine bewusst polykratische Herrschaft mit der monokratisch integrierenden Führungsfigur Hitler an der Spitze. Die Installation von immer neuen Sonderbehörden und „Beauftragten des Führers", die ihre Macht oft allein aus dem persönlichen Treueverhältnis zur charismatisch-ideologischen Integrationsfigur zu ziehen vermochten, schuf eine sozialdarwinistisch konkurrierende Kompetenzpolykratie, die nicht nur Hitlers weltanschaulicher Auffassung vom zwingenden Durchsetzungskampf entsprach, sondern zugleich auch seine Position als unbestrittene Entscheidungsinstanz stärkte und ihm, sofern er dies wollte, stets den ausschlaggebenden Zugriff sicherte.

7. Fazit

Zusammenfassend lässt sich festhalten, dass Hitler in allen Kernfragen der NS-Politik als stets durchsetzungsfähiger, von seiner Ideologie getriebener, dabei machtpragmatischer Herrscher agierte. Niemand hätte überrascht sein müssen angesichts von Hitlers Politik und Deutschlands Entwicklung seit 1933, sofern man die vorher einem Millionenpublikum kommunizierten grundsätzlichen Äußerungen als das nahm, was sie waren: Hitlers hermetisches Glaubensbekenntnis und seine strategische Handlungsanleitung. Angesichts seiner Anlagen zu Auserwähltheitsreflex und Selbststilisierung erscheint es kaum verwunderlich, dass er, als die politischen Erfolge sich einstellten, im Gefühl der Bestätigung seiner Ansichten jedes menschliche Maß, jede humane Grenze politischen Wirkens gänzlich verlor und nurmehr seinen eigenen Willen, seine manichäistische „Weltanschauung“ als Maß des Handelns akzeptierte. Zugleich mag diese offensichtliche Egomanie erklären, warum viele Gegner Hitlers so lange darauf vertrauten, dergleichen egozentrischer Irrationalismus müsse in der Welt des 20. Jahrhunderts an eine Grenze stoßen, die verhindern würde, dass solcherart Größenwahn sich ausleben konnte. Hitler offenbarte der Welt, dass solche Grenzen keineswegs zivilisatorisch selbstverständlich oder der sich aufgeklärt nennenden Moderne wesenseigen sind, sondern nur soweit existieren, wie Individuen als politische Gemeinschaften sie zu setzen willens bleiben.

III. Machtfreigabe und Revolution, Etablierung und Herrschaftstechnik

30. Januar 1933	Hindenburg beruft Hitler zum Reichskanzler
17. Februar 1933	Görings „Schießerlass"
22. Februar 1933	SA wird Hilfspolizei
28. Februar 1933	„Reichstagsbrandverordnung"
5. März 1933	letzte „halbfreie" Wahlen
21. März 1933	„Tag von Potsdam"
31. März 1933	„Gleichschaltung" der Länder
2. Mai 1933	Zerschlagung der Gewerkschaften
6. Juli 1933	Hitler verkündet das Ende der „Revolution"
14. Juli 1933	Gesetz gegen die Neubildung von Parteien
1. Dezember 1933	Ernst Röhm „Minister ohne Geschäftsbereich"
28. Februar 1934	Hitlers Bekenntnis zur Reichswehr
24. April 1934	Bildung des „Volksgerichtshofes"
30. Juni–2. Juli 1934	Enthauptung der SA
2. August 1934	Tod Hindenburgs, Hitler „Führer und Reichskanzler"
19. August 1934	Volksabstimmung über das Staatsoberhaupt

Hitlers Kabinett

Als Adolf Hitler am 30. Januar 1933 sein Kabinett vorstellte, schien für viele Beobachter kaum etwas Aufsehenerregendes geschehen zu sein. Neben dem Reichskanzler amtierten in der neuen Regierung nur zwei Nationalsozialisten: Wilhelm Frick (1877–1946) übernahm das Ministerium des Innern, Hermann Göring avancierte zum Minister ohne Geschäftsbereich und führte kommissarisch das Innenministerium in Preußen (am 10. April wurde er dort Ministerpräsident). Am 13. März 1933 kam Joseph Goebbels hinzu als Chef des neu erdachten „Ministeriums für Volksaufklärung und Propaganda", und Göring trat im selben Monat an die Spitze des Luftfahrtministeriums.

Der Kanzler und seine zwei, dann drei Parteimänner sahen sich einer gewichtigen Gruppe konservativer Minister gegenüber: Franz von Papen (1879–1969), der Vertraute des Reichspräsidenten Hindenburg und in dieser Rolle Hitlers Türöffner zum Kanzlerpalais, fungierte als Vizekanzler und Reichskommissar für Preußen. Er brachte aus seinem bizarr gescheiterten „Kabinett der Barone" vom Sommer 1932 vier konservative Minister mit: Konstantin Freiherr von Neurath (1873–1956) an der Spitze des Auswärtigen Amtes, als Finanzminister Lutz Graf Schwerin von Krosigk (1887–1977), im Justizministerium Franz Gürtner (1881–1941) und als Post- und Verkehrsminister Paul Freiherr von Eltz-Rübenach (1875–1943). Der DNVP-Vorsitzende und Medientycoon Alfred Hugenberg (1865–1951) trat an die Spitze eines Superministeriums für Wirtschaft, Ernährung und Landwirtschaft. Arbeitsminister Franz Seldte (1882–1947) führte zugleich als Chef des *Stahlhelm* eine militärisch-konservative Organisation, die durchaus in Konkurrenz stand zu Hitlers SA-Truppen. Und der neue Reichswehrminister Werner von Blomberg (1878–1946) fühlte sich trotz mancher

Sympathien für Hitler und den Nationalsozialismus, die sich langfristig als opportun erweisen und ihn bald zum treuen Gefolgsmann werden lassen sollten, in Loyalität der integrierend-überragenden Person des Reichspräsidenten verbunden. Die konservativen Nationalisten mit Papen an der Spitze meinten, Hitler „eingerahmt" zu haben, ihn und seine Massenbewegung auf diese Weise „zähmen" und ihren eigenen Zielen dienstbar machen zu können.

Zeitgenössische Skepsis

Zeitgenössische Beobachter führten vielfältige Gründe an, warum Hitler scheitern müsse: Seine konservativen Partner würden ihn im Zaum halten, die Arbeiterbewegung werde ihm Paroli bieten, die Reichswehr eine unabhängige Machtbastion bleiben, starke Parteien wie das Zentrum würden auf Verfassungstreue beharren und schließlich bleibe ja auch der Reichspräsident mit seinen superioren Rechten. Kurzum: Wenn Vizekanzler Papen mit forschem Selbstbewusstsein meinte, man habe sich Hitler „engagiert" und werde ihn nicht nur zähmen, sondern auch kontrollieren, dann stand er mit dieser Fehleinschätzung nicht allein. Die verbreitete Sicht auf den Regierungswechsel reflektierte die Erwartung, dass Hitler nun zu einem Politiker wie andere mutieren, die alltäglichen Erfordernisse von Macht und Verantwortung ihn gleichsam vom Programmatiker zum Pragmatiker umerziehen würden. Denn unübersehbar blieb, dass die ökonomischen und sozialen Schwierigkeiten unabhängig von jedem Regierungswechsel weiter existierten und jede Skepsis berechtigt erschien, dass die unausgegorene Programmatik der NSDAP hier keine adäquaten Antworten zu bieten hatte. Viele meinten, dass Hitler kaum eine erfolgreiche Rezeptur gegen die Krise finden und folglich bald entzaubert scheitern würde.

Waren dies äußere Schwierigkeiten, so kamen innere Defizite hinzu. Es existierte kein Kontingent in Regierung und Verwaltung erfahrener Nationalsozialisten, das nun unmittelbar für die weit reichende Besetzung von Schlüsselfunktionen bereitgestanden hätte. Doch für Hitler und seine Entourage waren dergleichen Unwägbarkeiten allenfalls Lappalien, die sich im Zweifelsfall mit Willenskraft und Gewalt beseitigen ließen; überhaupt überspielte die Euphorie der „nationalen Erhebung" mögliche rationale Einwände in einer Art kollektivem Adrenalinschub, der die NS-„Bewegung" nun beflügelte. Schließlich war es dieser letzte Schritt zur Macht, auf den Hitler als Redner und seine SA-Truppen als Schläger seit Jahren mit immer neuen Wellen aggressiver Propaganda hingearbeitet hatten und der in den vergangenen Monaten immer drohender ins Leere zu laufen schien. „Es ist fast wie ein Traum", notierte Goebbels am 30. Januar erleichtert und beglückt in seinem Tagebuch.

Hitler demonstrierte sogleich ohne Zögern, was vom Einrahmungskonzept zu halten war, als er noch während der Kabinettsbildung gegen bestehende Koalitionsvereinbarungen die Auflösung des Reichstages forderte. Er rechnete mit einem Kanzlerbonus und hoffte auf die absolute Mehrheit, während sein erbitterter DNVP-Koalitionspartner Hugenberg Stimmenverluste fürchtete, die Wählerei und demokratisches Gehabe an sich für ein Übel hielt und stattdessen auf die Stärkung präsidialer Elemente zählte. Er gab schließlich nach, um die Kabinettsbildung nicht platzen zu lassen und demonstrierte damit schon während der Ministerernennung die Selbstgefangennahme der Zähmungsaspiranten.

Reichstagsauflösung

Dem Willen der neuen Regierung entsprechend löste Hindenburg den Reichstag am 1. Februar 1933 auf und setzte den Termin für die Neuwahlen auf den 5. März fest. Die Wahlen sollten, so die Hoffnung der Nationalsozialisten, der Höhepunkt ihrer seit 1925 verfolgten Legalitätstaktik werden, um den Reichstag anschließend gleichsam durch sich selbst zu erledigen: Die Wähler sollten der NSDAP die absolute Mehrheit bescheren, damit diese sodann das Ende aller Wahlen bestimmen konnte. Wer für die Nationalsozialisten stimmte, der votierte zugleich für den Abschied von der parlamentarischen Demokratie in Deutschland. Dergleichen war kein Geheimnis, denn Hitler hatte bereits am 25. September 1930 vor dem Reichsgericht in Leipzig verkündet: „Die nationalsozialistische Bewegung wird in diesem Staat mit den verfassungsmäßigen Mitteln das Ziel zu erreichen suchen. Die Verfassung schreibt uns nur die Methoden vor, nicht aber das Ziel. Wir werden uns auf diesem verfassungsmäßigen Wege die ausschlaggebenden Mehrheiten in den gesetzgebenden Körperschaften zu erlangen versuchen, um in dem Augenblick, da es uns gelingt, den Staat in die Formen zu gießen, die unseren Ideen entspricht."

1. Wahlkampf und Rolle der SA

Terror im Wahlkampf

Schon die Wahlkämpfe vergangener Jahre illustrierten in Straßenschlachten und bürgerkriegsähnlichen Konfrontationen der ideologisierten Parteimassen die vielfältige Zerrissenheit der deutschen Gesellschaft. Mit den Schalthebeln der Staatsmacht in Händen, besaß die NSDAP nun einen eklatanten Vorteil und schon Anfang Februar erließen die neuen Machthaber eine Reihe von Notverordnungen nach Artikel 48 der Weimarer Reichsverfassung, die gegen die Pressefreiheit, auf die Einschüchterung politischer Gegner und die Gängelung des Beamtenapparates zielten. Das omnipräsente Instrument der Machtprojektion, Terrorisierung und Usurpation personifizierten die braunen Horden der Sturmabteilung (SA) der NSDAP. Die SA, zunächst als Saalschutz gegründet, wuchs seit Ende der zwanziger Jahre zu einer Massenorganisation mit einem latent aggressiven Gemeinschaftsgefühl. Über ihre Rolle als Schlägertruppe hinaus wurde sie in „Propagandamärschen" eingesetzt, um die Kraft der „Bewegung" zu demonstrieren und die Zuschauer, eingeschüchtert und fasziniert, in Anhänger zu verwandeln.

E

Zeitgenössische Gedanken zur Rolle und Wirkung der SA
Zit. n.: Manfred von Killinger, Die SA, Leipzig 1933, S. 40.

Jeder, der sich einmal mit Propaganda beschäftigt hat, weiß, daß gerade beim deutschen Volke nichts kräftiger wirkt und Eindruck macht als marschierende Kolonnen. Männer, wohlgeordnet, in straffer Haltung, einheitlich gekleidet, im gleichen Schritt, diszipliniert, nicht rechts und links schauend, nicht schwatzend, rassige, energische Gesichter. Der Anblick solcher Kolonnen läßt das Herz jedes deutschen Mannes, jeder deutschen Frau, jedes Buben und Mädels höher schlagen. In ihnen beginnt das soldatische Blut der Germanenrasse zu sprechen.

SA Über Jahre hinweg hatte die SA im Umfeld der Partei eine nicht selten halbkriminelle Subkultur etabliert. Sie bot wurzelsuchenden Arbeitslosen in Massen ein orientierendes Gemeinschaftsgefühl und eine beheizte Zuflucht, eine (selbst bezahlte) Uniform und den Halt einer Bierdunstkameradschaft über soziale Schranken hinweg. Sie vermittelte das Gefühl persönlicher Nützlichkeit, ja eines tieferen Lebenssinns im Dienst einer Sache, deren ideologischer Gehalt jenseits rücksichtloser Rechthaberei und aggressiver Kampfbereitschaft für „Führer und Bewegung" kaum tiefer verstanden werden musste.

Die Gegner der Republik auf der kommunistischen Linken wie auf der nationalsozialistischen Rechten rekrutierten ihre Schlägertrupps aus einem vergleichbaren Reservoir. Wenngleich der Wechsel von ehemals kommunistischen Kolonnen zur NSDAP lange überschätzt worden ist, so wiesen KPD-Straßenkämpfer und SA-Männer vom sozialen Typus her doch große Ähnlichkeiten auf, gehörten meist zur gleichen Generation, waren jung, unverheiratet und in der Regel arbeitslos. Viele SA-Männer waren bei Lichte betrachtet tumb aktivistische Landsknechte oder zivilisationsbehinderte Resozialisierungsfälle. Aber, und das gab ihnen politisches Gewicht, sie waren uniform Hitlers Willen dienstbar und fieberten dem Moment der Abrechnung entgegen. Ihr allmachtsphantasierendes Gewaltpotential wurde mit der Berufung ihres Parteiführers ins Kanzleramt gleichsam ungezügelt auf die Gegner losgelassen.

NS-Hilfspolizei Nun offenbarte sich auch, dass die Nationalsozialisten mit dem Zugriff auf das Innenministerium im Reich und in Preußen tatsächlich entscheidende Machthebel in Händen hielten. Göring installierte umgehend eine Hilfspolizei von 50000 Männern, von denen 40000 der SA und der SS angehörten. Wahlkampf und staatlich kaschierter Terror ließen sich in den nächsten Wochen kaum voneinander trennen.

Q

Görings Erlass zum Schusswaffengebrauch, 17. Februar 1933
Zit. n.: Ursachen und Folgen, Bd. 9, S. 38–39 (Dok. 1980b).

Ich glaube mir einen besonderen Hinweis darauf ersparen zu können, daß die Polizei auch nur den Anschein einer feindseligen Haltung oder gar den Eindruck einer Verfolgung gegenüber den nationalen Verbänden (SA, SS und Stahlhelm) und nationalen Parteien unter allen Umständen zu vermeiden hat. Ich erwarte vielmehr von sämtlichen Polizeibehörden, daß sie zu den genannten Organisationen [...] das beste Einvernehmen herstellen [...]. Polizeibeamte, die in Ausübung dieser Pflichten von der Schußwaffe Gebrauch machen, werden ohne Rücksicht auf die Folgen des Schußwaffengebrauchs von mir gedeckt. Wer hingegen in falscher Rücksichtnahme versagt, hat dienststrafrechtliche Folgen zu gewärtigen.

Als Propagandachef stand Joseph Goebbels im Zentrum eines Apparates, der nun all die Techniken der Massenmobilisierung in Gang setzte, die bereits in den Jahren zuvor bis zur Perfektion entwickelt und erprobt, bislang jedoch von einer Art dynamischem Leerlauf geprägt geblieben waren. Nun ließen sich all die eingeübten Massentechniken aus der Position der Regierungspartei heraus aktivieren, um damit tief in das Räderwerk der alltäglichen Machtpraxis einzugreifen. Betäubende Mobilisierung und frei schwebende Versprechen für jedes Ohr lautete das Rezept, mit dem Hitler 18 bis 19 Millionen Wählerstimmen zu gewinnen dachte.

Reichstagsbrand

Eine entscheidende Zäsur markierte noch vor den Märzwahlen der Reichstagsbrand vom 27. Februar 1933. Das Feuer schockierte die Öffentlichkeit und erhitzte das allgemeine Krisenempfinden. Indem die Nationalsozialisten den Rauch über dem Wallot-Bau als kommunistisches Aufstandssignal interpretierten, konnten sie lange bereitliegende Pläne umsetzen: Sie ließen kommunistische Funktionäre verhaften, deren Presse verbieten und Parteibüros schließen. Auch sozialdemokratische Publikationen wurden für zwei Wochen verboten und die Partei in ihrer Wahlvorbereitung wie in ihrer politischen Arbeit überhaupt behindert.

E

Reichstagsbrand und „Reichstagsbrandverordnung"
In der Kontroverse um den (oder die) Urheber des Reichstagsbrandes wird es wohl keine einheitliche Forschungsmeinung geben. Zu konträr stehen sich die Interpreten der Alleintäterthese und jene gegenüber, die mehreren Tätern bzw. den Nationalsozialisten die Verantwortung zurechnen, weil der Brand nicht allein mit deren Absichten konvenierte, sondern sie ihn auch mit bemerkenswerter Schnelligkeit nutzten, um den Rechtsstaat auszuhöhlen. Als Tatsache bleibt, dass der als Brandstifter im Reichstag festgenommene Marinus van der Lubbe (1909–1934) seine Alleinverantwortung bis zum Tod beteuerte und Zweifler bislang keinen anderen Täter benennen konnten. Die Mehrheit der Forschung tendiert daher zu der Annahme, dass die Alleintäterthese einen höheren Grad an Plausibilität besitzt als die Theorien ihrer Kritiker.

Wichtiger als dergleichen Expertenkontroversen sind die machtspezifischen Folgen der Brandstiftung: Die Notverordnung „zum Schutz von Volk und Staat" vom 28. Februar 1933 suspendierte bereits am Tag nach dem Anschlag die elementaren Grundrechte „bis auf weiteres". Sie ermächtigte zum Eingriff in Länder- und Gemeinderechte und schuf einen zivilen Ausnahmezustand. Die „Reichstagsbrandverordnung" täuschte in flüchtiger Perzeption über ihren fundamentalen Entrechtungscharakter hinweg, weil sie als bloße Fortsetzung der seit Jahren gewohnten Praxis präsidialer Notverordnungen erschien. Tatsächlich jedoch begründete sie den permanenten Ausnahmezustand, öffnete die Schleusen nationalsozialistischer Willkür, ja des Terrors, und sollte bis zum Untergang 1945 als „Grundgesetz des Dritten Reiches" in Kraft bleiben.

Gewalt und Verführung

Insgesamt spiegelte der Wahlkampf in der Hatz auf die NS-Gegner und der Werbung um seine Anhänger die gesamte Bandbreite von Gewalt und Verführung, die dem neuen Regime so wesensgemäß war: Das Land wurde überschwemmt mit Flaggen, Plakaten und inszenierten Massentreffen, auf denen Hitler seine Ubiquität demonstrierte. Der „Führer" flog von Ort zu Ort, während Goebbels für die moderne medientechnische Verbreitung im Rundfunk sorgte. Der Einsatz war gewaltig: Die NS-Führung nutzte alle Mittel einer ausgehöhlten Verfassungsordnung und zugleich knüppelten ihre Fußtruppen die politischen Gegner in einem mehrwöchigen Gewaltrausch nieder. Angesichts dieser überwältigenden Einflussoptionen musste das Ergebnis enttäuschen: Bei einer Wahlbeteiligung von 88,8% verfehlte die NSDAP mit 43,9% die absolute Mehrheit ernüchternd deutlich. 17,27 Millionen Deutsche votierten für Hitlers Partei, aber mehr als 22 Millionen Wähler versagten ihre Stimme. Die Axiome moderner Propagandatechnik, stets das Positive hervorzuheben, verlangten gleichwohl das Ergebnis als „gewaltigen, entscheidenden Sieg" zu feiern. Nüchtern antizipierend hatte

Ergebnis der „halbfreien" Reichstagswahlen vom 5. März 1933 (wichtigste Parteien)

	Stimmen	Anteil	Mandate
Wahlbeteiligung	39655019	88,7%	Insgesamt: 645
Gültige Stimmen	39343315	88,0%	
NSDAP	17277185	43,9%	288
DNVP & Stahlhelm	3137452	8,0%	52
Zentrum	4597905	11,2%	74
Bayerische Volkspartei	691354	2,7%	18
SPD	7181633	18,3%	120
KPD	4848019	12,3%	81

Hitler vor Spitzen der Industrie schon am 20. Februar erklärt, dass dieses Votum für den Fall, dass es parlamentarisch nicht zur Majoriät reichen sollte, am Ende ein unverbindliches Plebiszit bleiben werde. Man stehe „vor der letzten Wahl. Sie mag ausgehen wie sie will, einen Rückfall gibt es nicht mehr, auch wenn die kommende Wahl keine Entscheidung bringt. So oder so, wenn die Wahl nicht entscheidet, muss die Entscheidung eben auf einem anderen Wege fallen."

Wahl als Parameter der NS-Unterstützung

Die NSDAP gewann gegenüber der Wahl vom November 1932 rund 5,5 Millionen Stimmen hinzu. Ein Großteil rekrutierte sich aus den 3,8 Millionen zusätzlichen Wählern, ein Umstand, der sich auch in der Rekordwahlbeteiligung von über 88% spiegelte und den hohen Grad der Mobilisierung zeigt, den die NS-Propaganda in den wenigen Wochen seit Hitlers Einzug in das Kanzleramt zu erreichen vermochte. Gerade diese Diskrepanz zwischen höchster Mobilisierung und dennoch „nur" 43,9% der Stimmen, illustriert zugleich Reichweite und Grenzen der nationalsozialistischen „Bewegung".

Mit Blick auf die deutsche Bevölkerung musste das Ergebnis die neuen Machthaber also durchaus enttäuschen: Trotz massiver Gewaltprojektion in alle Lebensbereiche, trotz Einschüchterung, Verfolgung und Vertreibung politischer Gegner gewannen sie nicht einmal die Hälfte der Stimmberechtigten, was bedeutet, dass die Nationalsozialisten niemals von einer Mehrheit der deutschen Bevölkerung an die Macht gewählt wurden. An diesem Befund ändern auch die Ergebnisse späterer Volksabstimmungen nichts, als in Pseudowahlen stets Ergebnisse mit mehr als neunzig Prozent Zustimmung herauskamen. Inwieweit sich allerdings in späteren Jahren durch die erkennbar zunehmende Popularität Hitlers im Spiegel seiner außenpolitischen und wirtschaftlichen Erfolge die Mehrheit der Deutschen in hohem Maße mit dem Regime auch über tatsächlich freie Wahlen einverstanden erklärt hätte, bleibt eine diskussionswürdige Frage.

Der neu gewählte Reichstag ließ sich kaum mehr als ein repräsentatives, geschweige denn als freies Parlament interpretieren. Die KPD-Abgeordneten erhielten entgegen aller Vorschriften von Reichstagspräsident Göring keine Einladung zur Teilnahme, wurden jedoch im amtlichen Mitgliederverzeichnis registriert. Sie hätten zwar aufgrund der bekannten Verfolgungen kaum kommen können, aber ihre theoretische Präsenz verschob die praktischen Gewichte. Zudem hätte ein offizielles Verbot vor der Wahl vermutlich die SPD gestärkt; so waren die fast fünf Millionen Stimmen für die KPD parlamentarisch-politisch verloren.

Absolute „rechte" Mehrheit

Mit den acht Prozent der „Kampffront Schwarz-Weiß-Rot" aus DNVP und *Stahlhelm* erreichte das Regierungslager gleichwohl eine absolute Mehrheit der Stimmen, und weil die kommunistischen Abgeordneten verhaftet oder vertrieben waren, stellte die NSDAP sogar allein die absolute Mehrheit der verbleibenden Abgeordneten. Wahlanalytisch bemerkenswert ist, dass die wichtigsten politischen Lager in der Bevölkerung jenseits des Nationalsozialismus – der politische Katholizismus mit Zentrum und BVP, Sozialisten und Kommunisten mit SPD und KPD – ihre Stabilität offenbarten und sich ebenso immun zeigten gegen die nationalsozialistischen Lockungen wie resistent gegen deren Terror. Dies bedeutete in der politischen Praxis allerdings wenig mehr als ein Zeichen an die neuen Machthaber, dass sie noch nicht am Ziel waren.

Hitler betonte in der ersten Kabinettssitzung nach der Wahl, dass nun „eine großzügige Propaganda- und Aufklärungsarbeit einsetzen" müsse, „damit keine politische Lethargie aufkomme". Die Einrichtung des „Ministeriums für Volksaufklärung und Propaganda" am 13. März entsprach dieser Intention, die sich zum Ziel setzte, die Deutschen zur „Volksgemeinschaft" umzubilden: „Das neue Ministerium hat keinen anderen Zweck, als die Nation geschlossen hinter die Idee der nationalen Revolution zu stellen", verkündete Goebbels programmatisch zur Eröffnung. Das Ministerium repräsentierte zudem ein genuin nationalsozialistisches Politikverständnis. Denn, so Goebbels, wenn „diese Regierung entschlossen ist, niemals zu weichen, niemals, nimmer und unter keinen Umständen, dann braucht sie sich nicht der toten Macht der Bajonette zu bedienen, dann wird sie auf Dauer nicht damit zufrieden sein können, 52% hinter sich zu wissen, um damit die übrig bleibenden 48% zu terrorisieren, sondern sie wird ihre nächste Aufgabe darin sehen, die übrig bleibenden 48% für sich zu gewinnen. Das geht nicht allein durch sachliche Arbeit. Die sachliche Arbeit der Regierung muss vielmehr dem Volke auch klargemacht werden." Die Selbstverständlichkeit des Terrors als Herrschaftsinstrument war damit klar formuliert, zugleich versprach die avisierte manipulierende Wandlung der Gesellschaft zu einer gläubigen Gefolgschaft eine subtilere und konstantere Machtsicherung.

Tag von Potsdam

Als theatralisches Symbol dieser Intention inszenierte Goebbels eine Woche nach der Einrichtung seines Ministeriums zur Eröffnung des Reichstags einen feierlichen „Tag von Potsdam". Dieses Rührstück vom 21. März 1933 war ein Meisterwerk propagandistischer Choreographie: Reichspräsident Hindenburg erschien in der Uniform eines preußischen Generalfeldmarschalls und grüßte den leeren Stuhl des Kaisers. Hitler gab sich devot und verbeugte sich, im Cut betont zivil, vor dem steifen alten Mann, der als politisches Wesen längst passé war. Die mit Braunhemden und Uniformträgern gefüllte Potsdamer Garnisonskirche lieferte eine sprechende Kulisse. Der genuine Sinn der Parlamentseröffnung wurde aufgehoben in einer uniformen Verschmelzung von Preußentum und Nationalsozialismus, die zugleich jede Idee parlamentarischer Politik negierte.

Lässt man all die Verstöße gegen die Grundregeln der parlamentarischen Demokratie außer Acht, so hätte das Kabinett Hitler mit seiner absoluten Mehrheit im Reichstag regieren können. Es charakterisiert das Wesen der neuen Machthaber, dass sie revolutionär darüber hinaus wollten. Hitler strebte nach der ganzen Macht, nicht nach einer wie auch immer parlamentarisch abgeleiteten Regierung. Am „Tag von Potsdam" bereits wurde ein Gesetz erlassen „zur Abwehr heimtückischer Angriffe gegen die Regierung der nationalen Erhebung", wie es mit einer jener euphemistischen Formeln hieß, die für das Vokabular des „Dritten Reiches" so charakteristisch werden sollten. Entscheidender noch war das so genannte Ermächtigungsgesetz, das dem Reichstag zwei Tage später vorlag. Es sah vor, der Regierung das Recht zu geben, vier Jahre lang Gesetze ohne Mitwirkung des Reichstages und des Reichsrates zu erlassen – man hätte die Vorlage, die einer Zweidrittelmehrheit bedurfte, auch „parlamentarisches Selbstentmachtungsgesetz" nennen können.

E

Ermächtigungsgesetz

Das am 23. März 1933 verabschiedete „Gesetz zur Behebung der Not von Volk und Reich" sollte „so weit gefaßt werden [...], daß von jeder Bestimmung der Reichsverfassung abgewichen werden könne", wie Innenminister Frick am 15. März im Kabinett umschrieb. Das formal auf vier Jahre bis zum 1. April 1937 beschränkte und an die Existenz der gegenwärtigen Regierung geknüpfte Gesetz, das stets pünktlich verlängert wurde, räumte alle verbleibenden juristischen Hindernisse gegen eine diktatoriale Usurpation der Macht beiseite. Praktisch schuf es Hitler eine Machtbasis jenseits des Reichspräsidentenamtes: Die Reichsregierung konnte nun Gesetze beschließen und diese durften von der Verfassung abweichen. Der Reichskanzler bekam das Recht, die Gesetze auszufertigen und zu verkünden; die Reichsregierung erhielt das alleinige Recht, mit fremden Staaten Verträge zu schließen; der Reichspräsident rückte gleichsam in die Dekoration.

Wille zur absoluten Macht

Um diese letzte parlamentarisch-juristische Hürde zu nehmen, zeigten sich die Nationalsozialisten gewillt, die Buchstaben der Verfassung und der Geschäftsordnung des Reichstages notfalls so zu dehnen, dass eine eigene Mehrheit für die notwendigen zwei Drittel der Stimmen ausreichte. Ein Mittel war die Option, über die Kommunisten hinaus gegebenenfalls weitere Abgeordnete gewaltsam an der Ausübung ihres Mandats zu hindern; eine andere Methode, selbst die nicht anwesenden Abgeordneten als anwesend zu registrieren. Hitler wollte die eigene qualifizierte Mehrheit, und jeder Trick war recht, sie zu sichern. In seiner typischen Mischung aus Werbung und Einschüchterung konfrontierte er die zur Abstimmung aufgerufenen Parlamentarier mit der Alternative „Frieden oder Krieg". Die skandierenden SA- und SS-Einheiten in der Umgebung des Reichstages und in der Kroll-Oper selbst, wo das Parlament nach dem Brand zusammenkam, signalisierten jedem Abgeordneten, was Hitler mit einem „Krieg" gegen abweichende Volksvertreter meinte. Der demokratisch-parlamentarische Geist befand sich im Zangengriff der von unten mobilisierten, zu jeder Gewalt bereiten NS-Massen und der von der Regierung geforderten Selbstentmündigung auf allen möglichen legalistischen Wegen. Einzig die Sozialdemokraten widerstanden dieser Mischung aus Terror und Verlockung. Alle anderen Reichstagsparteien stimmten für das „Ermächtigungsgesetz", das sich fortan auch instrumentalisieren ließ, um die bereits vollzogenen Schritte der „Gleichschaltung" mit dem Mantel des Pseudolegalen zu kaschieren.

2. „Gleichschaltung" der Länder

„Gleichschaltung"

Der viel zitierte Begriff „Gleichschaltung" war ein NS-typischer Euphemismus, denn er bedeutete praktisch die Eliminierung aller dem Nationalsozialismus vermeintlich oder tatsächlich entgegenstehenden Institutionen bis hin zur Misshandlung und Tötung von Menschen. Gleichwohl charakterisiert er, lässt man diese Implikationen einmal beiseite, treffend das, was den verbliebenen Residuen eines potentiellen Widerstandes geschah. Unmittelbar nach den Märzwahlen sorgte die „Gleichschaltung der Länder" dafür, dass sie als Hindernisse gegen den zentralisierenden Zugriff beseitigt wurden. In Baden, Württemberg, Hessen, Sachsen sowie den drei Hansestädten Hamburg, Bremen und Lübeck besaßen die Nationalsozialisten keine parlamentarische Mehrheit. Man forderte deshalb die Einsetzung von Reichskommissaren nach dem Vorbild Preußens, um künftig alle Länder auf die Linie der Reichsregierung zwingen zu können. Mit der erprobten Zangentaktik – Mobilisierung des braunen Massenmobs auf der Straße und gleichzeitigem Druck seitens der Reichsregierung – gelang es ohne größere Widerstände, die noch nicht nationalsozialistischen Länderregierungen binnen weniger Tage zu unterwerfen.

Am 31. März dekretierte ein „Vorläufiges Gesetz zur Gleichschaltung der Länder mit dem Reich", dass die Länderparlamente und Kommunalvertretungen entsprechend den Wahlergebnissen der Reichstagswahl neu zu bilden waren. Die Sitze der KPD wurden dabei schlicht kassiert. Eine Woche später, am 7. April, folgte bereits ein „Zweites Gesetz zur Gleichschaltung der Länder mit dem Reich", mit dem elf Reichsstatthalter eingesetzt wurden. Sie erhielten die Aufgabe, „für die Beobachtung der vom Reichskanzler aufgestellten Richtlinien der Politik zu sorgen". Hitler installierte damit einen ihm direkt verbundenen Satrapen-Apparat. Er selbst übernahm die Reichsstatthalterschaft in Preußen (überließ allerdings Göring die Praxis). Die Reichsstatthalterposten fielen an bewährte NS-Funktionäre. Sie unterstanden formell dem Reichsinnenministerium, wandten sich aber als „alte Kämpfer" oft direkt an den „Führer", um ihre Vorstellungen durchzusetzen. Dieses Eigengewicht von Parteiinstitutionen und die innere Konkurrenz zwischen den vielfältigen Organisationen, vermehrt durch weitere Neueinrichtungen Hitlers, prägten viele Entscheidungsprozesse des „Dritten Reiches". Schon zeitgenössisch charakterisierte Ernst Fraenkel dies als einen „Doppelstaat", in dem sich ein „Normenstaat" aus Rechtsprechung, Gesetzgebung und Exekutive einem „Maßnahmenstaat" gegenübersah, den die Partei, die SS und andere Willkür-Organisationen aufzogen.

„Doppelstaat"

Waren die Länder auf diese Weise schon unmittelbar dem Willen der NS-Führung unterstellt, so erfolgte die endgültige Gleichschaltung mit dem „Gesetz über den Neuaufbau des Reiches" zum ersten Jahrestag der Ernennung Hitlers. Dieses Gesetz, das der Reichsregierung ausdrücklich erlaubte, „neues Verfassungsrecht setzen" zu können, erledigte die Länderparlamente, übertrug deren Hoheitsrechte auf das Reich und degradierte sie zu Mittelbehörden. Die Auflösung des Reichsrates am 14. Februar 1934 war die logische Konsequenz dieses Weges, die „Einheit des Reiches" durch Vereinheitlichung zu erzwingen.

3. Auflösung der Parteien und Gleichschaltung der Gewerkschaften

Wenn Parteiführer und Abgeordnete außerhalb der NSDAP in den Verhandlungen um das „Ermächtigungsgesetz" der Hoffnung nachhingen, sie könnten auch künftig noch eine Rolle spielen, so rissen die neuen Machthaber sie schnell aus dieser Illusion. Zugleich wirkte die usurpatorische Dynamik dieser Monate ebenso überwältigend wie revolutionär.

Die organisierte Arbeiterschaft und der politische Katholizismus als die beiden großen halbwegs homogenen Blöcke innerhalb der deutschen Gesellschaft, von denen jahrelang eine „immunisierende Wirkung" (Jürgen Falter) gegen den Nationalsozialismus ausgegangen war, zerfielen als politische Kräfte ohne merklichen Widerhall. Die Gewerkschaften als größte Sammelorganisation von Arbeiterinteressen wurden von zahlreichen Verkündigungen der NS-Parteigliederungen verlockt. Goebbels hatte selbst jahrelang sozialrevolutionäre Parolen verkündet und gehörte zu jenem Flügel innerhalb der NSDAP, die das „sozialistisch" neben dem „national" im Parteinamen nicht als bloße Phrase verstanden wissen wollten. Er repetierte nun, wie wichtig es für den Erfolg der „Bewegung" sei, dass sie die Massen des Volkes hinter sich bringe. Eine „rassisch-völkisch" homogene Nation, wie sie allenthalben zur Bestimmung erhoben wurde, sei nicht zu bilden, wenn man sich allein auf die „Blut- und Boden"-Ressourcen der Landbevölkerung stützte und Millionen Industriearbeiter außen vor ließ. Das war nicht allein zynische Berechnung, hier verbanden sich „Weltanschauung", politische Notwendigkeit und die langfristige ideologische Vision der „Volksgemeinschaft".

1. Mai wird Feiertag

Wie bei vielen anderen Angriffen auf traditionelle und scheinbar fest gefügte Institutionen, so folgten die Nationalsozialisten auch hier einer Doppelstrategie. Indem sie den 1. Mai zum arbeitsfreien „Tag der nationalen Arbeit" erhoben, erfüllte man jahrzehntealte Sehnsüchte der organisierten Arbeiterbewegung. Es war ein zugleich täuschendes und verlockendes Signal an die Massen auf der Linken, ähnlich den nationalpathetischen Betörungen, die am „Tag von Potsdam" nach rechts ausstrahlten. Hitler redete am 1. Mai auf dem Tempelhofer Feld zu einer halben Million Menschen und verkündete programmatisch, dass sie alle, die bislang „in künstlichen Klassen auseinander gehalten worden" seien, wieder vereinigt werden müssten. Während nun vollmundig und aktionistisch alte Forderungen der Arbeiterbewegung in Erfüllung zu gehen schienen und Goebbels emphatisch „Ehret die Arbeit und achtet den Arbeiter!" proklamierte, bereitete man gleichzeitig alles vor, um die überkommenen Arbeiterorganisationen per Handstreich auszuschalten.

Der täuschende Taumel des 1. Mai konnte berechnend genutzt werden; am folgenden Tag begann die Gleichschaltungsaktion gegen die Freien Gewerkschaften. Sie war darauf berechnet, die vorhandenen Organisationsstrukturen zu beseitigen und die Mitglieder unter NS-Kontrolle zu bringen: „Die Übernahme der Freien Gewerkschaften", hatte Robert Ley am 21. April per Rundschreiben wissen lassen, „muß in der Form vor sich gehen, daß dem Arbeiter und Angestellten das Gefühl gegeben wird, daß diese Aktion sich nicht gegen ihn, sondern gegen ein überaltertes und mit den Interessen der deutschen Nation nicht übereinstimmendes System richtet."

Zerschlagung der Gewerkschaften

In der Praxis bedeutete dies, dass NS-Trupps am 2. Mai die Häuser und Einrichtungen des Allgemeinen Deutschen Gewerkschaftsbundes (ADGB) überfielen, dessen Führer in „Schutzhaft" schleppten, Büros und Redaktionen besetzten und das Vermögen beschlagnahmten. Die Angestellten erhielten die Offerte, unter Kontrolle eines NS-Kommissars auf ihren Posten zu bleiben. Dieser erfolgreiche Überfall auf die größte Gewerkschaft desillusionierte die verbleibenden Arbeiterorganisationen. Der Deutschnationale Handlungsgehilfenverband ergab sich in den folgenden Wochen ebenso wie der liberale Hirsch-Dunckersche Gewerkschaftsring und die christlichen Arbeitnehmerorganisationen. Die Gewerkschaftsmitglieder wurden am 10. Mai in die neu geschaffene Deutsche Arbeitsfront (DAF) überführt, die künftig auch die Arbeitgeberseite einschloss, um das Ende aller Klassenkämpfe und den Weg zur einheitlichen „Volksgemeinschaft" zu exemplifizieren.

Goebbels hatte bereits am 17. April 1933 süffisant notiert: „Sind die Gewerkschaften in unserer Hand, dann werden sich auch die anderen Parteien und Organisationen nicht mehr lange halten können." Und in der Tat war deren Ende nurmehr ein kurzer Prozess. Sämtliche Parteien außer der NSDAP verschwanden. Sie wurden entweder zur Auflösung gedrängt, fanden sich zu diesem Schritt selbst bereit oder gingen gar partiell in der NSDAP auf.

SPD

Zahlreiche SPD-Mitglieder hatten die Partei schon seit dem Frühjahr verlassen und die SPD-Führung beschloss, das Parteivermögen ins Ausland zu retten. Einige Funktionäre emigrierten nach Prag und es begann eine selbsthemmende innere Auseinandersetzung um die Führungskompetenzen. Die Abstimmung über Hitlers so genannte Friedensrede am 17. Mai führte schließlich zum Bruch. Die SPD-Fraktion nahm an dieser Sitzung teil und stimmte für Hitlers Erklärung, obwohl die emigrierten Mitglieder des Parteivorstandes abgeraten hatten. Die Abgeordneten fürchteten zu Recht weitere Verfolgungen, ja offene Gewalt, falls sie opponierten. Sie glaubten zugleich, mit ihrer Zustimmung ein Entgegenkommen des Regimes erreichen zu können – eine Selbsttäuschung über den totalitären Anspruch der Machthaber, der auch viele andere erlagen. Ehemals herausragende sozialdemokratische Politiker gründeten in Prag einen Exilvorstand der „Sopade"; die SPD in Deutschland wurde am 22. Juni 1933 verboten.

Zentrum

Das Zentrum als die zweite Partei, deren Anhänger am längsten immun geblieben waren gegen die braunen Verlockungen, litt nicht zuletzt an der politischen Unzulänglichkeit ihres Partei- und Fraktionsführers Prälat Ludwig Kaas (1881–1952). Er hatte sich während der Verhandlungen im Vorfeld des Ermächtigungsgesetzes auf vage Versprechen Hitlers verlassen, die dieser selbstredend nie einzuhalten gedachte. Dann reiste Kaas im Frühsommer nach Rom, um an den Verhandlungen über das Reichskonkordat teilzunehmen. Er entzog sich damit den heimischen Führungsaufgaben und überließ das Feld Heinrich Brüning (1885–1970), der sich nun in die undankbare Rolle gestellt sah, die Partei als politische Institution abzuwickeln. Das Zentrum löste sich am 5. Juli 1933 auf, die Bayerische Volkspartei als Schwestergruppierung hatte dies bereits einen Tag zuvor getan. Umstritten bleibt die Frage, inwieweit das Zentrum mit seiner Selbstauflösung die Verhandlungen um das Konkordat erleichtern wollte. Zumindest blieb dem Katholizismus auf diese Weise eine Einigkeit erhalten, und er konnte mit Berufung auf die völkerrechtliche Grundlage der Hitler-Papst-Vereinbarung seine Integrität gegen die Forderungen des antichristlichen Regimes zu wahren versuchen.

DNVP

Die DNVP zeigte sich innerlich gespalten zwischen einem fortgesetzten Bemühen um Eigenständigkeit und dem verbreiteten Willen zur Verschmelzung mit der NSDAP. Ihr scheinbar so starker Vorsitzender und „Superminister" Hugenberg entfachte auf der Londoner Weltwirtschaftskonferenz im Juni mit seinen Forderungen nach einem deutschen Kolonialreich in Afrika und wirtschaftlicher Expansion in Richtung Ukraine einen Skandal, der Hitler nicht allein die Handhabe bot, ihn aus seinen Ämtern zu drängen, sondern sich selbst auch noch als scheinbar gemäßigt zu präsentieren. Die Selbstauflösung der Partei am 27. Juni 1933 besiegelte das Schicksal auch dieses eifrig-selbstbewussten Totengräbers der Republik, der nun selbst in der politischen Versenkung verschwand. Auch die deutsche Staatspartei und die Deutsche Volkspartei (DVP) beschlossen ihre Selbstauflösung.

Das „Gesetz gegen die Neubildung der Parteien" vom 14. Juli fiel zufällig auf den Jahrestag der Französischen Revolution und schien damit zugleich den Sieg über die „Ideen von 1789" endgültig zu manifestieren. Die NSDAP wurde zur einzigen politischen Partei in Deutschland erhoben, jede andere Parteibildung mit Zuchthaus und Gefängnis bedroht. Ein weiteres Gesetz „zur Sicherung der Einheit von Partei und Staat" folgte am 1. Dezember. Die NSDAP war demnach „die Trägerin des deutschen Staatsgedankens und mit dem Staat unlöslich verbunden".

Der bisweilen auch Hitler überraschend mühelos erscheinende Erfolg der Machteroberung lag sowohl in seiner gewaltsam-revolutionären Art, alle Gegner ruinös zu terrorisieren, als auch in der Fähigkeit, eine Art verlockende nationalistische Dynamik auszustrahlen, deren Vereinnahmung sich die affinen politischen Lager nicht entziehen mochten. So gelang es der NS-„Bewegung" im Grunde binnen weniger Wochen, alle nennenswerten verbliebenen Machtresiduen entweder aufzusaugen, zu neutralisieren oder vollends zu zerstören.

E

Machtfreigabe und Revolution

Die Frage, wie begrifflich eingängig zu pointieren ist, was zwischen Hindenburgs Regierungsauftrag an Hitler und dem Tod des Reichspräsidenten als dem letzten potentiellen Gegengewicht zum NS-Staat in Deutschland geschah, ist differenziert erörtert worden. Der in der Literatur häufig verwendete Begriff der „Machtergreifung" hatte besonders nach 1945 Konjunktur, weil er das ungekannt aggressive und rücksichtslos usurpatorische der NS-Politik zu charakterisieren vermochte. Die Nationalsozialisten benutzten ihn ebenfalls (durchgehend beispielsweise in der Parteistatistik, um die Mitglieder „vor der Machtergreifung" von denen danach abzuheben), bevorzugten aber „Machtübernahme", um die

Legitimität und Legalität des Prozesses zu demonstrieren. Auch der Begriff „Machtübertragung“ (Heinrich August Winkler) ist verbreitet. Betrachtet man das Komplementäre dieses Prozesses – auf der einen Seite die Übertragung bestimmter Machtbefugnisse an Hitler und einige Vertraute, auf der anderen Seite die aggressive Eroberung Macht habender Institutionen durch die Nationalsozialisten – so wird deutlich, dass es im Grunde nicht möglich ist, diese Entwicklung widerspruchsfrei in einem einzigen Begriff zu fassen. Denn Hindenburgs „Machtübertragung“ an Hitler war im Prinzip nicht grundsätzlich verschieden zu der „Machtübertragung“ an Papen. Insofern haben durchaus alle genannten Begriffe aus ihrem Blickwinkel eine gewisse erklärende Plausibilität. Erkennbar ist allerdings, dass in den Monaten nach dem 30. Januar 1933 jene Institutionen in Staat und Gesellschaft, die Macht besaßen – Reichspräsident, Parlament, Parteien, Eliten in Militär und Bürokratie, Gewerkschaften – freiwillig oder gezwungen ihre Macht in Teilen oder gänzlich zur nationalsozialistischen Infiltration oder Usurpation freigaben. Zugleich erfüllte der Prozess der NS-Machteroberung die Kriterien einer Revolution, indem er die Weimarer Republik endgültig zerstörte und seine ideologiegeleitete Herrschaftsordnung an deren Stelle setzte, seine konservativen Komplizen, das Parlament und die überkommenen Verfassungsorgane entmachtete, den Einparteistaat etablierte, das Gesellschaftssystem mit dem Zielbild einer „Volksgemeinschaft“ nach rassischen Kriterien umwandelte, den Normenstaat durch den Maßnahmenstaat verdrängte, Rechtsstaatlichkeit und Föderalismus zerstörte, einen Elitenwechsel einleitete und nicht zuletzt die Zentralisierung der entscheidenden Herrschaftsfunktionen in der Person des „Führers“ durchsetzte. Es ist demnach ein doppelseitiger Prozess williger und erzwungener Machtfreigabe im Zeichen revolutionär-usurpatorischer Dynamik, in dem sich die summarische Komplementarität dieser Entwicklung von Übergabe, Übernahme und Eroberung, von „Machtübertragung“, „Machtübernahme“ und „Machtergreifung“ gleichermaßen fassen lässt.

4. NSDAP

Hitlers Wähler

Hitler verdankte seinen Aufstieg zum Machtfaktor auf Reichsebene den Wahlerfolgen, die er mit seiner Partei seit der Septemberwahl 1930 erzielt hatte. Wenngleich die NSDAP zu diesem Zeitpunkt schon rund 130000 Mitglieder zählte, so waren es doch vor allem die 6,4 Millionen Wähler, die seinerzeit sensationell und schockierend wirkten und, gesteigert auf 13,7 bzw. 11,7 Millionen Stimmen in den Wahlen von Juli und November 1932 dafür sorgten, dass der NSDAP-„Führer“ überhaupt einen Anspruch auf das Kanzleramt erheben konnte. Die Erforschung der Frage, wer diese Wähler waren, hat gezeigt, dass die Wahlerfolge der NSDAP vor 1933 auf die Zustimmung aller Schichten der Bevölkerung zurückgingen, einschließlich der Arbeiter und der wohlhabenden Oberschichten. Die NSDAP war in ihrer Wählerstruktur keineswegs primär, wie lange angenommen, eine „Mittelstandsbewegung“, sondern eher eine „Volkspartei des Protests“ (Jürgen Falter), deren Wählerschaft zwar starken Fluktuationen unterworfen war, die sich aber durchweg vor allem aus dem protestantischen Bevölkerungsteil, namentlich auf dem Land, rekrutierte.

Während die NSDAP bei Hitlers Einzug ins Kanzleramt rund 850000 Personen zählte, flutete seither eine Welle von Parteineulingen heran, so dass sich die Mitgliederzahl in einem Vierteljahr fast verdreifachte.

Soziale Struktur der NSDAP

Stellung	Parteieintritt			
	vor dem 30.1.1933		nach dem 30.1.1933 bis zum 1.5.1933	insgesamt am 1.5.1933
	vor dem 14.9.1930	15.9.1930 bis 30.1.1933		
Arbeiter	33944	233479	488544	755967
Angestellte	31067	147855	305132	484054
selbständige Handwerker	11059	55814	141309	209182
selbständige Kaufleute	9918	48920	128776	197614
freie Berufe	3586	19845	55996	79427
Beamte	7992	36088	179033	223113
Lehrer	2023	10879	71190	84092
Bauern	17181	89800	148310	255291
Rentner & Pensionäre	2453	11684	23736	37873
Hausfrauen	4706	29304	30617	64627
Studenten & Schüler	1253	8780	23473	33506
Sonstige	4381	26998	48765	80144
insgesamt	**129563**	**719446**	**1644881**	**2493890**

(Quelle: Parteistatistik [1935], S. 70.)

NSDAP-Mitgliedercharakteristika

Angesichts der organisatorischen Herausforderung und um dem anschwellenden Opportunismus eine Grenze zu setzen, verhängte die Partei einen Aufnahmestopp zum 1. Mai 1933. Allerdings gab es immer wieder Ausnahmen, so dass die Parteistatistik, die offiziell das Jahr 1933 zusammenfasst, tatsächlich die Gesamtmitgliederzahl zum 1. Januar 1935 angibt. Während die Mitgliedsnummern bis zu diesem Zeitpunkt auf vier Millionen angestiegen waren, zählte die NSDAP tatsächlich rund 2,5 Millionen „Parteigenossen". Damit erfasste sie rund 3,78% der deutschen Bevölkerung (5,1% aller Deutschen über 18 Jahren). Nur 136197 Mitglieder waren Frauen. Der hohe Männeranteil (fast 95%) lässt zugleich deutlich werden, dass jeder zehnte deutsche Mann über 18 Jahren zu diesem Zeitpunkt bereits in der NSDAP war. Allerdings waren bezeichnenderweise zwei von drei Mitgliedern erst nach Hitlers Ernennung zum Reichskanzler zur Partei gestoßen. Und nur jeder Zwanzigste war ein „alter Kämpfer" oder „alter Parteigenosse", also vor der der Reichstagswahl am 14. September 1930 beigetreten (insgesamt 129563).

Über die Gründe für den Parteieintritt lässt sich nur spekulieren, zumal die NSDAP seit jeher eine Partei mit großer Mitgliederfluktuation war. Aber neben ideologischen Motiven spielte nach Hitlers Übernahme des Kanzleramts eine gehörige Portion Opportunismus und Karrierismus eine nicht unerhebliche Rolle. Während in der Gesamtbevölkerung nur knapp die Hälfte der Menschen zu den Erwerbspersonen zählten (49,5%), waren es in der NSDAP 94,5% – nur 136006 Mitglieder zählten nicht dazu (Rentner, Pensionäre, Hausfrauen, Studenten und Schüler). Offensichtlich stellte hier eine Partei, die immer wieder verkündet hatte, den Staat in ihren Griff zu nehmen, eine gewisse unwiderstehliche Attraktion dar.

Vergleich der Erwerbspersonen in Volk und NSADP

Stellung im Beruf	Erwerbspersonen im Volk	%	Erwerbspersonen in der NSDAP	%
insgesamt	32296496	100	2357884	100
Arbeiter	14946048	46,3	755967	32,1
Angestellte	4033206	12,4	484054	20,6
Selbständige	3121627	9,6	475223	20,2
Beamte	1483768	4,8	307205	13,0
Bauern	6698564	20,7	255291	10,7
Sonstige	2013283	6,2	80144	3,4

(Quelle: Parteistatistik [1935], S. 53.)

Konkret bedeutete dies: Fast jeder vierte Beamte (mit Lehrern 307205 von 1483768) und jeder sechste Selbständige (475223 von 3121627) trat bis zum Aufnahmestopp in die Partei ein. Arbeiter und Bauern waren dagegen deutlich unterrepräsentiert: Von den fast 6,7 Millionen Menschen, die unter den Erwerbspersonen im deutschen Volk zu den Bauern gezählt wurden, waren nur 255291 Parteimitglieder. In der „Kampfzeit" bis zum September 1930 waren die Bauern dagegen noch überrepräsentiert gewesen und Landarbeiter besaßen unter den Wählern der NSDAP eine herausragende Bedeutung. Angesichts der elementaren Rolle, die dem Bauernstand auch in der ideologischen Begründung der NS-Herrschaft zukam, plädierte Reichsleiter Ley deshalb für die gezielte Rekrutierung bäuerlicher Mitglieder. Er schlug darüber hinaus vor, die NSDAP für zehn Prozent der Bevölkerung zu öffnen, was die Partei auf rund 6,7 Millionen Mitglieder hätte anschwellen lassen. Zugleich nannte er eine gewünschte Frauenquote von fünf Prozent (was etwa der seinerzeit gegebenen Zahl entsprach). Es dauerte allerdings noch bis zum 1. Mai 1937, bis die NSDAP eine vorübergehende und beschränkte Aufhebung der Mitgliedersperre zuließ, die endgültig am 1. Mai 1939 aufgehoben wurde, so dass am Ende mehr als achteinhalb Millionen Deutsche offizielle „Parteigenossen" waren.

NSDAP und Volkskontrolle

Die Partei hatte nicht nur den Sinn gehabt, Hitler an die Macht zu bringen, sie sollte auch dazu beitragen, das deutsche Volk nationalsozialistisch zu durchdringen, zu organisieren, und zu überwachen – ein Ziel, das sich unmittelbar in ihrer Organisationsstruktur spiegelt. Am 1. Januar 1935 hatte die NSDAP in ihren 32 Gauen 213737 Blocks eingerichtet, die wiederum zu 55754 Zellen zusammengefasst waren. Die Zahl der Haushalte im Reich belief sich zum gleichen Zeitpunkt auf 17641510, so dass im Schnitt 82,5 Haushalte auf einen Block entfielen. Eine Neuordnung des Block- und Zellensystems sollte nach Ley „die Erfassung und damit die Betreuung sämtlicher Haushalte durch die NSDAP [...] gewährleisten". Idealerweise sollte ein Block nach seiner Auffassung „ca. 40–60 Haushaltungen umfassen". Zugleich hatte die NSDAP zu diesem Zeitpunkt 502662 Politische Leiter (einschließlich Leiterinnen der NS-Frauenschaft), was bedeutete, dass jedes fünfte Parteimitglied eine solche Funktion innehatte.

NS-Organisationen zur Menschenerfassung

Die NSDAP begann schon frühzeitig, systematisch traditionelle Einrichtungen von Staat und Gesellschaft sowie selbständige konkurrierende Institutionen mit Hilfe von eigenen Parallelorganisationen gleichsam auszuhebeln. Die Parteiorganisationen bildeten ein komplexes, über die gesamte deutsche Gesellschaft sich ausbreitendes Netz in dem Bemühen, jeden einzelnen in irgendeiner Weise zu erfassen, letztlich zu kontrollieren und dem Parteistaat dienstbar zu machen: SA und SS, Hitlerjugend, NS-Frauenschaft, NS-Deutscher Studentenbund, NS-Deutscher Dozentenbund, NS-Deutscher Lehrerbund, NS-Deutscher Ärztebund, Reichsbund der Deutschen Beamten, NS-Bund Deutscher Technik sind nur einige jener Vielzahl von Institutionen, die zu dieser Absorption des Individuums führen sollten. Das Parteigefüge bildete zugleich eine Parallele zum Staat und zu traditionellen Einrichtungen wie den Kirchen. Die vielfältig fordernde Aktivität der „Bewegung" betäubte viele Menschen, in einer gewissen Weise ähnlich wie zugleich offener Terror und subtile Gewaltdrohung etwaige Gedanken an Opposition abschreckten. Zugleich offerierte sich hier eine viele verlockende Ordnung, die eine Berechenbarkeit zu gewähren schien, die man keineswegs überall als äußere Gehorsamszeichen einer Friedhofsruhe wahrnahm.

5. Zweite Revolution?

Während die Beseitigung und Zerstörung überkommener Machtstrukturen in einer oft überraschenden Geschwindigkeit gelang, geriet die SA als bislang wichtigstes Instrument der Usurpation von unten in einen Zustand, der zwar weiterhin ein enormes Gewaltpotential generierte, aber keinen passenden Ausfluss mehr fand. Im Gegensatz zur NSDAP verfügte die SA keinen Aufnahmestopp und die hereinströmenden Menschen, nicht selten in der Hoffnung, am Erfolg durch die Aussicht auf ein Pöstchen zu partizipieren, schwollen unter dem Befehl Ernst Röhms zu einem schwer lenkbaren Riesenapparat.

E

Ernst Röhm (1887–1934) war ein leidenschaftlicher Soldat, im Weltkrieg mehrfach verwundet und musste deshalb den Frontdienst aufgeben. Als Offizier im bayerischen Kriegsministerium knüpfte er Verbindungen, die er nach dem Krieg zur paramilitärischen Unterstützung Hitlers nutzte. Beide traten im Herbst 1919 der DAP bei. Röhm, einer der wenigen Duzfreunde Hitlers, baute seit 1921 die SA auf, die nach 1924 zur Keimzelle der agitatorischen Massenbewegung der NSDAP wurde und bis Ende 1931 rund eine Viertelmillion Mitglieder zählte. Bis Januar 1933 stieg diese Zahl auf über vierhunderttausend und verzehnfachte sich bis Mitte 1934. Röhm wollte aus dieser Menschenmasse eine Volksmiliz formen, was die Reichswehr entwertet hätte, und forderte eine „zweite Revolution". In einer „Nacht der langen Messer", die fälschenderweise als versuchter „Röhm-Putsch" verkauft wurde, enthauptete Hitler die SA, indem er ihre führenden Köpfe, einschließlich Röhms, ermorden ließ.

Zukunft der SA?

In der Zukunftsperspektive der Hitlerschen Ziele gab es keinen Platz für ein braunes Millionenheer, dessen Existenz sich, zumal nachdem ihr „Führer" in die Reichskanzlei eingezogen und der letzte „Wahl-Kampf" absolviert war, in einem allzu oft ziellosen Aktivismus erschöpfen musste. Eine derart heterogene Massentruppe bedrohte sowohl die innere Stabilität der neuen Herrschaft als auch die herausragende Stellung des traditionellen Militärs als außenpolitisches Instrument. Hitler war sich bewusst, dass er mit den brutalisierten Landsknechthorden der SA zwar Säle leer prügeln und Straßenzüge terrorisieren, aber keine fremden Territorien erobern konnte. Die Millionen Braunhemden mussten daher früher oder später als Ressource notwendigerweise handhabbar gemacht und in der avisierten „Volksgemeinschaft" gleichsam amalgamiert werden wie andere dissente Gruppen auch – nicht zuletzt um auch dieses Potential der professionellen militärischen Ausbildung und Expertise verfügbar zu halten.

Mitgliederzahlen der SA

April 1931	119000	Januar 1933	425000
November 1931	227000	1933 „binnen weniger Monate"	über 2000000
Dezember 1931	260000	Mitte 1934	ca. 4500000
Januar 1932	290941	August 1934	2900000
Juni 1932	397000	September 1934	2600000
August 1932	445279	1. Januar 1935	2166328
September 1932	446000	Oktober 1935	1600000
Oktober 1932	435000	April 1938	1200000
Dezember 1932	427000	Januar 1940	900000

(Quellen: Parteistatistik, Bd. 3, S. 76; Longerich, Bataillone, S. 111, 159, 223.)

Konfliktlinien

Die SA geriet folglich in mehrere Konfliktlinien. Zum einen war Hitler und seinem Umfeld, namentlich Göring und Goebbels, daran gelegen, die hyperdynamisch-gewaltvolle Anfangsphase nach der Ausschaltung von Parlament und Parteien in eine evolutionäre Phase der Machtkonsolidierung überzuleiten. Aus diesem Grund löste Göring im Sommer 1933 die Hilfspolizei auf und schloss zahlreiche SA-Konzentrationslager.

Die zweite Konfliktlinie verlief zwischen der SA und der Reichswehr. Es ging um die Entscheidung, wer künftig „Waffenträger der Nation" sein sollte – die noch kleine, aber in preußisch-professioneller Tradition stehende Reichswehr oder das Millionenheer der Braunhemden. Röhm zielte auf eine von ihm geführte Volksmiliz, in der letztlich auch die Reichswehr als Symbol einer reaktionären Vergangenheit sich auflösen würde. Das Schlagwort von der zweiten, der „eigentlichen" Revolution, getragen von der SA, machte die Runde.

Röhms Ungeduld

Der hohle Posten eines Ministers ohne Geschäftsbereich, den Röhm am 1. Dezember 1933 zur Beschwichtigung erhielt, konnte ihn über diese Ambitionen nicht hinwegtrösten. Die Mehrzahl der Eliten in Militär, Bürokratie und auch der Wirtschaft in ihren Ämtern zu belassen und deren Eliminierung auszusetzen, hieß in Röhms Augen, die nationalsozialistische Sache einer wirklichen Revolutionierung im Ansatz zu verraten – und den eigenen Machtanspruch aufzugeben. Die Revolution derart weiterzutreiben, dass dabei die professionellen Mitmacher, die sich nun in den Dienst der neuen Führung stellten, verloren gingen, hieß dagegen in Hit-

Q

Röhm über „S.A. und deutsche Revolution", Juni 1933
Quelle: Nationalsozialistische Monatshefte 4 (1933); zit. n. Wollstein, S. 90–94.

Ein gewaltiger Sieg ist errungen. Nicht der Sieg schlechthin! Im neuen Deutschland stehen die disziplinierten braunen Sturmbataillone der deutschen Revolution Seite an Seite mit der bewaffneten Macht. Nicht als ein Teil von ihr. [...] Die SA und SS sind die kämpferisch-geistigen Willensträger der deutschen Revolution. [...] Deshalb werden SA und SS nicht dulden, daß die deutsche Revolution einschläft oder auf halbem Wege von den Nichtkämpfern verraten wird! [...] Wenn die Spießerseelen meinen, daß es genüge, wenn der Staatsapparat ein anderes Vorzeichen hat, daß die ‚nationale' Revolution schon zu lange dauert, so pflichten wir ihnen hierin ausnahmsweise gern bei: es ist in der Tat hohe Zeit, daß die nationale Revolution aufhört und daß daraus die nationalsozialistische wird! Ob es ihnen paßt oder nicht, – wir werden unseren Kampf weiterführen. Wenn sie endlich begreifen, um was es geht: mit ihnen! Wenn sie nicht wollen: ohne sie! Und wenn es sein muß: gegen sie!

lers Augen, die NSDAP-Herrschaft zu gefährden und die langfristigen ideologischen Ziele erst gar nicht in Angriff nehmen zu können. Eine Entscheidung musste über kurz oder lang fallen.

Q

Hitler erklärt vor Reichsstatthaltern das Ende der „Revolution", 6. Juli 1933
Zit. n.: Wollstein, S. 100–101.

Die Revolution ist kein permanenter Zustand, sie darf sich nicht zu einem Dauerzustand ausbilden. Man muß den freigewordenen Strom der Revolution in das sichere Bett der Evolution hinüberleiten. Die Erziehung der Menschen ist dabei das wichtigste. [...] Die Partei ist jetzt der Staat geworden.

Hitler optiert für Reichswehr

Weil Hitler in langfristigen ideologischen Perspektiven dachte, auf die außenpolitische Retablierung als Großmacht zielte und wusste, dass er dazu Profis benötigte, die allein die Reichswehr liefern konnte, stand er vor einer Wahl, die im Grunde keine war, deren Entweder-Oder er allerdings gern vermieden hätte. Am 28. Februar 1934 erklärte er den Spitzen von Reichswehr, SS und SA seine Absicht, „ein Volksheer, aufgebaut auf der Reichswehr, gründlich ausgebildet und mit den modernsten Waffen ausgerüstet, aufzustellen". Die Reichswehr müsse „der einzige Waffenträger der Nation sein" und nach fünf Jahren zur Verteidigung sowie nach acht Jahren zum Angriff fähig sein, wobei er explizit vom „Lebensraum" sprach. Reichswehrminister Blomberg revanchierte sich, indem er die Anwendung des „Arierparagraphen" für das Offizierskorps verfügte und das Hakenkreuz, eigentlich das Hoheitszeichen der NSDAP, zum „offiziellen Wehrmachtsemblem" (Hans-Ulrich Thamer) deklarierte. Wenngleich Hitler demnach unschwer zu erkennende Ansichten hatte, wie sein außenpolitisches Instrument aussehen sollte, und er zugleich immer wieder gedrängt war, diese Vorstellungen auch praktisch durchzusetzen, so schob er eine klare und definitive Entscheidung gegen die Ansprüche der SA immer wieder hinaus.

Sehnsucht nach innenpolitischer Ruhe

Eine dritte Konfliktlinie entstand durch die Wahrnehmung der SA in der Öffentlichkeit. Mit der Übernahme der Instrumente für die innere Sicherheit durch Göring und Himmler und dem fortschreitenden Aufbau eines einschüchternden NS-kontrollierten Polizeinetzwerkes hatte der braune Mob seine Schuldigkeit getan; die ehemaligen Gegner waren entmachtet, vertrieben oder getötet. Die Flut der aktionistischen SA-Aufmärsche, die als Mittel gegen den offensichtlichen Leerlauf dienen sollten, wirkte stattdessen störend auf eine Bevölkerung, die das Ende der jahrelangen Straßengewalteindrücke herbeisehnte. Diese Spannungen blieben trotz aller Erklärungen Hitlers über das „Ende der Revolution" latent. Sie boten einer Gruppe von Konservativen um Vizekanzler Papen die Gelegenheit, das klare Scheitern ihres Zähmungskonzepts durch einen Protestballon zu kompensieren, den sie in der vagen Hoffnung steigen ließen, öffentliche Zustimmung zu finden oder gar den sterbensalten Reichspräsidenten noch einmal instrumentalisieren zu können. Papens Mitarbeiter Edgar Julius Jung (1894–1934) schrieb dazu eine couragierte Rede, die der Vizekanzler am 17. Juni in der Marburger Universität vortrug. Er attackierte unter anderem den „widernatürlichen Totalitätsanspruch" von Staat und Partei in Glaubensfragen und erregte mit seinen klar identifizierbaren Angriffen einiges Aufsehen.

Q

Franz von Papen in der Marburger Universität, 17. Juni 1934
Zit. n.: Ursachen und Folgen, Bd. 10, S. 158 (Dok. 2375 a).

Kein Volk kann sich den ewigen Aufstand von unten leisten, wenn es vor der Geschichte bestehen will. Einmal muß die Bewegung zu Ende kommen, einmal ein festes soziales Gefüge, zusammengehalten durch eine unbeeinflußbare Rechtspflege und durch eine unbestrittene Staatsgewalt, entstehen. Mit ewiger Dynamik kann nicht gestaltet werden. Deutschland darf nicht ein Zug ins Blaue werden, von dem niemand weiß, wann er zum Halten kommt.

Enthauptung der SA

Diese Konfliktlinien zusammengenommen – der Wunsch der NS-Führung, von „Revolution" auf „Evolution" zur Machtsicherung umzuschalten, die Notwendigkeit, die Reichswehr als künftiges außenpolitisches Instrument von den Forderungen der SA frei zu halten und die mögliche Provokation konservativer Obstruktion durch die ungelenkte Dynamik des SA-Millionenmobs – liefen Ende Juni 1934 in Hitlers Entschluss zusammen, das Problem mit seiner Parteitruppe durch deren Enthauptung zu lösen. Die Gelegenheit war ebenso günstig wie dringend, weil Röhm die gesamte SA am 4. Juni für vier Wochen auf Urlaub geschickt, für die Zeit danach allerdings die Fortsetzung der unbestimmten Revolutionswelle angekündigt hatte. Hitler rief die SA-Führung für den 30. Juni 1934 zu einem Treffen in das oberbayerische Bad Wiessee. Als er selbst aus diesem Anlass nach München reiste, erhielt er angesichts einiger Tausend marodierend durch die Stadt skandierender SA-Männer den Eindruck, dass möglicherweise doch eine Gefahr im Verzuge sei und Röhm ihn gar verraten habe. Hitler entwickelte nun einen unduldsamen Aktionismus, fuhr nach Bad Wiessee, ließ die SA-Führung verhaften und steigerte sich während der Aktion in eine sichtbare, durchaus typische ekstatische Erregung. Röhm war angesichts dessen, was ihm geschah, ebenso ahnungslos wie die rund 200 SA-Führer, die Hitler verhaften und teilweise binnen Stunden liquidieren ließ. Aus der Aktion gegen Röhm sind 85 Mordopfer namentlich bekannt, von denen 50 der SA angehörten. Nebenbei beglich das Regime alte Rechnungen: Papens Redenschreiber Jung wurde ebenso ermordet wie dessen Pressesprecher Herbert von Bose (1893–1934), Ex-Reichskanzler Kurt von Schleicher (1882–1934), dessen Vertrauter Ferdinand von Bredow (1884–1934), beides Reichswehrgeneräle, sowie Hitlers ehemaliger Mitkämpfer Gregor Straßer (1892–1934). Es erschien ebenso bemerkenswert wie kennzeichnend für die allgemeine Atmosphäre der ganzen Mordaktion, dass das Offizierskorps keinen Mucks tat, als man mitten in seine Reihen schoss, zumal es überhaupt völlig willkürfrei, ja gleichgültig schien, wen man griff, denn Hitler würde es decken. So machten sich die SS-Schergen nicht einmal die Mühe, die genauen Personalien ihrer Opfer zu identifizieren und aufgrund von Verwechslungen erschossen sie einige völlig unbeteiligte Menschen.

Hitler beschrieb die Ereignisse am 3. Juli im Kabinett mit einer für ihn kennzeichnenden Mischung aus Autosuggestion, Lüge und Heuchelei als Rettungsaktion und ließ ein Gesetz beschließen, in dem die Morde als „Staatsnotwehr" für „rechtens" erklärt wurden. Zehn Tage später trat er vor den Reichstag, sicherheitshalber mit SS-Posten an seiner Seite, um sich auch öffentlich als martialischer Retter des Vaterlandes zu preisen, der den Befehl gegeben habe, „die Hauptschuldigen an diesem Verrat zu erschießen" und, wie er sich brüstete, „ich gab weiter den Befehl, die Geschwüre unserer inneren Brunnenvergiftung und der Vergiftung des Auslands auszubrennen bis auf das rohe Fleisch".

Bei Lichte betrachtet, und sofern man die Hitlerschen Ambitionen so ernst nimmt wie sie waren, stellte sich nicht die Frage, *ob* die SA in ihrer Rolle nivelliert, also im Grunde ebenfalls „gleichgeschaltet" werden würde, sondern allein *wann* und in *welcher Form*. Ernst Röhm plante keinen Putsch, als sein Duzfreund Hitler ihn erschießen ließ. Er stand „nur" im Weg – als Konkurrent der ehrgeizig auf Singularität schielenden Reichswehr, als Personifikation der NS-Pöbelphase, die Hitler an die Macht getragen hatte, nicht zuletzt als Symbol einer Geisteshaltung, die dem „Führer" noch nicht blind zu folgen bereit war und nun in seinem öffentlich zelebrierten Schicksal willkommene Einschüchterungssignale auszustrahlen vermochte.

Reaktionen

Die Mordaktion wirkte auf die nationale und internationale Öffentlichkeit in einer seltsamen Mischung schockierend, irritierend und zugleich befreiend. Die Reichswehr duldete ohne Murren die Ermordung zweier ihrer Generäle, vom Reichspräsidenten traf ein offensichtlich von Hitler erbetenes Gratulationsschreiben ein, die Kirchen schwiegen und die deutsche Bevölkerung schien gar offensichtlich erleichtert. Die Entwöhnung von den überkommenen Vorstellungen über Recht und Gesetz, Justiz und unabhängige Gerichtsbarkeit war unverkennbar so weit fortgeschritten, dass sich nurmehr wenige wunderten, was alles in einer Regierung Namen folgenlos praktiziert werden konnte. Der bekannteste Staatsrechtler seiner Zeit, Carl Schmitt (1888–1985), suchte dieser staatsterroristischen Willkür eine viel zitierte rechtstheoretische Legitimität zu geben, als er Gewaltenteilung und Rechtsstaatlichkeit in eloquenter Hitler-Dienstbarkeit abschrieb: „Der Führer schützt das Recht vor dem schlimmsten Mißbrauch, wenn er im Augenblick der Gefahr kraft seines Führertums als Oberster Gerichtsherr unmittelbar Recht schafft. [...] Der wahre Führer ist immer auch Richter. [...] In Wahrheit war die Tat des Führers echte Gerichtsbarkeit. Sie untersteht nicht der Justiz, sondern ist selbst höchste Justiz.“

Machtstabilisierung

Die Ausschaltung Röhms und seines Machtapparates wirkte tatsächlich stabilisierend, weil sie den einzigen dissonanten Faktor von Gewicht innerhalb der NS-„Bewegung“ eliminierte. Göring, der die Mordaktion in Berlin steuerte, und Goebbels, der neben Hitler in Bad Wiessee an der Verhaftung Röhms teilnahm, profilierten sich als treue Paladine. Entscheidenden Gewinn aber verbuchten vor allen Himmler und Heydrich, deren SS-Truppen sich als zuverlässige Exekutionswaffe des „Führers“ bewährten. Zur Belohnung für ihre „großen Verdienste [...], besonders im Zusammenhang mit den Ereignissen des 30. Juni 1934“, löste sie Hitler aus der SA, so dass Himmler ihm künftig „persönlich und unmittelbar“ unterstand. Weil mit der SA zugleich die wichtigste Konkurrenzorganisation als Machtfaktor quasi geköpft war, konnte die SS zum Kerninstrument der NS-Herrschaft avancieren, ein Ziel, das Himmler seit Jahren verfolgte. Er besaß nun alle Potentiale, um die SS als Zentralinstrument der NS-Macht in Deutschland zu etablieren und mit ihr darauf hin zu wirken, die eigene Ideologie langfristig gewaltsam in ganz Europa durchzusetzen.

6. Der Tod Hindenburgs als Abschluss der „Machtergreifung“

Als Hitler am 2. Juli den gewünschten und öffentlich wertvollen Glückwunsch aus der Präsidialkanzlei erhielt, in dem das Staatsoberhaupt das „entschlossene Zugreifen“ lobte, war den Eingeweihten bereits seit längerem klar, dass Hindenburgs Tage zu Ende gingen. Die verfassungsrechtliche Stellung des Reichspräsidenten war die letzte Hürde auf dem Weg zur Alleinherrschaft. Als Hitler sich über Hindenburgs Zustand im Klaren war, ließ er am 1. August 1934 ein Gesetz verabschieden, dass das Amt des Reichspräsidenten auflösen und die Staatsführung allein auf ihn selbst als „Führer und Reichskanzler“ vereinigen würde. Am nächsten Tag starb Hindenburg, das Gesetz trat in Kraft. Sogleich kündigte die Regierung für den 19. August eine Volksabstimmung an, um Hitlers Griff nach der letzten Machtinstanz plebiszitär zu legitimieren. Gleichfalls noch am 2. August verkündete Reichswehrminister Blomberg, ohne von irgendjemand dazu aufgefordert worden zu sein, eine neue Eidesformel, mit der die Soldaten nun nicht mehr auf Vaterland oder Verfassung, sondern auf den „Führer des Deutschen Reichs und Volkes“, die Person Adolf Hitlers eingeschworen wurden. Aus Blombergs Liebedienerei entsprang in späteren Jahren für viele, die diesen Eid zu schwören hatten, ein brennender Gewissenskonflikt, weil sie sich daran gebunden fühlten, aber doch zugleich das Verbrecherische des Regimes fordernd wahrnahmen.

Volksabstimmung 19. August 1934

Die Volksabstimmung vom 19. August 1934 brachte ein Ergebnis, das die Nationalsozialisten enttäuschen musste. Von den rund 42,7 Millionen gültigen Stimmen votierten mehr als 4,3 Millionen offenkundig gegen Hitler und mehr als 870000 Wähler hatten ungültige Wahlzettel abgeliefert. In manchen Bezirken, vor allem dort, wo Arbeiter und Katholiken lebten, zählte man ein Viertel bis ein Drittel Neinstimmen, in Berlin lagen die

Neinstimmen überall jenseits der zehn Prozent und reichten in der Spitze bis zu knapp einem Fünftel. Trotz dieses in Regimekreisen sensibel registrierten Dissensbildes war doch zugleich unübersehbar, dass die staatliche Macht nun sicher in ihren Händen lag, die „Machtergreifung" abgeschlossen war. Göring, der die zehnprozentige Ablehnung durchaus erklärungsbedürftig fand, hatte so unrecht nicht, als er trotzig verkündete: „Neunzig Prozent des deutschen Volkes haben sich stolz zum Führer des Reiches bekannt."

Q

Robert Ley zum absoluten Anspruch des Nationalsozialismus
Zit. n.: Robert Ley, Soldaten der Arbeit, S. 71.

Nein, in Deutschland gibt es keine Privatsache mehr! Wenn du schläfst, ist das deine Privatsache, sobald du aber wach bist und mit einem anderen Menschen in Berührung kommst, dann mußt du eingedenk sein, daß du ein Soldat Adolf Hitlers bist und nach seinem Reglement zu leben und zu exerzieren hast, ob Unternehmer, ob Arbeiter, ob Bürger, Bauer oder Beamter. Privatleute haben wir nicht mehr. Die Zeit, wo jeder tun und lassen konnte, was er wollte, ist vorbei.

7. Fazit

Die Phase zwischen der Ernennung Hitlers zum Reichskanzler am 30. Januar 1933 und dem Tod des Reichspräsidenten Hindenburg am 2. August 1934 ist die Kernzeit der NS-Machtsicherung. Sie ist gekennzeichnet durch einen doppelseitigen Prozess der freiwilligen und erzwungenen Machtfreigabe traditioneller Institutionen und einer komplementären revolutionären Usurpation durch die Nationalsozialisten. Wenngleich sich der Nationalsozialismus in vielem mit den überkommenen Zielen des herkömmlichen Nationalismus deckte, so ist seine darüber hinaus weisende radikalisiert-revolutionäre Dynamik doch schon in dieser Phase erkennbar. Es hieße, den Nationalsozialismus historisch zu unterschätzen, wenn man annähme, es seien „nur" der Nationalismus und das nationale Lager gewesen, die im Januar 1933 an die Macht kamen. Aus diesen Wurzeln sich vielfältig und elementar speisend, erwies sich der Nationalsozialismus doch von Beginn an als ein eigenständiges, auf lebensbestimmende Absolutheit ausgerichtetes Phänomen, das bei aller Traditionsgebundenheit und gesellschaftlichen Verwurzelung eine Radikalisierung sui generis hervorbrachte, dessen grundstürzendes Potential sich in den folgenden Jahren sukzessive in der revolutionären Dynamik seiner Herrschaft entfalten sollte.

Vereinfachende Übersicht zu Parallelität und Differenz zwischen Kernelementen eines „herkömmlichen Nationalismus" und den Wesensgrundsätzen des Nationalsozialismus

„herkömmlicher Nationalismus"	Nationalsozialismus
Krieg als Mittel der Politik	Krieg als Lebensgesetz
Antisemitismus als partielles Phänomen	Antisemitismus als Schlüssel der Geschichte
Akzeptanz/Toleranz des Christentums	„Deutsch"-Christentum und National-Christentum gegen universales Christentum und dessen naturrechtliche Implikationen bis hin zu striktem Anti-Christentum; NS als Ersatzreligion
Fortexistenz des Erziehungseinflusses christlich-ethischer Werte („Barmherzigkeit")	(Um-)Erziehung zu „Herrenmenschenbewusstsein"; Mitleidlosigkeit als Ziel; „Rassenzüchtung" und „Euthanasie"
Antiparlamentarismus aus autoritär-elitärem Menschenbild und Gesellschaftsverständnis	Antiparlamentarismus aus Geschichtsverständnis des Rassenkampfes („Täuschungsmethode jüdischer Weltverschwörung")
Konservative Klassenhierarchie	„Volksgemeinschaft" und „Führer"-Prinzip
Bürger	„Volksgenossen" vs. „Gemeinschaftsfremde"
Privatleben möglich	Totalitärer Anspruch an jedes Individuum; Privatleben unerwünscht
Weitgehend Privat- und Marktwirtschaft	Mischform von Unternehmertum und Wirtschaft im Dienst der rassischen„Volksgemeinschaft"; Planwirtschaft
Ökonomie auf Basis von Ressourcenrationalität mit Ziel langfristiger Stabilität	Ökonomie auf Basis von Ressourcenrücksichtslosigkeit mit Beuteerwartung; Voluntarismus und wirtschaftliche Irrationalität (Ersatzstoffe)
Landwirtschaft weitgehend frei	Landwirtschaft ideologisch und ökonomisch kontrolliert
Außenpolitik: Ablösung des Versailler Friedenssystems und Aufrüstung; Großdeutsches Reich; Revanche gegen Frankreich, Polen, Tschechoslowakei; mitteleuropäische Hegemonie und Abhängigkeit kleinerer Staaten; Rückgewinnung verlorener Gebiete einschließlich Kolonien; Etablierung als Großmacht und potentielle Weltmacht mit Hauptziel Existenzsicherung	Außenpolitik: Ablösung des Versailler Friedenssystems und Aufrüstung; Großgermanisches Weltreich; Eurasische Hegemonie (mindestens bis zum Ural und dem Schwarzen Meer); Völkerverschiebung und „ethnische Flurbereinigung"; „Rassenauslese"; Judenvernichtung; Versklavung der Slawen und anderer „Helotenvölker"; permanenter Kampf gegen „Bolschewismus" und „Demokratie"; Streben nach rassisch fundierter Weltherrschaft
Streben nach sichernder Großmacht-Stabilität	permanente Dynamik globalen Kampfes mit Ziel ahistorischer Utopie („Tausendjähriges Reich")
Partiell: Monarchismus Partiell: autoritäres System	„Führer"-Glaube und „Führer"-Prinzip; strikter Anti-Monarchismus
Bewusstsein „deutscher Sendung" mit kulturell abgeleitetem Superioritätsgefühl	Bewusstsein „rassischer" Superiorität mit „Naturzwang" zum Kampf für politisch-ideologische Suprematie
(relative) Freiheit von Kunst und Kultur	Kunst und Kultur strikt im Dienst der (Rassen-)Ideologie

IV. Wirtschaft und Arbeit, Rüstung und Ideologie

1. Februar 1933	Rede Hitlers zur „Rettung des deutschen Arbeiters"
9. Februar 1933	Hitlers Anweisungen zur „Wiederwehrhaftmachung"
17. März 1933	Hjalmar Schacht Reichsbankpräsident
1. Mai 1933	„Tag der Arbeit" erstmals gesetzlicher Feiertag
2. Mai 1933	Zerschlagung der Freien Gewerkschaften
10. Mai 1933	Gründung der „Deutschen Arbeitsfront" (DAF)
1. Juni 1933	„Reinhardt-Programm" tritt in Kraft
29. September 1933	Reichserbhofgesetz
2. August 1934	Schacht kommissarischer Reichswirtschaftsminister
24. September 1934	Schachts „Neuer Plan"
26. Februar 1935	Einführung des Arbeitsbuchs
16. März 1935	Wiedereinführung der allgemeinen Wehrpflicht
26. Juni 1935	Reichsarbeitsdienstgesetz
21. Mai 1935	Schacht „Generalbevollmächtigter für die Kriegswirtschaft"
9. September 1936	Verkündung des „Vierjahresplans"
26. Oktober 1936	Gesetz über das Festhalten aller Verkaufspreise
22. Juni 1938	Verordnung über mögliche Dienstverpflichtung
20. Januar 1939	Entlassung Schachts als Reichsbankpräsident
13. Februar 1939	Verordnung über Arbeitsplatzbindung
15. Juni 1939	Notenbankgesetz bindet Reichsbank an „Führer"-Weisung

Soziale Lage 1933

Bedenkt man, dass beim Amtsantritt Hitlers im Januar 1933 im Monatsdurchschnitt mehr als sechs Millionen Menschen als arbeitslos gemeldet waren (Schätzungen des Instituts für Konjunkturforschung lagen noch um 1,5 Millionen höher), und rechnet man deren Familienangehörige hinzu, so wird deutlich, dass sich in diesen Monaten rund 20 Millionen Menschen – etwa ein Drittel der Bevölkerung – auf irgendeine öffentliche Unterstützung angewiesen sahen. Diese materielle und psychologische Belastung ist aus der Perspektive eines modernen Sozialstaates kaum mehr vorstellbar. Hunger und Kälte prägten tatsächlich vielerorts einen Alltag, in dem es um die Sicherung elementarster Lebensnotwendigkeiten ging. Unruhen, Straßenkämpfe und politische Auseinandersetzungen unterstrichen das allgemeine Krisenempfinden. Die Erfahrung dauernder Verschlechterung in den zurückliegenden Jahren schürte eine Art Erlösungshoffnung, die sich nun auf die neuen Machthaber projizieren ließ. Wer hier Hilfe brachte, die Menschen mit Nahrung und Beschäftigung versorgte, ihre öffentliche Sicherheit restituierte, ihnen mithin eine Perspektive machtgeschützter Normalität bot, der konnte, so schien es, selbst wenn er überkommene politische Rechte des Individuums außer Kraft setzte, aufgrund tief wurzelnder Traditionen in weiten Teilen der deutschen Gesellschaft auf ruhige Loyalität, wenn nicht auf offene Unterstützung rechnen.

Zweifel an der Marktwirtschaft

Zugleich hatten die Jahre der ökonomischen Krise den Glauben an die Überlegenheit des liberal-kapitalistischen Wirtschaftssystems unterminiert, dessen Reputation bis zu den stupenden Erfolgen des Deutschen Kaiserreiches im Welthandel vor 1914 zurückreichte. In den Krisenphasen der Weimarer Jahre, der Inflationszeit bis 1923 und insbesondere nach dem Zusammenbruch der New Yorker Börse 1929, schienen offene Märkte, Welthandel und internationale Verflechtung die Bedrängnis in Deutschland eher zu verstärken als zu ihrer Lösung zu führen. Deutschland hatte durch die Niederlage im Ersten Weltkrieg und die folgenden Gebietsverluste nicht allein sieben Prozent seiner Industriebetriebe verloren, sondern auch drei Viertel seiner Eisenerzerzeugung, mehr als ein Viertel seiner Bleierzproduktion sowie zwischen 11 und 18% seiner Erträge an Getreide und Kartoffeln. Die Reparationsforderungen der Alliierten wirkten wie ein Drohsymbol generationenlanger Knechtschaft. Das Reich musste Devisen aufbringen, um seine Bevölkerung zu ernähren, ein Umstand, der nicht nur von „Blut- und Boden"-Mystikern als unhaltbar empfunden wurde. Solange der Welthandel prosperierte, bereitete der notwendige Lebensmittelankauf geringe Schwierigkeiten. In Krisenphasen jedoch wurde die Abhängigkeit schmerzhaft bewusst und ließ Rufe nach gezieltem Autarkiestreben laut werden. Hitler argumentierte bereits in *Mein Kampf,* dergleichen Unabhängigkeit sei in jedem Fall notwendig, wenn das deutsche Volk den Rassenkampf bestehen wolle. Für ihn repräsentierte die Eroberung von Lebensraum eine rassische und ökonomische Notwendigkeit in dem von ihm als gegeben angenommenen sozialdarwinistischen Lebenskampf der Völker. Die Größe der erforderlichen Territorien orientierte sich am Weltmachtanspruch als der in Hitlers Augen einzigen Möglichkeit, sich im Rassenkampf nachhaltig durchzusetzen und definierte sich demnach aus der Volkszahl, dem Raum (als Rohstoffbasis und Ackerfläche) und der militärstrategischen Sicherheitslage, die beides zu garantieren hatte. Mit anderen Worten: Das Deutsche Reich besaß nach dieser Lesart erst dann „genügend" Lebensraum, wenn alle Deutschen militärisch blockadesicher in einem Territorium lebten, das zugleich genügend Ackerfläche für seine Ernährung und die Förderung des Bauernstandes als „Rassenkern" bot sowie genügend Rohstoffe und Arbeitskräfte, um seinen Weltmachtanspruch auf Dauer zu etablieren. Das war gleichsam die Zielperspektive der NS-Wirtschaftspolitik, und diese langfristige Intention gilt es bei der Analyse der ökonomischen Initiativen, die unmittelbar nach Hitlers Amtsantritt einsetzten, im Blick zu behalten.

1. Arbeitsbeschaffung und Ideologie

Hitler war sich nur zu bewusst, dass seine Reputation und seine langfristige Amtssicherheit in entscheidendem Maße von einer spürbaren und nachhaltigen Reduktion der Arbeitslosenzahlen abhingen. Angesichts der vielfach geradezu verzweifelten Lage bot die Krise ihm zugleich die Chance, seinem voluntaristischen Politikverständnis freien Lauf zu lassen und rasch in bis dato ungekannte Dimensionen zu argumentieren und zu investieren. Die Begriffspaare Wirtschaft und Arbeit, Rüstung und Ideologie benennen daher miteinander verwobene Kernelemente der nationalsozialistischen Herrschaft. Die NS-Wirtschaftspolitik bleibt unverständlich ohne deren arbeitsmarktorientierte, rüstungspolitische und ideologische Komponenten, die im Rahmen einer zunehmend planwirtschaftlich kontrollierten Autarkiepolitik mit gesamteuropäischen Ambitionen ein bewusstes hegemoniales Gegenmodell zum marktwirtschaftlichen Prinzip darstellte.

Zusammenhang von Arbeit und Rüstung

Zwei Perspektiven vor allem machen Wirtschaft und Arbeit zu zentralen Charakteristika für die Geschichte des „Dritten Reiches“: Der rasche Abbau der Arbeitslosigkeit seit Jahresbeginn 1933 beeinflusste in hohem Maße die Wertschätzung weiter Bevölkerungskreise für die neue Regierung. Zugleich ist unübersehbar, dass alle wirtschaftspolitischen Initiativen von Beginn an bestimmt waren durch den Impetus der NS-Langzeitstrategie: das Deutsche Reich aufzurüsten für die „Vorbereitung eines kommenden Waffenganges“, wie Hitler in *Mein Kampf* geschrieben hatte, anders formuliert: um sich zu präparieren für die Eroberung der hegemonialen Herrschaft.

Q

Hitlers Anweisungen in der Sitzung des Ausschusses der Reichsregierung für Arbeitsbeschaffung am 9. Februar 1933
Zit. n.: Akten der Reichskanzlei, Regierung Hitler, Teil I, S. 62–63.

Für die Wiederaufrüstung Deutschlands seien Milliardenbeträge erforderlich. [...] Die Zukunft Deutschlands hänge ausschließlich und allein vom Wiederaufbau der Wehrmacht ab. Alle anderen Aufgaben müßten hinter der Aufgabe der Wiederaufrüstung zurücktreten. Mit der Geringfügigkeit der vom Reichswehrministerium jetzt angeforderten Mittel könne er sich nur abfinden aus der Erwägung heraus, daß das Tempo der Aufrüstung im kommenden Jahr nicht stärker beschleunigt werden könne. Jedenfalls stehe er auf dem Standpunkt, daß in Zukunft bei einer Kollision zwischen Anforderungen für die Wehrmacht und Anforderungen für andere Zwecke die Interessen der Wehrmacht unter allen Umständen vorzugehen hätten. [...] Er halte die Bekämpfung der Arbeitslosigkeit durch Vergebung öffentlicher Aufträge für die geeignetste Hilfsmaßnahme. Das 500-Millionen-Programm sei das größte seiner Art und besonders geeignet, den Interessen der Wiederaufrüstung dienstbar gemacht zu werden. Es ermögliche am ehesten die Tarnung der Arbeiten für die Verbesserung der Landesverteidigung. Auf diese Tarnung müsse man gerade in der nächsten Zukunft besonderen Wert legen, denn er sei überzeugt davon, daß gerade die Zeit zwischen der theoretischen Anerkennung der militärischen Gleichberechtigung Deutschlands und der Wiedererreichung eines gewissen Rüstungsstandes die schwierigste und gefährlichste sein werde. Erst wenn Deutschland so weit aufgerüstet habe, daß es für den Zusammenschluß mit einer anderen Macht bündnisfähig werde, nötigenfalls auch gegen Frankreich, werde man die Hauptschwierigkeiten der Aufrüstung überwunden haben.

Gleich am 1. Februar 1933 verkündete der neue Reichskanzler als herausragendes Ziel seiner Regierung die „Rettung des deutschen Arbeiters durch einen gewaltigen und umfassenden Angriff gegen die Arbeitslosigkeit“ und eröffnete seinem Kabinett eine Woche später, „jede öffentlich geförderte Arbeitsbeschaffungsmaßnahme müsse unter dem Gesichtspunkt beurteilt werden, ob sie notwendig sei vom Gesichtspunkt der Wiederwehrhaftmachung des deutschen Volkes. Dieser Gedanke müsse immer und überall im Vordergrund stehen.“ Die zugrunde liegende Argumentationskette war ebenso einfach wie rücksichtslos: Deutschland musste wirtschaftlich stark werden, um für den Überlebenskampf zu rüsten.

Und es musste rüsten, damit es jene Gebiete, die man als ökonomische Grundlage für seine künftige Existenz als notwendig ansah, notfalls mit Gewalt bis hin zur kriegerischen Eroberung unter Kontrolle brachte.

Diese Grundauffassung hatte wirtschaftspolitische Folgen. Zunächst galt es, den Import von Rohstoffen auf das Nötigste zu beschränken. Zugleich sollten diese Rohstoffe aus Gebieten unter deutschem Einfluss, wenn möglich unter deutscher Kontrolle, kommen. Das bedeutete eine Abkehr vom Überseehandel hin zur Orientierung nach Ost- und Südosteuropa. Schließlich galt es, diese Rohstoffe nicht gegen Devisen zu erwerben, sondern im Austausch gegen Waren, die man selbst produzieren konnte. Das Ziel war eine Art gehobener Tauschhandel: Nur wer bereit war, deutsche Produkte zu erwerben, konnte im Gegenzug an Deutschland verkaufen. Das hatte den Vorteil, dass der Handel damit, gleichsam unter Ausschaltung des Marktes, devisenneutral verlaufen konnte.

2. Arbeiterschaft und Arbeitskraft

NS-Ideologie und Arbeiter

Um die gewünschten Ziele in der Rüstungsproduktion zu erreichen, bedurfte es motivierter und halbwegs zufriedener Arbeiter. Wenn Hitler von jeher die Beseitigung der Gewerkschaften angekündigt hatte, so durfte dies nicht automatisch zu einem Freibrief für die Unternehmer werden, zu frühkapitalistischen Verhältnissen zurückzukehren – zumal die Partei dem Namen nach als sozialistische Arbeiterpartei firmierte und gedachte, auch die Unternehmer in die politisch-ideologische Pflicht zu nehmen. Dies verband sich mit der ernst zu nehmenden Absicht, sowohl die soziale Lage der deutschen Arbeiterschaft zu verbessern als auch die körperliche Arbeit im allgemeinen Ansehen jeder geistigen Tätigkeit mindestens gleichzustellen.

Nachdem Anfang April 1933 anstehende Betriebsratswahlen verschoben worden waren, beruhigte die Regierung Arbeitnehmer und Gewerkschaften mit der Proklamation des 1. Mai zum arbeitsfreien „Tag der Nationalen Arbeit“. Scheinbar die Erfüllung einer uralten Forderung der Arbeiterbewegung, erwies sich der Feiertag als gelungenes Täuschungsmanöver, denn am 2. Mai besetzen NS-Trupps die Gewerkschaftshäuser, beschlagnahmten deren Vermögen und verhafteten ihre Funktionäre. Die NS-Gewerkschaftskonkurrenz in Form der Nationalsozialistischen Betriebszellenorganisation übernahm einige ihrer Aufgaben. Sie war jedoch kein wirklicher Ersatz, weil sie kaum die traditionelle Arbeitnehmerschaft repräsentierte. Statt der Gewerkschaften übernahmen nun zwei vom Regime eingerichtete Institutionen die Aufgabe, die Interessen der Arbeitnehmer zu wahren: die Treuhänder der Arbeit sowie die Deutsche Arbeitsfront (DAF). Die Treuhänder der Arbeit wirkten in staatlichem Auftrag zwischen Arbeitnehmern und Arbeitgebern, um einen möglichst reibungslosen Produktionsablauf im Dienst der politischen Ziele zu gewährleisten. Die DAF sollte Arbeitnehmer und Arbeitgeber in der alltäglichen Praxis zu möglichst effektiver und reibungsarmer Produktion vereinigen und gleichsam den Klassenkampf im Dienst des Volkes – was praktisch bedeutete: im Dienst der Rüstung – auflösen.

E

Deutsche Arbeitsfront (DAF)

Die „Deutsche Arbeitsfront", am 10. Mai 1933 als (Zwangs-)„Organisation aller schaffenden Deutschen der Stirn und der Faust" gegründet und von Robert Ley als Reichsleiter geführt, verfolgte das Ziel, den „Klassenkampf" zu überwinden und die deutsche Gesellschaft zu einer nationalsozialistischen „Volksgemeinschaft" zu formen. Mit zeitweise 44000 bezahlten Funktionären bei rund 20,5 Millionen Mitgliedern Ende 1938 repräsentierte die DAF die größte Massenorganisation des „Dritten Reiches". Mit ihrer Hilfe kontrollierte das Regime die Arbeitsfähigkeit der Bevölkerung, strebte danach, sie durch DAF-Freizeitorganisationen wie „Kraft durch Freude" arbeitsmotiviert zu erhalten und zu stetiger Leistungsbereitschaft zu erziehen.

Mitgliederzahlen der Deutschen Arbeitsfront

2. Mai 1933	5236764
1. Dezember 1933 (Aufnahmeverbot; Bearbeitung vorhandener Aufnahmeerklärungen)	9024705
September 1934 (inkl. seit Dezember 1933 bearbeiteter Aufnahmeerklärungen)	11454224
1. Januar 1935	14048443
1. Januar 1936	16342027
1. Januar 1937	17295809
1. Januar 1938	18005492
Ende 1938	20487449

(Quelle: Parteistatistik, Bd. 4, Die Deutsche Arbeitsfront, o. J. [1939], S. 74–79.)

E

Robert Ley (1890–1945)

Der rheinische Bauernsohn Robert Ley studierte Chemie und diente im Ersten Weltkrieg als Artillerist und in einer Fliegerstaffel, wobei er schwere Verletzungen erlitt, aus denen Langzeitfolgen wie Stottern und übermäßiges Alkoholverlangen resultierten. Der psychisch oft labile Ley entwickelte sich Anfang der zwanziger Jahre rasch zu einem fanatisch gläubigen Nationalsozialisten, der Hitler als seinen Messias betrachtete, und der in vielerlei Hinsicht als Verkörperung des Nationalsozialismus interpretiert werden kann: Ein Mensch voll rassistischer Vorurteile und sozialutopischer Träumereien, Anhänger eines aggressiven Expansionismus sowie Prediger eines das Individuum vollständig absorbierenden NS-Staates. Seit 1925 Gauleiter des Rheinlandes, war er einer der gröbsten und zugleich demagogisch erfolgreichsten Agitatoren der NSDAP, der sich vor allem über seinen geifernden Antisemitismus profilierte. Ley saß ab 1928 im preußischen Landtag, ab 1930 im Reichstag und avancierte nach dem Rücktritt seines Rivalen Gregor Straßer im Dezember 1932 zum Reichsorganisationsleiter der NSDAP. Im Zuge der „Machtergreifung" spielte Ley eine einflussreiche Rolle bei der Zerschlagung der Gewerkschaften, in deren Folge Hitler ihm im Mai 1933 die Leitung der Deutschen Arbeitsfront übertrug. Ley träumte von einem nationalsozialistischen „Sozialstaat", der sich aus der Ausbeutung eroberter Völker speisen und zugleich alle Deutschen unter eine vollständige totalitäre Kontrolle im Dienst der „Volksgemeinschaft" zwingen sollte.

3. Landwirtschaft

„Blut und Boden"

Neben der Industrie, die in Privateigentum belassen und zugleich mit gezielten Aufträgen und Produktionsvorgaben in den Dienst der Rüstungspolitik gestellt wurde, musste das Augenmerk der neuen Regierung vor allem der Landwirtschaft gelten, die eine ideologisch-ökonomische Doppelrolle besaß. Den „Blut-und-Boden"-Phantasien entsprechend galt der Bauernstand als rassisches Kernelement einer völkischen Erneuerung, als Jungbrunnen germanischer Wiedergeburt und als Nachwuchsquelle für die Besiedlung des auf Expansion angelegten „Lebensraums". Zugleich sollte die Landwirtschaft all jene Produkte preiswert produzieren, mit denen Industriearbeiterschaft und Soldaten ernährt und für ihre Aufgaben im Rüstungs- und Expansionskampf leistungsfähig erhalten werden mussten.

Die Regierung kollektivierte die Zweige der Agrarwirtschaft, von der Forstwirtschaft über die Fischerei bis zum Landhandel, am 13. September 1933 im „Reichsnährstand", mit dem die gesamte Ernährungswirtschaft unter Kontrolle gebracht werden sollte, um gleichsam eine Armee von Nahrungserzeugern zu bilden. An der Spitze des Reichsnährstandes, der 1939 rund 14 Millionen Mitglieder zählte, stand der inzwischen zum Reichsminister für Ernährung und Landwirtschaft avancierte Blut-und-Boden-Ideologe Richard Walther Darré.

E

Richard Walther Darré (1895–1953) wurde im argentinischen Belgrano geboren, wohin seine vermögenden Eltern für einige Jahre übergesiedelt waren. Darré begann ein Studium der Landwirtschaft, wurde im Ersten Weltkrieg Soldat, schloss anschließend sein Studium ab und arbeitete, gleichsam generationstypisch, in unsicheren Berufsverhältnissen. Ende der zwanziger Jahre publizierte er ausgiebig eine aus seinen Tierzuchterfahrungen abgeleitete Theorie, in der er das Bauerntum als angeblichen Kern des deutschen Volkes in das Zentrum aller Anstrengungen für eine völkisch-rassische Erneuerung projizierte. Darré veröffentlichte weit verbreitete Bücher über „Das Bauerntum als Lebensquell der nordischen Rasse" (1929) und den „Neuadel aus Blut und Boden" (1930), die in der völkisch-rassistischen Atmosphäre weiter Kreise gläubig widerhallten. Das fürderhin vielfach repetierte Schlagwort von „Blut und Boden" sollte den nach Darré symbiotischen Zusammenhang zwischen Bauerntum und Rassewert kennzeichnen. Nachdem er im Frühjahr 1930 Hitler kennen gelernt hatte, trat er im Juli der NSDAP bei und arbeitete intensiv als Propagandist der Landbevölkerung. In das Kabinett Hitlers konnte er erst aufsteigen, nachdem Hugenberg im Juni 1933 zurücktreten musste. Als Landwirtschaftsminister versuchte er, seine ideologischen Vorstellungen, namentlich über den Reichsnährstand, das Reichserbhofgesetz, die Kolonisation in den Ostprovinzen und eine kontrollierte Neuordnung des Binnenmarktes zu implantieren. Darrés ideologische Träume von Entindustrialisierung und Verbäuerlichung blieben in den Ansätzen stecken und verloren seit 1936 zunehmend an Gewicht gegenüber den auf Effizienz zielenden Erfordernissen der Landwirtschaftsproduktion als Nahrungslieferant im Zeichen des Aufrüstungsprozesses, namentlich überspielt vom Vierjahresplan. Darrés Macht erodierte zusehends und sein im Krieg noch beschleunigter Abstieg endete im Verlust des Ministeramtes im März 1942.

Kontrolle der Landwirtschaft

Mit Abnahmegarantien und Festpreisen kontrollierte der Reichsnährstand im Rahmen einer Marktordnung die Zuteilung der Güter, um die

Selbstversorgung in der von Darré proklamierten „Erzeugungsschlacht“ zu steigern, aber auch, um die Bevölkerung auf die Alltäglichkeit der Überwachung einzustellen, so dass sie schon in Friedenszeiten auf eine mögliche Kriegswirtschaft vorbereitet wurde. Das markanteste Beispiel hierfür bietet die Versorgung mit Butter. In der Bilanz verfügbarer Nahrungsmittel in Deutschland gab es die notorische „Fettlücke“, was konkret bedeutete: Die Menge der im Reich verfügbaren Fettproduktion reichte nur für etwa die Hälfte des Bedarfs. Der Rest musste gegen Devisen eingeführt werden. Dieses Geld fehlte für den Ankauf von Rohstoffen für die Rüstungsproduktion – ein ständiger Zwang zur Verwaltung des Mangels, der Rudolf Heß zur viel zitierten Parole „Kanonen statt Butter“ animierte. Die Möglichkeiten verstärkter Fettproduktion innerhalb des Reiches waren begrenzt, weil man entweder mehr Getreide für die allgemeine Ernährung erzeugen oder mehr Tiere mit entsprechender Fettproduktion heranziehen konnte. Das Regime reagierte auf die „Fettlücke“ in zweierlei Weise. Zum einen versuchte man propagandistisch, die Ernährungsgewohnheiten der Bevölkerung zu ändern und statt des allseits begehrten „Butterbrotes“ zum verstärkten Verbrauch von Zucker und Marmelade zu animieren. Als dies nicht mit der gewünschten Kraft wirkte, begann man 1937 mit der Butter-Rationierung. Dieses Verteilungssystem in Friedenszeiten diente als Prototyp der kriegswirtschaftlichen Versorgung, denn mit den nunmehr vorhandenen Unterlagen ließen sich am 1. September 1939 quasi über Nacht Lebensmittelkarten einführen.

Agrarpreise im Vergleich

Erzeugnisse (je 100 kg)	1928/29 in RM	1938/39 in RM	Veränderung in Prozent
Schweine	142,00	100,00	–30
Rinder	75,00	68,00	–9
Roggen	21,10	18,40	–13
Weizen	21,60	20,00	–7
Kartoffeln	5,80	5,00	–14
Gemüse	16,60	11,60	–30
Butter	352,00	254,00	–28
Eier (je 100 St.)	10,20	8,20	–20

(Quelle: Hermann Reischle, Nationalsozialistische Agrarpolitik, S. 57.)

Dilemma: Bauerneinkommen gegen billige Nahrungsmittel

Aus der doppelseitigen Anforderung, Bauern und Industriearbeiter gleichermaßen einzubinden, entstand ein latenter Widerspruch: Einerseits galt das Ziel, über höhere Erzeugerpreise Wohl und Einkommen der Bauern zu steigern, auch ihre Investitionsmöglichkeiten zu erhöhen, um über die Mechanisierung der Landwirtschaft effektivere Produktionsbedingungen zu schaffen und damit zugleich die Maschinen-Nachfrage anzukurbeln, um der Industrie ein alternatives Absatzpotential zum Weltmarkt im Dienst einer autarken Binnenkonjunktur zu eröffnen. Andererseits galt es, die Nahrungsmittelkosten der Bevölkerung zu drücken, um die Arbeiterschaft trotz des in objektiven Daten kärglichen Lebensstandards zufrieden und leistungsfähig zu halten. Mit zunehmender Rüstungskonjunktur drohte nun, weil mehr Geld in Umlauf kam, die Gefahr einer Lohn-Preis-Spirale, die es unbedingt zu verhindern galt. Das Regime bevorzugte in dieser Situation niedrige Agrarpreise zu Lasten der bäuerlichen Einkommen, um die Rüstungskosten kalkulierbar zu halten, indem man Industriearbeitern verlässlich preiswerte Nahrungsmittel lieferte.

Reichserbhofgesetz

Das Reichserbhofgesetz vom 29. September 1933 verwandelte den deutschen Bauernstand in eine Art Freilandhaltung im Reichsmaßstab. Ein Bauer, dessen Hof mindestens 7,5 Hektar umfasste, durfte diesen ebenso wenig verlassen wie sein Erbe. Der Hof durfte zudem weder verkauft noch mit Schulden belastet werden. Angesichts der einsetzenden Migration vom Land in die Rüstungsindustrie wurden auch Frauen, Kinder und Familienangehörige im Rentenalter als preiswerte Arbeitskräfte in eine Art Blut-und-Boden-Sippenhaft für den Dienst an der „Volksgemeinschaft" genommen. Nach Kriegsbeginn priesen denn auch zahlreiche Autoren, wie hervorragend die Umstellung von der überkommenen Freiheit zur völkischen Kontrolle im Dienst der Kriegsvorbereitung gelungen sei.

4. Rüstungsfinanzierung und Modernisierung

Die immensen Kosten der Konjunkturbelebung und Arbeitsbeschaffung im Kontext der „Wiederwehrhaftmachung", der „Rettung des deutschen Arbeiters" und des allgemeinen Aufrüstungsprogramms ließen sich nicht durch das Steueraufkommen oder über Anleihen am Kapitalmarkt allein finanzieren. Ein wichtiges Instrument zur Geldschöpfung ohne Notenpresse bildeten die von Reichsbankpräsident Hjalmar Schacht erdachten Mefo-Wechsel.

E

Mefo-Wechsel und Rüstungsfinanzierung
Schon die Regierungen Brüning und Schleicher hatten Instrumente zur Finanzierung öffentlicher Arbeiten entwickelt (Öffa-Wechsel), doch Schacht schuf eine neue Dimension. Er gründete eine Briefkastenfirma namens „Metallurgische Forschungs GmbH" (Mefo) mit einem Stammkapital von einer Million Reichsmark, das die Konzerne Krupp, Siemens, Gutehoffnungshütte und Rheinmetall zu gleichen Teilen zeichneten. Die Reichsbank stellte das Personal, um die Geheimhaltung zu sichern. Das Reich bürgte für die Schuld und die Reichsbank erklärte sich bereit, die Wechsel zu rediskontieren. Vereinfacht gesprochen: Ein Unternehmen, das einen Rüstungsauftrag ausführte, konnte statt Bargeld einen Mefo-Wechsel erhalten und diesen bei seiner Bank einlösen, die selbst wiederum auf die staatliche Bürgschaft vertraute. Das Unternehmen erhielt Geld, um seine Kosten zu decken, die Banken fühlten sich vom Staat abgesichert. Nominell liefen die Wechsel nur über drei Monate, konnten aber bis zu fünf Jahre verlängert werden. Mit den Mefo-Wechseln ließ sich gleichsam Geld schöpfen, ohne – im Gegensatz zum Anwerfen der Notenpresse – unmittelbar einen inflationären Effekt zu erzeugen. Schacht setzte durch, dass nach Ende des Haushaltsjahres 1937 keine Mefo-Wechsel mehr ausgegeben wurden. Als die Wechsel fällig waren, zahlte das Reich sie nicht wie vorgesehen zurück, sondern schuf neue Sonderfinanzierungsinstrumente. Mittelfristig unterminierte dies die Währungsstabilität, denn Mefo-Wechsel und die sie ablösenden Finanzierungsmethoden erhöhten praktisch die ungedeckten Reichsschulden, bargen immense Inflations-

gefahren und waren im Wortsinne Wechsel auf die Zukunft – die künftige Kriegsbeute sollte auch sie decken. Mefo-Wechsel finanzierten etwa je die Hälfte der Rüstung in den Jahren 1934 und 1935 und insgesamt rund ein Fünftel aller Rüstungskosten bis Kriegsbeginn.

Versteckte Inflation

Waren die Mefo-Wechsel in den Jahren 1934 und 1935 wichtige Stützen der Rüstungsfinanzierung, so nahm ihre Bedeutung mit der allgemeinen Wirtschaftserholung ab. Bei Banken und Versicherungen sammelten sich nun Gelder, für die ein Anlagebedarf bestand, und die normalerweise an Privatunternehmen oder -personen ausgeliehen worden wären. Aus der Sicht des Regimes bestand die Gefahr, dass diese Gelder in Investitionen etwa im Konsumgüterbereich flossen, die keinen Beitrag zur „Wiederwehrhaftmachung" leisten würden. Die Reichsregierung erließ daher mehrere Gesetze, um den Zugang von dergleichen zivilen Interessenten zum Kapitalmarkt zu verhindern. Die Textilindustrie beispielsweise erhielt ein umfassendes Investitionsverbot, die „Faserstoffverordnung" vom 19. Juli 1934 verbot die Erweiterung bestehender ebenso wie die Errichtung neuer Betriebe und ordnete eine Arbeitszeitverkürzung um dreißig Prozent an, um die Produktionsenergien in andere Wirtschaftszweige zu lenken. Sparkassen und Versicherungsgesellschaften nutzten mangels Alternativen die Gelegenheit, mit ihren nach Anlage und Profit suchenden Geldern staatliche Liquiditätsanleihen zu erwerben (Li-Anleihen). Auf diesem Weg erhielt der Staat indirekt die Spargelder der Deutschen, ohne dass diese direkte Staatsanleihen zeichneten.

Rüstungsinvestitionen bis 1939

Hitler behauptete in seiner Rede zum Kriegsbeginn am 1. September 1939, Deutschland habe in den vorangegangenen sechs Jahren 90 Milliarden Reichsmark in die Rüstung investiert. Diese Angabe wird allgemein als übertrieben eingeschätzt. Auf Basis der Zahlen des Reichsfinanzministeriums kommen verschiedene Analysen auf einen Betrag von etwa 60 bis 65 Milliarden Reichsmark. Wie immens diese Summe dennoch im Verhältnis zur tatsächlichen Leistungsfähigkeit der deutschen Wirtschaft ist, wird deutlich, wenn man bedenkt, dass die Summe aller Steuereinkünfte zwischen dem 1. April 1934 und dem 31. März 1939 mit 62,4 Milliarden Reichsmark in etwa diesen Rüstungsausgaben entsprach. Seriöse Schätzungen beziffern die Aufwendungen für Rüstungszwecke im Jahr 1939 auf rund 32 Mrd. Reichsmark, was 69% der gesamten Reichsausgaben und 23% des deutschen Bruttosozialprodukts entsprach.

Motorisierung und Militarisierung

Die forcierte Motorisierung des Reiches ist gleichfalls aus der Perspektive ihres Nutzens für die Militarisierung zu betrachten. Deutschland hatte, zählt man die verfügbaren Fahrzeuge pro Einwohner, im Vergleich zu Frankreich und Großbritannien einen deutlichen Nachholbedarf an Kraftfahrzeugen. Das Symbol für die Pläne zur Motorisierung der „Volksgenossen" war jener von Ferdinand Porsche (1875–1951) entwickelte „Volkswagen", der später als „Käfer" Karriere machen sollte. Als Auto zum Preis von 1000 Reichsmark konzipiert, erwies sich der VW als gigantisches sozialpolitisches Betrugsmanöver: Mit fünf Mark sollte jeder Deutsche bei der Motorisierung dabei sein („Fünf Mark pro Woche mußt du sparen, willst du im eigenen Wagen fahren!"). Ein Sparer konnte so nach knapp vier Jahren die Erfüllung seines Traums erwarten. Tatsächlich bestellten 336000 Kunden „ihren" VW und 60000 hatten das Auto bereits vollständig bezahlt, als der Krieg begann. Statt an die Eigentümer lieferte das Werk die zu Kübelwagen umgearbeiteten Fahrzeuge nun an die Wehrmacht.

Ist-Ausgaben für die Wehrmacht 1933–1939 (in Millionen Reichsmark)

Haushaltsjahr	Reichskriegs-ministerium bzw. OKW	Heer	Marine	Luftwaffe	Ausgabe von Mefo-Wechseln	**Summe**
1933	–	478	192	76	–	**1900***
1934	3	1010	297	642	2145	**4097**
1935	5	1392	339	1036	2715	**5487**
1936	128	3020	448	2225	4452	**10273**
1937	346	3990	679	3258	2688	**10961**
1938	452	9137	1632	6026	–	**17247**
1939 (bis 31.8.)	7987 (Summe nach Boelcke)			3941	–	**11928**
Summe 1933–39	**49893** (Summe nach Boelcke)				**12000**	**61893**

(Quellen: Blaich, Wirtschaft und Rüstung im „Dritten Reich", S. 83; Boelcke, Die Kosten von Hitlers Krieg, S. 28.)
* Nach Boelcke inklusive geheimer Etats.

Deutschlands PKW-Produktion

Jahr	PKW
1932	43430
1933	92160
1934	147330
1935	205092
1936	244289
1937	269055
1938	274849

(Quelle: Volkmann, Die NS-Wirtschaft, S. 239.)

Gesamtbestand an Kraftfahrzeugen im Deutschen Reich

	PKW	LKW
1.7.1932	486001	148986
1.7.1934	661773	188415
1.7.1936	945085	269581
1.7.1939	1486451	442036

(Quelle: Statistisches Jahrbuch für das Deutsche Reich, Berlin 1933–1939.)

E

„Mythos Autobahn"

Der Autobahnbau während des „Dritten Reiches" war ein höchst erfolgreiches Propaganda-Unternehmen, dessen Wirkung bisweilen noch heute in manchen Diskussionen durchscheint. Mit der 1921 fertig gestellten Berliner „AVUS" (Automobil-Verkehrs- und Übungsstraße) besitzt Deutschland wohl die älteste Autobahn überhaupt. Die wenige Kilometer lange Strecke wurde bald von amerikanischen Highways und der italienischen „Autostrada" in den Schatten gestellt. Eine „Studiengesellschaft für den Automobilstraßenbau" arbeitete seit 1924, und seit 1927 existierten Pläne für eine Autoverbindung der Hansestädte mit Frankfurt am Main und Basel, doch die Projekte stockten in der Wirtschaftskrise. 1932 wurde die aus Arbeitsbeschaffungsmitteln finanzierte Autobahn Köln–Bonn eröffnet. Nach seinem Regierungsantritt betrieb Hitler, dessen Autobegeisterung und generelle Technikfaszination beachtlich waren, massiv die Motorisierung des Reiches. Im Juni 1933 wurde der Bauingenieur Fritz Todt (1891–1942), der mit Plänen für eine Autobahn von München zum Chiemsee Hitlers Aufmerksamkeit erregt hatte, zum „Generalinspekteur für das deutsche Straßenwesen" ernannt. Todts Organisation nutzte die jahrelangen Vorarbeiten anderer und ermöglichte es Hitler, schon im September 1933 den ersten Spatenstich zu terminieren. Fortan stilisierte die NS-Propaganda täuschenderweise den „Führer" zum Autobahnerfinder.

Nachdem das erste Teilstück zwischen Frankfurt und Darmstadt am 19. Mai 1935 in Betrieb genommen worden war, feierte man bereits im Herbst 1936 die Fertigstellung des tausendsten Kilometers; im Herbst 1937 waren 2000 und Ende 1938 bereits 3000 Kilometer dem Verkehr übergeben. Die Schatten des Krieges verlangsamten das Tempo des Ausbaus. Bis Ende 1941, als der Baubetrieb eingestellt wurde, waren insgesamt 3819,7 Kilometer fertig gestellt. Als Mittel zur Arbeitsbeschaffung spielte der Autobahnbau eine vergleichsweise geringe Rolle, weil er nur etwa 130000 Arbeitsplätze bot. Im Verhältnis zur Gesamtzahl der Arbeitslosen (1936: 1,8 Millionen; 1937: 1,2 Millionen) war das nicht üppig. Auch aus militärischer Sicht waren die Autobahnen zweitrangig. Todt rechnete darauf, in 100000 requirierten Fahrzeugen 300000 Soldaten mitsamt Sturmgepäck in zwei Nächten zwischen Ost- und Westgrenze bewegen zu können. Wenngleich die Autobahnen ein passender Mosaikstein in der strategischen Planung zur Motorisierung des Heeres waren, verließen sich die Militärs doch weiter auf die Reichsbahn, weil diese die Transportaufgaben effizienter bewältigen konnte. Insgesamt wirkte vor allem die psychologisch-propagandistische Komponente des Vorzeigeprojekts Autobahnbau als eine Art permanenter Propagandafeldzug. Er schuf Gelegenheit, in immer neuen wohldosierten Portionen – Grundsteinlegungen, Spatenstiche, Richtfeste, Einweihungen, Eröffnungen – stets und immer wieder dieselbe Botschaft zu verkünden: Der „Führer" bekämpft erfolgreich die Arbeitslosigkeit und schafft zugleich ein Werk, das die Welt bestaunt.

Modernisierung in ideologischer Perspektive

Wirtschaftliche Rationalität war aus der Perspektive der übergeordneten politischen Ziele instrumentell: Technischer Fortschritt und gesellschaftliche Fürsorge dienten der Strategie, das Deutsche Reich mit seinen Menschen als Gesamtwesen umfassend zu kontrollieren, zu militarisieren und kriegsfähig zu machen. Gleichwohl ist, neutral betrachtet, der langfristige Wandlungs- und Modernisierungseffekt in der über das „Dritte Reich" hinausreichenden Perspektive deutscher Geschichte durchaus bemerkenswert. Die massiven Investitionen sollten allerdings weniger dazu dienen, den Menschen durch die Wertschöpfung einen höheren Lebensstandard zu ermöglichen, als vielmehr eine rüstungs- und sozialtechnische, logistische und mentale Überlegenheit zu entwickeln. Vereinfacht gesagt: die Wertschöpfung sollte das Volk einbinden und in modernste Waffen fließen, mit denen weitere Gebiete für das „Herrenvolk" erobert werden sollten, bis sich die Vorherrschaft der „arischen Rasse" schließlich durchgesetzt haben würde. Dergleichen langfristige Motive blieben nach außen zunächst verborgen hinter der allgemeinen „Modernisierung" und dem als legitim angesehenen Wunsch, angesichts des internationalen Rüstungsstandes über eine Militärmacht zu verfügen, die Deutschland im Rahmen der Großmächte gleichberechtigt erscheinen ließ. Erst mit den Jahren wurde deutlich, dass das anvisierte Maß der Waffenproduktion und die Geschwindigkeit der Aufrüstung weniger in einem rationalen Maß zum deutschen Nachholbedarf standen als vielmehr ein Aggressionsinstrument „aktiver Außenpolitik" ausbildeten. Die fieberhafte Akkumulation modernster Rüstungsgüter und die Formierung der Deutschen zu einer im Dienst der sozialen und rassischen Kontrolle umsorgten Produktionsgesellschaft in Zusammenschau mit den praktischen Schritten der Außenpolitik, vom Austritt aus dem Völkerbund bis zur „Zerschlagung der Rest-Tschechei", verwies jeden, der die ideologischen Proklamationen Hitlers ernst zu nehmen bereit war, auf die Intention ihrer offensiven Verwendung.

Wenn bisweilen vom deutschen „Wirtschaftswunder“ der dreißiger Jahren die Rede ist, das im In- und Ausland mit einigem Erstaunen beobachtet wurde, dann ist mithin zu analysieren, auf welche Weise und in welchen Sektoren diese „Produktionserfolge“ erzielt wurden. Wer also den Zusammenhang von Arbeit und Wirtschaft im „Dritten Reich“ betrachtet und sieht, dass die Zahl der Arbeitslosen bald drastisch zurückging, sollte die entscheidenden Fragen im Auge behalten, die lauten: Wo arbeiteten diese Menschen? Was produzierten sie? Wer finanzierte dies und auf welche Weise? Wie lange ließ sich diese Art der Finanzierung aufrechterhalten? Die Antworten offenbaren die geradezu fiebrige Funktionsweise der NS-Ökonomie. Verkürzt gesprochen: Die Menschen wurden integriert und betäubt im Zwangsrausch der zu erstrebenden „Volksgemeinschaft“, und sie arbeiteten für die langfristige Kriegsvorbereitung. Es war in dieser Perspektive gleichgültig, ob die Investitionen langfristig und rational ökonomisch Sinn machten, also nachhaltig waren und eine dauerhafte Konjunktur versprachen – sie mussten der „Weltanschauung“ entsprechen. Es war viel wichtiger, ja unter den ideologischen Prämissen entscheidend, möglichst rasch Machtmittel zu entwickeln und zugleich den „Volksgenossen“ das Gefühl zu geben, dass die Regierung die Wirtschaft in den Griff bekommen habe. Und tatsächlich empfanden viele Menschen subjektiv ihre persönliche Situation als verbessert, obwohl die objektiven Daten zeigen, dass beispielsweise die Löhne bis zum Kriegsbeginn 1939 kaum das Niveau von 1928 erreichten.

Lohnentwicklung im Maßstab der Zeit vor der Weltwirtschaftskrise

Jahr	Effektive Brutto-Nominallöhne je Stunde (1928 = 100)	Effektive Brutto-Nominallöhne je Woche (1928 = 100)	Durchschnittliche wöchentliche Reallöhne (1928 = 100)
1933	77	71	91
1934	79	76	94
1935	80	77	95
1936	81	80	97
1937	86	83	101
1938	89	87	105
1939	Keine Angaben	90	108

(Quelle: Bernd Jürgen Wendt, Deutschland 1933–1945, S. 185.)

5. Industrie und Unternehmer

Privates Unternehmertum

Die Unternehmer der Industrie, die lange Zeit in ihrer großen Mehrheit materiell vor allem die Konservativen unterstützt und, von Ausnahmen wie Fritz Thyssen (1873–1951) abgesehen, kaum in vergleichbarem Umfang zu Hitlers Finanzierung vor der Machtübernahme beigetragen hatten, schwenkten bereitwillig auf die neuen Verhältnisse ein, die ihnen nicht zuletzt gute Geschäfte versprachen. Sie arrangierten sich aus eigenem Interesse, zumal Hitler ihnen seit Jahren Avancen machte, weil seine rüstungswirtschaftlichen Ziele ohne privates Unternehmertum nicht zu erreichen waren. Die „Vereinigung der Deutschen Arbeitgeberverbände" fusionierte im Juni 1933 mit dem „Reichsverband der Deutschen Industrie" zum „Reichsstand der Deutschen Industrie" unter Gustav Krupp von Bohlen und Halbach (1870–1950), der umgehend das Führerprinzip einführte und einen NS-Ideologen zum Geschäftsführer ernannte. Einerseits geschah diese Form der Selbstgleichschaltung aus einer partiellen Interessenidentität, andererseits, um unter der neuen politischen Führung eine möglichst weit reichende unternehmerische Handlungsfreiheit im Rahmen der Betriebe zu behalten. Dies gelang nicht zuletzt deshalb, weil die Nationalsozialisten darauf angewiesen waren, dass die Industrie die geforderten Rüstungsgüter produzierte, und dies durch unternehmerische Initiative und großwirtschaftliche Organisation sicherer schien als im Rahmen von Mittelstand, Kleinindustrie oder Staatsbetrieben – gerade der von den Nationalsozialisten so umworbene Mittelstand hatte das Nachsehen. Die Unternehmer erhielten massive Aufträge, konnten verdienen und besaßen die Aussicht, bei der weiteren Expansion des deutschen Wirtschaftsbereichs zu profitieren. Gleichwohl waren auch die Unternehmer in die völkische Formierung des Gesamtstaates einbezogen, was auch von den Zeitgenossen betont und als Erfolg der NS-„Volksgemeinschafts"-Politik herausgehoben wurde.

Primat der Ideologie

Immer dann, wenn in der wirtschaftlichen Entwicklung zwei ideologische Axiome kollidierten – Wohlstand der Landwirtschaft gegen billige Nahrungsmittel oder die ständische Gliederung des Mittelstandes gegen eine durchrationalisierte Massenproduktion – dann fiel die Wahl zugunsten jenes Axioms, das den effektiveren Nutzen für „Wiederwehrhaftmachung", Aufrüstung und Kampfvorbereitung lieferte. In der Praxis bedeutete dies: Entscheidungen für billige Nahrungsmittel, fördernde Fürsorge zum Erhalt der Arbeitskraft, moderne Serien- und Massenproduktion. Trotz ideologischer Favorisierung hatten Bauern und Mittelstand sich dieser Generallinie unterzuordnen.

Der Autor der folgenden Vergleichstabelle zum Spielraum des Unternehmerhandelns 1913 und 1939 wollte nicht etwa den Verlust der unternehmerischen Freiheiten im Nationalsozialismus illustrieren, sondern die Errungenschaften des „Dritten Reiches" gegenüber dem Kaiserreich hervorheben und zugleich die organisierte Kriegsfähigkeit der gesamten deutschen Gesellschaft unterstreichen.

Schacht „Generalbevollmächtigter für die Kriegswirtschaft"

Die Ernennung Hjalmar Schachts zum kommissarischen Reichswirtschaftsminister im August 1934 und seine Bestallung als „Generalbevoll-

Vergleich zum Spielraum des Unternehmerhandelns 1913 und 1939

	1913	1939
Lohnbildung	frei	gebunden
Preisstellung	frei	gebunden
Organisationszugehörigkeit	größtenteils frei	Organisationszwang
Kartellierung	frei	vielfach Zwangskartelle und Zwangsanschlüsse
Investitionen	frei	gelenkt
Bauen	frei	Baubewilligung und Kontingentszuteilung
Kapitalaufnahme auf dem freien Markt	frei	Ausleihegenehmigung
Zinsbildung	frei	gebunden
Rohstoffbezug und Vorratsbildung	frei	gebunden
Auslandsgeschäft	frei	devisenbewirtschaftet
Arbeitseinsatz	frei	gelenkt
Gewinnausschüttung	frei	Einflussnahme des Aktiengesetzes
Organisation des Unternehmens	frei	frei
Gewinnbildung und Abschreibung	frei	steuerliche und preispolitische Regelung der Abschreibung
Aufstellung des Rechnungsabschlusses	frei	geregelt
Auswahl und Besoldung der Unternehmensführung	frei	frei
Wettbewerb	frei	gebunden, vor allem in der Ernährungswirtschaft
Werbung	frei	geregelt
Forschung und Herstellung von Neustoffen	frei	teilweise gebunden
Gesellschaftsform	frei	teilweise gelenkt

(Quelle: Josef Winschuh, Gerüstete Wirtschaft, Berlin 1939, S. 6.)

mächtigter für die Kriegswirtschaft“ (ein sprechender Titel) im Mai 1935 illustriert den Willen zur Konzentration auf ökonomische Effektivität im Dienst der Rüstung. Binnen weniger Monate beseitigte Schacht alle Konkurrenten und zog die entscheidenden Befugnisse zusammen. Die neu errichtete Reichswirtschaftskammer, an deren Spitze er stand, diente als „Klammer zwischen Staat und Unternehmertum“ (Hans-Erich Volkmann).

E

Hjalmar Horace Greely Schacht (1877–1970)
Der begabte Finanzfachmann Schacht repräsentiert in hohem Maße den Typus des willfährigen Technokraten, der sich mehr aus persönlichem Ehrgeiz als aus politischer Überzeugung den jeweiligen Machthabern andient. Mit seinem Einfluss auf die Konzeption der Rentenmark stabilisierte er Ende 1923 die inflationsgeschüttelte Weimarer Republik. Später wandte er sich von der Republik ab und unterstützte aktiv ihre Gegner. Die Nationalsozialisten boten ihm als Reichsbankpräsidenten und kommissarischem Reichswirtschaftsminister eine Spielwie-

se, um sein technokratisches Können und die nationalistische Interessenkonvergenz in der Aufrüstungsfrage frei auszuleben. Schacht besaß das Vertrauen vieler Unternehmer, auch des Auslandes, war findig und außerordentlich erfolgreich, ohne zu bemerken, dass er im Grunde nur ein Instrument blieb. Als er dies realisierte, verlor er zwar seine Positionen, blieb dem Regime jedoch verbunden. Obwohl selbst kein Widerständler, wurde er nach dem 20. Juli aufgrund von Beziehungen zu diesen Kreisen inhaftiert. Nach dem Krieg nahezu straflos davongekommen, setzte er seine Karriere als internationaler Finanzberater und Bankier fort.

Wirtschaftskrise Sommer 1934

Im Sommer 1934 geriet die deutsche Wirtschaft in eine Krise, die vom Wandel im Außenhandel ausging. Einerseits stieg der im Reich nachgefragte Bedarf an Rohstoffen für die Industrie und gleichzeitig mussten weiterhin Lebensmittel importiert werden. Andererseits ging die Ausfuhr zurück, weil die Binnenkonjunktur durch Rüstungsaufträge und die Mechanisierung der Landwirtschaft im Dienst der Autarkiebestrebungen wuchs. Die Zange aus Exportlähmung und Importwachstum ließ die Devisenvorräte dahinschmelzen und führte zu Lieferschwierigkeiten bei Rohstoffen, die wiederum die Rüstungsproduktion bedrohten. Der Hintergrund erklärt sich aus dem einsetzenden Wirtschaftsaufschwung. Die in Arbeit und Lohn kommenden Menschen wünschten Konsumgüter, die das auf Rüstungsproduktion fokussierte Reich selbst nicht erzeugte. Gab man diesen vergleichsweise bescheidenen Wünschen nach und führte ausländische Fertigwaren ein, so kostete dies Devisen, die für die Rohstofffinanzierung fehlten. Wie im Bereich der Landwirtschaft stand das Regime vor der Frage, ob es seine ehrgeizigen Rüstungspläne strecken oder die Bevölkerung zur Konsumzurückhaltung zwingen sollte. Die Entscheidung fiel zugunsten des avisierten Rüstungstempos und zu Lasten der individuellen Konsumbedürfnisse. Das ökonomische Instrument zur Bewältigung dieser Schwierigkeiten lieferte im September 1934 Hjalmar Schacht – der die finanzielle Sicherung der deutschen Aufrüstung als seine zentrale wirtschaftspolitische Aufgabe sah – mit einer nunmehr vollständigen Außenhandelssteuerung durch eine zentrale Devisen- und Rohstoffbewirtschaftung, bekannt als „Neuer Plan".

„Neuer Plan"

Mit Schachts „Neuem Plan" begann sich das „Dritte Reich" auf einen bilateralen Tauschhandel umzustellen. Eigene Produkte gingen an jene Länder, von denen man im Gegenzug Rohstoffe und Lebensmittel im gleichen Wert beziehen konnte, so dass keine Devisenkosten anfielen. Dieses Konzept des „Bilateralismus" orientierte sich im Prinzip an drei Regeln. Künftig sollte erstens nur dort eingekauft werden, wo auch die Bereitschaft bestand, deutsche Produkte entgegenzunehmen. Zweitens sollte keinesfalls mehr gekauft werden als bezahlbar war. Und drittens sollte strenger beachtet werden, was wirklich notwendig war. Den Maßstab hierfür bildeten die stets sich widersprechenden Erfordernisse ausreichender Rohstoffeinfuhr für die Rüstung und notwendiger Nahrungs- und Futtermitteleinfuhr, um die Bevölkerung zu versorgen.

Bedeutende Tauschländer waren zunächst die Staaten Mittel- und Südamerikas, weil sie Fertigwaren und Produktionsgüter nachfragten und selbst Rohstoffe und Lebensmittel anboten. Diese Verflechtungen über den Atlantik hinweg bargen jedoch Gefahren im Konfliktfall, weil sie leicht zu unterbrechen waren. Folglich zielte die Außenwirtschaftspolitik alternativ auf eine handelspolitische Durchdringung Ost- und Südosteuropas. Der Außenhandel mit Ländern wie Bulgarien, Rumänien, Jugoslawien, Ungarn, Griechenland und der Türkei wurde zwischen 1933 und 1939 massiv ausgeweitet. Diese Länder lagen gleichsam in Reichweite der wachsenden deutschen Machtprojektion und boten die Perspektive eines vom Reich kontrollierten Großwirtschaftsraumes. Überspitzt formuliert bedeutete dies, dass die mit Hitlers Reich bilateralen Tauschhandel treibenden Staaten Ost- und Südosteuropas in den Jahren bis 1939 die Rohstoffe und Nahrungsmittel lieferten, mit denen das Reich jene Waffen zu produzieren sowie die Industriearbeiter und Soldaten zu ernähren vermochte, die diese Länder langfristig in einem europäischen Großwirtschaftsraum unter deutsche hegemoniale Kontrolle bringen sollten. Letztes Ziel war ein blockadesicherer Großraum, der permanentes Weiterrüsten garantieren sollte.

6. Vierjahresplan und Autarkiepolitik

Wirtschaftskrise Ende 1935

Der Spagat zwischen dem Rohstoffbedarf für die Rüstung und den Nahrungsbedürfnissen der Bevölkerung blieb latent und führte Ende 1935 in eine erneute Krise, zumal die landwirtschaftliche Nutzfläche sogar auf Kosten neuer Militärgebiete reduziert worden war. Währenddessen häufte Deutschland bei seinen Rohstoff-Handelspartnern erhebliche Schulden an, so dass manche ihre Lieferungen einstellten. Permanent am Rande seiner Vorräte wirtschaftend, befand sich das Reich 1936 erneut in einem Dilemma. Entweder musste das Rüstungstempo gedrosselt oder es mussten Gelder an anderer Stelle eingespart werden. Das bedeutete sowohl eine geringere Versorgung der Bevölkerung als auch das Strecken jener Investitionen, die nicht unmittelbar einen militärischen Zweck besaßen. Aus diesem Dilemma suchte Hitler, für den ein Nachlassen in den Rüstungsanstrengungen undenkbar war, einen geradezu typischen voluntaristischen Ausweg, indem er seinen „zweiten Mann“, Hermann Göring, mit dem Amt des „Beauftragten für den Vierjahresplan“ betraute und damit einen ihm verbundenen Quasi-Wirtschaftsdiktator installierte.

Göring „Quasi-Wirtschaftsdiktator“

Während Hitler seine dezidiert auf die Kriegsperspektive zielende „Denkschrift zum Vierjahresplan“ (Auszug der zentralen Argumente auf der nächsten Seite) nur an Göring und Blomberg sandte, verkündete er am 9. September 1936 auf dem „Reichsparteitag der Ehre“ in Nürnberg dem jubelnden Publikum eine geglättete Form. Er betonte das „Lebensrecht des deutschen Volkes“, das „nicht auf die Lösung seiner kolonialen Forderungen verzichten“ könne und beschwor eine von Klasseninteressen und demokratischen Freiheiten gereinigte „Volksgemeinschaft“, die sich zukünftigen Aufgaben stelle. Seinen Auftrag zur Kriegsvorbereitung – den eigentlichen Kern seiner Überlegungen – nannte er mit keinem Wort.

Göring war von jeher ein geschickter und skrupelloser Machtmensch gewesen, der sein neues Amt entsprechend zu nutzen gedachte. Die von ihm installierte Vierjahresplanorganisation absorbierte oder überspielte mit der Zeit die bisherigen Einflüsse des noch amtierenden Reichswirtschaftsministers Schacht. Mit Hilfe von Marktregulierung und Rohstoffüberwachung, der

Q

Hitlers Denkschrift zum Vierjahresplan August/September 1936
Zit. n.: Treue, Hitlers Denkschrift, S. 204–210.

Politik ist die Führung und der Ablauf des geschichtlichen Lebenskampfes der Völker. Das Ziel dieser Kämpfe ist die Behauptung des Daseins. [...] Seit dem Ausbruch der Französischen Revolution treibt die Welt in immer schärferem Tempo in eine neue Auseinandersetzung, deren extremste Lösung Bolschewismus heißt, deren Inhalt und Ziel aber nur die Beseitigung und Ersetzung der bislang führenden Gesellschaftsschichten der Menschheit durch das international verbreitete Judentum ist. Kein Staat wird sich dieser geschichtlichen Auseinandersetzung entziehen oder auch nur fernhalten können. [...] *Das Ausmaß und das Tempo der militärischen Auswertung unserer Kräfte können nicht groß und nicht schnell genug gewählt werden!* [...] Es haben sich daher dieser Aufgabe alle anderen Wünsche bedingungslos unterzuordnen. [...] Die Nachwelt wird uns dereinst auch nicht die Frage vorlegen, nach welchen Methoden oder heute gültigen Auffassungen, Ansichten usw. wir die Rettung der Nation durchführten, sondern *ob* wir sie durchführten. [...] So wie die politische Bewegung in unserem Volk nur ein Ziel kennt, die Lebensbehauptung unseres Volkes und Reiches zu ermöglichen, d.h. alle geistigen und sonstigen Voraussetzungen für die Selbstbehauptung unseres Volkes sicherzustellen, so hat auch die Wirtschaft nur diesen einen Zweck. [...] die Finanz und die Wirtschaft, die Wirtschaftsführer und alle Theorien haben ausschließlich diesem Selbstbehauptungskampf unseres Volkes zu dienen. [...] Wir sind überbevölkert und können uns auf der eigenen Grundlage nicht ernähren. [...] Es ist [...] entscheidend, jene Maßnahmen zu treffen, die für die *Zukunft* eine *endgültige* Lösung, für den Übergang eine *vorübergehende* Entlastung bringen können. [...] Die endgültige Lösung liegt in einer Erweiterung des Lebensraumes bzw. der Rohstoff- und Ernährungsbasis unseres Volkes. Es ist die Aufgabe der politischen Führung, diese Frage dereinst zu lösen. [...] Ähnlich der militärischen und politischen Aufrüstung bezw. Mobilmachung unseres Volkes hat auch eine wirtschaftliche zu erfolgen und zwar im selben Tempo, mit der gleichen Entschlossenheit und wenn nötig auch mit der gleichen Rücksichtslosigkeit. [...] Ich stelle damit folgende Aufgabe: I. Die deutsche Armee muß in vier Jahren einsatzfähig sein. II. Die deutsche Wirtschaft muß in vier Jahren kriegsfähig sein.

Kontrolle von Arbeitskräften, Löhnen und Preisen stellte der Vierjahresplan die deutsche Wirtschaft in den Dienst der Politik, beließ den Unternehmern jedoch zugleich vielfältige Freiheiten, um die Produktionsziele zu erreichen. Dies effektivierte den Rüstungsprozess, weil unternehmerische Initiativen aus ökonomischem Eigeninteresse manche Fehlplanung der Wehrwirtschaftsverwaltung austarierten.

Die Effektivierung der Gesamtrüstung litt bis zu einem gewissen Grade unter den für die NS-Herrschaft typischen Koordinierungsmängeln und Kompetenzwettbewerben. Für die mit der Rüstung zusammenhängenden Fragen waren über die Jahre im Kern drei Institutionen zuständig: Das Reichswirtschaftsministerium, aus dem auch der Generalbevollmächtigte für die Kriegswirtschaft (GBW) erwuchs, das Wehrwirtschaftskommando als Einrichung der Reichswehr sowie ab Herbst 1936 der Vierjahresplan. Göring war zugleich Chef des Vierjahresplans und der Luftwaffe und konkurrierte praktisch mit dem Wirtschaftsminister ebenso wie mit dem Wehrwirtschaftskommando.

E

Wehrwirtschaftsamt
Das Wehrwirtschaftsamt war eine Einrichtung der Wehrmacht, um den Aufrüstungsprozess bedarfsgerecht nach den Erfordernissen des Militärs koordiniert zu beeinflussen. Zunächst als Dienststelle „Wehrwirtschafts- und Waffenwesen" im Herbst 1934 eingerichtet, mutierte es im Oktober 1935 zur „Amtsgruppe Wehrwirtschaftsstab" und wurde im Februar 1938 als Wehrwirtschafts- und Rüstungsamt beim Oberkommando der Wehrmacht (OKW) als „zentrale wehrwirtschaftliche Führungsstelle installiert" (Volkmann). Der Leiter, Georg Thomas, war ein entschiedener Befürworter der so genannten Tiefenrüstung, musste aber angesichts der wirtschaftlichen Voraussetzungen und des hohen Rüstungstempos die Priorität der Breitenrüstung akzeptieren. Das Wehrwirtschaftsamt befand sich in einem ständigen Kompetenzkampf mit dem Reichswirtschaftsministerium unter Schacht, der zugleich als Generalbevollmächtigter für die Kriegswirtschaft Entscheidungsbefugnis beanspruchte, sowie dem Vierjahresplan. Göring gelang es mit den Jahren, den Vierjahresplan zur dominierenden Institution werden zu lassen und sicherte diese Vorrangstellung bis zur Mitte des Krieges.

Breitenrüstung statt Tiefenrüstung

Wenngleich die Wehrmacht trotz aller Freude über die höchste Priorität ihrer Anliegen eine Tiefenrüstung bevorzugt hätte, akzeptierte sie die Hitlersche Prärogative, die insgesamt erneut dessen durchgängig typischen Voluntarismus zeigt: Ökonomische Rationalität, finanzpolitische Solidität, friedliche Entwicklung – für Hitler war alles nur eine Frage von „Energie und Entschlossenheit", wie er am 9. September in Nürnberg verkündet hatte.

Q

Hitler zur Aufgabe der Wirtschaft
Zit. n.: Hitler, Mein Kampf, S. 164f.

Der Staat hat aber mit einer bestimmten Wirtschaftsauffassung oder Wirtschaftsentwicklung gar nichts zu tun. Er ist nicht eine Zusammenfassung wirtschaftlicher Kontrahenten in einem bestimmt umgrenzten Lebensraum zur Erfüllung wirtschaftlicher Aufgaben, sondern die Organisation einer Gemeinschaft physisch und seelisch gleicher Lebewesen zur besseren Ermöglichung der Forterhaltung ihrer Art sowie der Erreichung des dieser von der Vorsehung vorgezeichneten Zieles ihres Daseins. Dies und nichts anderes ist der Zweck und Sinn eines Staates. Die Wirtschaft ist dabei nur eines der vielen Hilfsmittel, die zur Erreichung dieses Zieles eben erforderlich sind.

Göring vor Vertretern der Wirtschaft und Industrie, 17. Dezember 1936
Zit. n.: Nürnberger Dokument NI-051.

Die Auseinandersetzung, der wir entgegengehen, verlangt ein riesiges Ausmaß an Leistungsfähigkeit. Es ist kein Ende der Aufrüstung abzusehen. Allein entscheidend ist hier der Sieg oder Untergang. Wenn wir siegen, wird die Wirtschaft genug entschädigt werden. Man kann sich hier nicht richten nach buchmäßiger Gewinnrechnung, sondern nur nach den Bedürfnissen der Politik. Es darf nicht kalkuliert werden, was kostet es. Ich verlange, daß Sie alles tun und beweisen, daß Ihnen ein Teil des Volksvermögens anvertraut ist. Ob sich in jedem Fall die Neuanlagen abschreiben lassen, ist völlig gleichgültig. Wir spielen jetzt um den höchsten Einsatz. Was würde sich wohl mehr lohnen als Aufträge für die Aufrüstung?

Indem sich Göring als Beauftragter für den Vierjahresplan durchsetzte und begann, immer weitere Kompetenzen des industriellen Steuerungsprozesses an sich zu ziehen, spitzte sich zugleich der Konflikt zwischen einer eher traditionellen Wirtschafts- und Finanzpolitik, für die nach wie vor Schacht als Minister stand, und einer rein instrumentellen NS-Politik zu. Schacht befürwortete weiterhin die Aufrüstungspolitik, meinte aber, dass nach den Jahren des Produktionsaufschwungs und der Geldvermehrung nunmehr die Zeit für eine solide Finanzierung für den weiteren Ausbau der Streitkräfte gekommen sei. Er war seiner Herkunft und seinem finanzökonomischen Verständnis nach zudem weiterhin den Vorstellungen einer weltwirtschaftlichen Verflechtung verpflichtet. Mit dem Anlaufen des Vierjahresplans wurde deutlich, dass das Reich stattdessen auch gegen jede ökonomische Rationalität auf eine weitere Autarkiepolitik zielte.

Ersatzstoffe

Bereits am 14. Dezember 1933 hatte die Regierung mit dem größten deutschen Industrieunternehmen, der IG Farben, einen „Benzinvertrag" geschlossen, der das unternehmerische Risiko für die Herstellung synthetischen Treibstoffs auf den Staat abwälzte, indem die IG-Farben eine Abnahme- und Preisgarantie erhielt. Der volkswirtschaftlich unrentable, wenn nicht schädliche Vertrag erklärt sich allein aus dem langfristigen Bestreben, von ausländischen Mineralöleinfuhren unabhängig zu werden, namentlich für den Mobilisierungsfall und das dann wahrscheinliche Versiegen der Importe. Gleiches galt für die Suche nach einem Ersatzstoff für Naturkautschuk, bekannt als Buna, den ebenfalls die IG Farben, produzieren sollte. Die IG Farben wuchs in den Jahren bis Kriegsbeginn zu einem Garanten für viele industriell-chemische Roh- und Grundstoffprodukte und erreichte, obwohl im Prinzip nach wie vor ein auf Gewinn zielendes Privatunternehmen, eine monopolartige Stellung innerhalb des Vierjahresplans. Als Symbol der NS-Autarkiebestrebungen schlechthin können die Hermann-Göring-Werke gelten, die seit Juli 1937 im Rahmen des Vierjahresplans förmlich aus dem Boden gestampft wurden. Nachdem sich die Schwerindustrie mit Hinweis auf die Kosten geweigert hatte, den Forderungen nach Verhüttung des minderwertigen deutschen Eisenerzes nachzugeben, reagierten Hitler und Göring mit dem regimetypischen Voluntarismus: In Salzgitter, wo das Erz gefördert wurde, entstand eine Eisenhütte, aus der schließlich das größte Werk dieser Art in Europa werden sollte. Weniger der tatsächliche Beitrag zur deutschen Eisenproduktion war bemerkenswert (1940 lieferte Salzgitter erst zwei Prozent der Produktion im „Altreich") als vielmehr die politische Botschaft. Auch jene Unternehmer, die auf ihre unabhängige Entscheidung gepocht haben mochten, verstanden das Signal, sich besser mit den Forderungen des Regimes zu arrangieren, wollte man die Gewinne nicht anderen überlassen.

Entmachtung Schachts

Schacht opponierte vergeblich gegen die seiner Ansicht nach unsolide Finanzpolitik und verlor am 27. November 1937 seine Stellung als Reichwirtschaftsminister und Generalbevollmächtigter für die Kriegswirtschaft. Als Reichsbankpräsident blieb er zunächst im Amt und diente dem Regime gegenüber der Außenwelt als täuschender Garant einer vermeintlich berechenbaren Finanzpolitik, bis ihn Hitler auch hier entfernte. Anlass war der von Schacht und dem Direktorium der Reichsbank unternommene, quasi allerletzte Versuch, die weitere Rüstung nicht mehr durch immer neue Schulden und das indirekte Ankurbeln der Notenpresse zu finanzieren, sondern auf einen halbwegs berechenbaren Kurs zurückzuführen. Das Direktorium der Reichsbank schrieb am 7. Januar 1939 an Hitler, die Kosten der Rüstung künftig nur noch über Steuereinnahmen oder langfristig am Kapitalmarkt platzierbare Anleihen zu finanzieren. Dieser Forderung nachzukommen, hätte ein Abbremsen des Rüstungs- und Kriegskurses bedeutet, was Hitler unwirsch mit Schachts Entlassung beantwortete. Mit dem Notenbankgesetz vom 15. Juni 1939 sicherte er sich stattdessen den uneingeschränkten Zugriff auf die Notenpresse. Das Gesetz verpflichtete die Reichsbank (deren Präsident inzwischen Reichswirtschaftsminister Walther Funk (1890–1960) geworden war), dem Staat „nach Weisung des Führers und Reichskanzlers" quasi unbeschränkt Kredit einzuräumen.

Ähnlich wie im Bereich von Diplomatie und staatlicher Administration bieten der Aufstieg und Fall des Hjalmar Schacht ein anschauliches Beispiel für die Bedeutung und den Einfluss traditioneller Eliten für den Erfolg der Nationalsozialisten. Schacht stimmte in Grundsatzfragen wie der Aufrüstungs-, Großmacht- und Revisionspolitik mit den Nationalsozialisten überein und war gern bereit, sein Können und seine Reputation in deren Dienst zu stellen. Er unterschätzte die sozialdarwinistisch grundierte, rassenideologische Dynamik, in deren Sog er sich begeben hatte, und ignorierte den abnehmenden Wert der eigenen Person gerade angesichts der raschen Resultate seiner Politik. Sein wirtschafts- und finanzpolitischer Erfolg hätte in einem rationalen System vermutlich als Garantie dafür gelten können, in seinen Ämtern zu bleiben, um diese Politik zu perpetuieren. In einer zielperspektivisch auf Eroberung, Expansion, Ausbeutung und Unterwerfung angelegten Herrschaft blieb seine Leistung instrumentell und temporär. Mit Schachts Entmachtung und Görings Triumph setzte sich eine Planwirtschaftspolitik – unter Beibehaltung des Privateigentums und partieller unternehmerischer Freiheiten – gegen das traditionelle liberalkapitalistische Wirtschaftsmodell mit seinen weltwirtschaftlichen Verflechtungen und den Zielen einer berechenbaren Finanzpolitik durch.

In der Perspektive der Rohstoff- und Nahrungsmittelsicherung besaß auch die deutsche Einmischung in den Spanischen Bürgerkrieg ab Juli 1936 neben der ideologischen und rüstungstechnischen Komponente (die hilfreiche Erprobung neuer Waffen) einen wirtschaftlichen Aspekt. Spanien besaß dringend benötigte Rohstoffe und Agrargüter und General Franco war mehrfach in einer so angespannten Situation, dass er Eingriffe deutscher Unternehmen gestatten musste. Nach seinem Sieg setzte er die enge Kooperation fort, achtete aber darauf, selbst Herr des Verfahrens zu bleiben und sicherte damit jene Unabhängigkeit, die sein Regime im Gegensatz zu anderen Hitler-Verbündeten überleben ließ. Auch mit dem „Anschluss" Österreichs erreichte man nicht allein ein volkstumspolitisches Ziel, sondern ergänzte und arrondierte, namentlich von Göring betrieben, wichtige Bereiche der deutschen Wirtschaft und Rüstungsindustrie. Die Staaten vor Österreichs Haustür – Ungarn, Rumänien, Bulgarien und Jugoslawien – sollten als Nahrungs- und Rohstoffsatelliten des deutschbeherrschten Kerneuropa instrumentalisiert und in den Dienst der weiteren Ostexpansion gestellt werden.

Großwirtschaftsraum als „Wehrwirtschaftsraum"

Das Deutsche Reich bemühte sich also um mehrere Ziele gleichzeitig: Entstehen sollte ein europäischer Großwirtschaftsraum unter deutscher Kontrolle, der als Basis dienen würde, um die gesamten darin verfügbaren Ressourcen einer umfassenden Rüstung dienstbar zu machen. Die kleineren Staaten in Südosteuropa sollten in einer bewussten Abhängigkeit gehalten werden, um als Rohstofflieferanten und Nahrungsmittelproduzenten zu dienen. Wichtig war, dass sie im Zweifelsfall nicht nur im Bereich der deutschen Waffen lagen, sondern auch wirtschaftlich so unter Druck standen, dass sie entweder im deutschen Lager bleiben oder ernsten volkswirtschaftlichen Schaden nehmen mussten. Die Alternative lautete im Kern: entweder freiwillige Unterwerfung oder machtpolitische Eroberung. In der zweiten Hälfte der dreißiger Jahre gelang diese Machtprojektion mehr oder weniger erfolgreich.

Der erstrebte Großwirtschaftsraum war zugleich ein Wehrwirtschaftsraum, in dem Deutschland danach strebte, für den Konfliktfall „Blockadesicherheit" zu erlangen. Weil die Aufrüstung so viel Material verschlang, war der wachsende Bedarf selbst durch die hinzugewonnenen Territorien Österreichs, des Sudetenlandes und des „Protektorates Böhmen und Mähren" nicht zu decken. Kurzfristig verschlechterte sich sogar die Bilanz der Selbstversorgung mit Nahrungsmitteln – jeder neue Zugewinn trieb die Gier nach mehr. Wenn das Reich gemäß den ideologischen Prämissen autark zur Hegemonie fähig sein wollte, mussten immer weitere Gebiete erobert werden, bis es über jenen Raum verfügte, in dem tatsächlich alle erträumten Ressourcen von der Rohstoffversorgung bis zu den zwingbaren Arbeitskräften unter Kontrolle waren. Das Reich befand sich mithin in einem selbst erzeugten permanenten Dilemma: Seine hegemonialen Ambitionen verlangten nach immer mehr Ressourcen, die in dem erstrebten Umfang letztlich nur kriegerisch zu erreichen waren. Auf dem Weg dahin waren die vorhandenen Ressourcen bereits permanent überspannt und die selbst gesetzte Eile induzierte einen fieberhaften Hochdruck.

Instrumentelle Rolle anderer Staaten

Im europäischen Gesamttableau war den anderen Staaten nur die Rolle von Instrumenten für den deutschen Machtzuwachs zugedacht. Obwohl die Sowjetunion der ideologische Gegner schlechthin und ihr Territorium die Projektionsfläche der Hitlerschen Weltmachtambitionen blieb, wurde der Handelsaustausch mit ihr in den letzten Vorkriegsjahren erheblich verstärkt. Nach Kriegsbeginn und der einsetzenden Seeblockade gegen das Reich deckte Stalins Reich bei manchen Produkten weit mehr als zwei Drittel der gesamten Einfuhr (Gerste und Hafer mehr als 95%, Asbest, Chromerz, Platin mehr als zwei Drittel im Jahr 1940). Zugleich lieferte Deutschland im Gegenzug immer nur so viele Produkte, dass die Sowjetunion ihre Ausfuhren nicht unterbrach. Als das Reich im Juni 1941 die Sowjetunion überfiel, hatte Stalin nicht nur anderthalb Jahre lang große Mengen jener Materialien geliefert, mit denen nun gegen ihn Krieg geführt wurde, sondern mehr als ein Drittel dieser Rohstoffe waren noch nicht einmal bezahlt.

Das forcierte Autarkiestreben seit 1936 bedeutete mithin nicht, dass Deutschland eine Insel werden sollte, sondern vielmehr ein wirtschaftlicher Machtkern, dessen Arme in alle Richtungen griffen, um die notwendigen Güter, seien es landwirtschaftliche Produkte, seien es Rohstoffe, zu erhalten. Innerhalb des Reiches zielte die Autarkiepolitik neben einem möglichst hohen Grad an Selbstversorgung in der Landwirtschaft auch auf den Industriesektor, wiederum mit dem Ziel, militärische Blockadesicherheit zu gewinnen.

Zusammengefasst erkennen wir mit der im Vierjahresplan einsetzenden Periode seit Herbst 1936 die forcierte Einstellung der deutschen Wirtschaft auf eine rücksichtslose Vollrüstung mit allen verfügbar zu machenden Mitteln, gleichsam eine „wirtschaftliche Mobilmachung", die bewusst aus der Substanz lebte und die ökonomische Potenz des Reiches überstieg, indem sie alles auf die Hochrüstung konzentrierte, um dann mit dem Einsatz der neuen Waffen die überspannten Grundlagen durch territoriale Expansion und Ausbeutung auf Kosten anderer Staaten wieder herzustellen. Indem man hierbei die schnelle Breitenrüstung der langfristigen Tiefenrüstung vorzog, verwies der Plan bereits auf das spätere Blitzkriegskonzept.

7. Von der Arbeitslosigkeit zum Arbeitskräftemangel

War die Arbeitslosigkeit das wichtigste Problem zu Beginn des „Dritten Reiches", so schlug dies nach Einsetzen der Rüstungskonjunktur um in einen Mangel besonders an Facharbeitern. Bereits 1934 versuchte man, durch Gesetze den Wegzug von Arbeitern aus ländlichen Gebieten zu verhindern. Das im Februar 1935 eingeführte „Arbeitsbuch" vermerkte Daten zu Einstellungen, Entlassungen und Arbeitgebern und diente fortan als Steuerungsinstrument, um alle Arbeitskräfte in einem gesamtwirtschaftlichen Überwachungsprozess unter Kontrolle zu bringen. Bis 1939 waren bereits 58% der Bevölkerung durch Arbeitsbuch und Volkskarte erfasst.

Kontrolle der Arbeitskraft

Die Treuhänder der Arbeit besaßen das Recht, in rüstungswichtigen Betrieben mehr arbeiten zu lassen als den tariflichen Achtstundentag und die Unternehmer erhielten die Option, jährlich bis zu dreißig Tage Extra-Arbeit anzuordnen. Mechanisierung und Rationalisierung sowie indirekte Instrumente der Arbeitsplatzsteuerung ergänzten diesen Prozess der Rüstungseffektivierung. So sanken etwa die Arbeitszeiten in der Konsumgüterindustrie mit dem Ziel, die Löhne zu verringern und die Arbeiter zu einem Wechsel in die Produktionsgüterindustrie zu motivieren. Zugleich verringerte die Einführung der allgemeinen Wehrpflicht im März 1935 das ohnehin knapper werdende Angebot an Arbeitskräften. Trotz aller ideologischen Vorbehalte gegen die Berufstätigkeit von Frauen und entsprechender Kampagnen gegen das „Doppelverdienertum", stieg die Zahl der berufstätigen Frauen zwischen 1933 und 1939 von 11,6 auf 14,6 Millionen. Die Lage insbesondere auf dem Facharbeitermarkt verschärfte sich schon ab 1935 und viele Betriebe, die reichlich mit Rüstungsaufträgen ausgelastet waren, begannen, Arbeiter durch versteckte Lohnanreize und Vergünstigungen anzuwerben. In der Baubranche, die gleichfalls aufgrund der immensen militärischen Aufträge zu wenige Fachkräfte besaß, spitzte sich die Lage weiter zu, als im Juni 1938 für den Westwall 400000 Arbeiter bereit stehen sollten. Im selben Monat sicherte sich Göring per Verordnung den möglichen Zugriff auf praktisch jede Arbeitskraft für „besonders bedeutsame Aufgaben, deren Durchführung aus staatspolitischen Gründen keinen Aufschub" dulde. Jedermann, so die Verordnung weiter, konnte fortan „für eine begrenzte Zeit verpflichtet werden, auf einem ihm zugewiesenen Arbeitsplatz Dienste zu leisten oder sich einer bestimmten beruflichen Ausbildung zu unterziehen". Die im Februar 1939 erlassene „Verordnung zur Sicherstellung des Kräftebedarfs für Aufgaben von besonderer staatspolitischer Bedeutung" perfektionierte diese praktische Militarisierung der Arbeitnehmerschaft, indem sie jeden Arbeitsplatzwechsel von der Zustimmung des Arbeitsamtes abhängig machte.

E

Reichsarbeitsdienst (RAD)
Der Reichsarbeitsdienst reflektiert die Militarisierung des Arbeitsmarktes. Der ehemals freiwillige Arbeitsdienst, im Juni 1931 zur Minderung der Jugendarbeitslosigkeit eingerichtet und seit 31. März 1933 von Konstantin Hierl (1875–1955) geleitet, wurde am 26. Juni 1935 zum Reichsarbeitsdienst umgewandelt. Aus der Freiwilligkeit wurde eine halbjährige Dienstpflicht für alle Männer zwischen 18 und 25 Jahren. Der RAD war eine paramilitärische Organisation, in dem die Arbeitnehmer uniformiert militärischen Regeln zu folgen und in geschlossenen Einheiten zu arbeiten hatten.

Wie in vielen anderen Bereichen spiegelte die Entwicklung auf dem Arbeits- und Produktionssektor eine ambitionierte, geradezu fieberhafte Verbissenheit, einen induzierten Zeitdruck, der letztlich aus der ideologischen Disposition ableitbar ist, in wenigen Jahren die Grundlagen einer deutschen Weltmachtposition zu schaffen und militärisch zu sichern.

Bescheidener Lebensstandard

Für die Bevölkerung bedeutete dies neben einer vordergründigen Befriedigung grundsätzlicher Lebensbedürfnisse und der psychologischen Genugtuung wiederkehrender außenpolitischer Erfolge eine fortschreitende Überforderung von Menschen und Maschinen. Schon bevor der erste Schuss gefallen war, wurde die wirtschaftliche Produktion auf die totale Effizienzwirtschaft umfassender Kriegführungskapazitäten ausgerichtet. Die Vordergründigkeit der Lebensverbesserung zeigte sich am augenfälligsten in der Tatsache, dass die Menschen für ihre erhöhte Kaufkraft kaum Konsumgüter vorfanden. Der Geldumlauf stieg von 1936 bis 1939 von 6,4 auf 11 Milliarden Reichsmark, eine Kaufkraft, der keine entsprechenden Produkte gegenüberstanden, und die daher auf vielfältige Weise abgeschöpft und kanalisiert werden musste. Das markanteste Beispiel dürfte der erwähnte „Volkswagen" sein. Bis Ende März 1939 zahlten die VW-Sparer dem Staat rund 110 Millionen Reichsmark für das nie eingelöste Versprechen, einen „Käfer" zu erhalten. Insgesamt lässt sich sagen, dass das Regime bewusst den Ruin der deutschen Volkswirtschaft im Dienst der Rüstung riskierte, weil man erwartete, sich in dem über kurz oder lang aus ideologischen, politischen und wirtschaftlichen Gründen anstehenden Krieg an seinen Gegnern schadlos halten zu können.

8. Fazit

Blicken wir auf die ökonomische Entwicklung zwischen 1933 und Kriegsbeginn als Ganzes, so erkennen wir vor allem das fieberhafte Bemühen, die deutsche Wirtschaft in einem umfassenden Sinne auf eine große militärische Auseinandersetzung vorzubereiten. Am Vorabend des Krieges war die deutsche Wirtschaft bis auf das äußerste angespannt; der Maschinenpark lief seit Jahren auf Hochtouren und zeigte sich aufgrund der permanenten Überbeanspruchung schadensanfällig und erneuerungsbedürftig. Die regimetypische Mischung aus planwirtschaftlichen Vorgaben, Institutionenwettbewerb und freier Unternehmerinitiative, soweit es um das praktische Erstreben der Ziele ging, führte mit den Jahren, auch angesichts der weiter immens anschwellenden Forderungen, zu erheblichen Reibungsverlusten, aber auch zu bemerkenswerten Produktionserfolgen. Das Bild der deutschen Wirtschaft ist demnach ambivalent. Einerseits stand sie unter permanenter (Über-)Beanspruchung. Andererseits gelang es ihr, mit diesem gezielten Raubbau an den eigenen Reserven eine breite Aufrüstung zu produzieren, die dem Reich kurzfristig eine enorme militärische Schlagkraft verfügbar machte. Wenngleich es an Arbeitskräften, Rohstoffen, Devisen und Nahrungsmitteln mangelte, um einen längeren Krieg durchzuhalten, so bot ein schneller Einsatz doch Aussicht auf Erfolg und öffnete die Perspektive, die fehlende Basis zu erweitern und anschließend für die weitere Kriegführung zu nutzen: Der Krieg würde den Krieg ernähren. Jede Verzögerung konnte hingegen die Aufmerksamkeit der anderen Mächte für die aggressive Grundnote der deutschen Außenpolitik sensibilisieren und zu einer künftigen Gegenrüstung motivieren. Hitler, ohnehin vom Phänomen der Zeitangst besessen und ungestüm auf Krieg drängend, war sich dieser Situation bewusst. Die Blitzkriegsstrategie, wie sie nach den überraschenden Erfolgen des Westfeldzuges für den Krieg gegen die Sowjetunion konzipiert wurde, setzte darauf, möglichst rasch mit einer umfassenden Kraftanstrengung die angestrebte Weltmachtposition zu erobern.

V. Gesellschaft: Propaganda, Kirchen, Erziehung, Schulen und Universitäten, Kunst und Kultur, Opposition und Widerstand

13. März 1933	Bildung des Reichsministeriums für „Volksaufklärung und Propaganda“
19. April 1933	Gründung der Nationalpolitischen Erziehungsanstalten (Napola)
25. April 1933	Gesetz gegen die Überfüllung deutscher Schulen und Hochschulen
10. Mai 1933	Bücherverbrennung auf dem Berliner Opernplatz
21. September 1933	Martin Niemöller gründet „Pfarrernotbund“
22. September 1933	Bildung der Reichskulturkammer
27. September 1933	Ludwig Müller wird „Reichsbischof“
15. Oktober 1933	Hitler legt den Grundstein zum Münchner „Haus der Deutschen Kunst“
29. bis 31. Mai 1934	Barmer „Bekenntnissynode“
1935 bis 1937	Prozesse gegen katholische Priester und Ordensangehörige; Verhaftungswellen gegen Pastoren der „Bekennenden Kirche“
1936	Olympische Spiele in Garmisch-Partenkirchen und Berlin
1. Dezember 1936	Gesetz über die Hitlerjugend
4. bis 31. März 1936	Erste Ausstellung „Entarteter Kunst“ in München
18. Juli 1937	Eröffnung „Haus der Deutschen Kunst“
20. März 1939	vermutlich Verbrennung von mehreren tausend Kunstwerken

1. Propaganda

Der Aufstieg des Nationalsozialismus verdankt sich wesentlich dem Erfolg seiner Propaganda. Hitler sah sich stets und vor allem als Propagandist seiner Partei und „Weltanschauung“. Schon in den Jahren seiner politischen Bedeutungslosigkeit machte er vor allem als talentierter Redner und effektiver Organisator öffentlichkeitswirksamer Kraftauftritte auf sich aufmerksam. Mit den Jahren verfeinerte er seine rhetorisch-demagogische Begabung durch gezieltes schauspielerisches Üben und predigte stets „Instinkt statt Objektivität“. Schon in *Mein Kampf* ist seine Betonung der Propaganda ebenso wie seine „Weltanschauung“ durchzogen von einer Verachtung der „Masse“, die er nicht als Menschen oder Deutsche, sondern als instrumentelles Manipulationsobjekt charakterisierte, während er zugleich deren Erlöser zu sein vorgab.

Q

Hitler zu Aufgabe und Ziel der Propaganda
Zit. n.: Hitler, Mein Kampf, S. 116ff.

Die Macht [...], die die großen historischen Lawinen religiöser und politischer Art ins Rollen brachte, war seit urewig nur die Zauberkraft des gesprochenen Wortes. Die breite Masse eines Volkes vor allem unterliegt immer nur der Gewalt der Rede. [...]

Die Aufgabe der Propaganda ist [...] nicht ein Abwägen der verschiedenen Rechte, sondern das ausschließliche Betonen des einen eben durch sie zu vertretenden. Sie hat nicht objektiv auch die Wahrheit, soweit sie den anderen günstig ist, zu erforschen, um sie dann der Masse in doktrinärer Aufrichtigkeit vorzusetzen, sondern ununterbrochen der eigenen zu dienen. [...] Das Volk ist in seiner überwiegenden Mehrheit so feminin veranlagt und eingestellt, daß weniger nüchterne Überlegung, vielmehr gefühlsmäßige Empfindung sein Denken und Handeln bestimmt. Diese Empfindung aber ist nicht kompliziert, sondern sehr einfach und geschlossen. Es gibt hierbei nicht viel Differenzierungen, sondern ein Positiv oder ein Negativ, Liebe oder Haß, Recht oder Unrecht, Wahrheit oder Lüge.

Zentrale Rolle der Propaganda

Die hohe Meinung Hitlers von der Bedeutung der Rede durchzog seinen gesamten Politikansatz und verfolgte das Ziel, „die Masse" redend zu entmündigen und zu gläubigen Anhängern zu formen. Die Propagandaauftritte der Nationalsozialisten, in denen sich Vorbilder linksrevolutionärer Straßendominanz mit der publikumswirksamen Bildhaftigkeit militärischer Symmetrie und Anleihen aus der kirchlichen Liturgie gleichermaßen zu einer suggestiven Mischung emotionalisierender Feierlichkeit verbanden, wirkten im Vergleich zur biederen Selbstdarstellung anderer Parteien zugleich stilistisch modern wie faszinierend dynamisch. Als Hitler zum Kanzler berufen wurde, machte sich Joseph Goebbels als Reichspropagandaleiter der NSDAP berechtigte Hoffnungen auf ein Ministeramt. Er hatte in den Jahren zuvor gezeigt, wie man Wahlkämpfe und moderne Parteiwerbung neben öffentlichen Massenveranstaltungen durch Rundfunk, Film und Schallplatte technisch geschickt zu unterstützen vermochte, so dass ein Höchstmaß an Aufmerksamkeit entstand und gleichzeitig die unterschiedlichsten Wählergruppen mit attraktiven Versprechen bedient werden konnten.

E

Joseph Goebbels (1897–1945)
Der im Rheinland geborene Joseph Goebbels kam aus kleinbürgerlichen Verhältnissen, doch die Eltern boten ihrem intelligenten, aber schmächtigen und durch einen Klumpfuß stigmatisierten Sohn durch Gymnasialausbildung und Studium gute Aufstiegsvoraussetzungen. Goebbels konnte vom Militärdienst befreit studieren und schloss das Fach Germanistik 1921 mit einer literaturgeschichtlichen Dissertation ab. Neben erfolglosen literarischen Versuchen und ausdauernden Tagebuchreflexionen suchte er einen praktischen Ansatz für die ersehnte Karriere. Auserwähltheitsgefühl und Versagensfurcht mischten sich spannungsvoll zu einem zynischen Ehrgeiz, der ihn auch die Politik versuchen ließ. Er trat 1924 der NSDAP bei und fiel durch seine rhetorische Gabe ebenso rasch auf wie durch seinen skrupellosen Aufstiegswillen. Goebbels hing zunächst dem linken Flügel der NSDAP an, gehörte zum Kreis um Gregor Straßer, bevor ihn Hitler 1926 in einer Art Erweckungserlebnis für sich gewann. Für viele aufgrund seiner flirrenden Wendigkeit nur ein opportunistischer und intriganter Renegat, der im Dienst seines Aufstiegs reichlich Menschen hintergangen hatte, folgte er Hitler von nun

nun an in einer Mischung aus fügsamer Ergebenheit und glaubenswilliger Legalität bis zum Ende. Hitler beförderte ihn im November 1926 zum Gauleiter von Berlin, wo Goebbels rasch Aufsehen erregte. Ab Mai 1928 saß er im Reichstag, den er zugleich mit zynischer Offenheit bekämpfte. Im Frühjahr 1930 zum Reichspropagandaleiter befördert, trug sein Wahlkampfstil erheblich zum sensationellen Erfolg der NSDAP im September bei. Goebbels profilierte sich als geschickter und skrupellos auf den puren Erfolg konzentrierter Agitator, der einen modernen Wahlkampf perfekt zu organisieren verstand und bald auch daranging, Hitler in der Öffentlichkeit zu einer kultisch überhöhten Führerfigur zu stilisieren. Die wesentlich von Hitler und Goebbels inspirierte Propaganda des „Dritten Reiches" mischte das Verlangen nach ideologischer Indoktrination geschickt mit suggestiver Euphorisierung, um die Menschen durch Feiern und Massenerlebnisse, aber auch durch ablenkende Unterhaltung, für das Regime zu emotionalisieren. Goebbels und seine ebenso hitlergläubige Frau Magda töteten am Ende nicht nur sich selbst, sondern auch ihre sechs Kinder. Seine mit Blick auf die Nachwelt formulierten Tagebücher sind trotz aller Selbststilisierung eine der wichtigsten Quellen zum Nationalsozialismus.

Gründung des Propagandaministeriums

Zwar gelang Goebbels nicht der Sprung auf die erste Kabinettsliste im Januar 1933, aber acht Tage nach der Märzwahl erhielt er jenes „Ministerium für Volksaufklärung und Propaganda", über dessen Konzeption er schon lange nachdachte. „Die nationale Erziehung des deutschen Volkes wird in meine Hand gelegt", hatte er bereits am 9. August 1932 in seinem Tagebuch notiert und selbstbewusst angefügt: „Ich werde sie meistern." Nach Hitlers Berufung hielt er am 5. Februar 1933 fest, es solle „etwas durchaus Modernes und einzigartig Neues darstellen" und ganz im Dienst „der zu erringenden Weltgeltung unseres Landes" stehen. Der Titel des Ministeriums war ein NS-typischer Euphemismus, denn nicht Aufklärung, sondern Meinungsvereinheitlichung, die „Gleichschaltung zwischen der Regierung und dem ganzen Volke", war angesichts des Wahlergebnisses von gerade einmal 52% für NSDAP und DNVP das erklärte Ziel.

Q

Goebbels zu den Zielen des Propagandaministeriums, 15. März 1933
Zit. n.: Ursachen und Folgen, Bd. 9, S. 429–432 (Dok. 2170).

Wie wir in den vergangenen Wochen erlebt haben, daß sich in steigendem Maße eine politische Gleichschaltung zwischen der Reichspolitik und der Länderpolitik vollzogen hat, so sehe ich die erste Aufgabe des neuen Ministeriums darin, nunmehr eine Gleichschaltung zwischen der Regierung und dem ganzen Volke herzustellen. [...] wir wollen die Menschen so lange bearbeiten, bis sie uns verfallen sind [...]. Das neue Ministerium hat keinen anderen Zweck als die Nation geschlossen hinter die Idee der nationalen Revolution zu stellen.

Rundfunk

Goebbels war entschlossen, alle verfügbaren technischen Möglichkeiten zu nutzen. „Das Modernste ist gerade gut genug", verkündete er. Der Rundfunk gehörte schon unter Hitlers Vorgängern zum Repertoire der Volksbeeinflussung, aber Goebbels' Propagandamaschinerie hob Effizienz und Reichweite des Radios zur Geistesmassage am „Volkskörper" auf eine bis dato unbekannte Stufe. Beim „Aufruf der Reichsregierung an das deutsche Volk" sprach der neue Reichskanzler am 1. Februar 1933 erstmals im

Rundfunk, und im weiteren Wahlkampf achtete Goebbels darauf, dass Hitler in all jenen Städten auftrat, die über eine Rundfunkstation verfügten, so dass seine Reden übertragen werden konnten. Der eigentliche Siegeszug des Rundfunks als Propagandamittel im „Dritten Reich“ begann, als am 30. August 1933 auf der Funkausstellung in Berlin der „Volksempfänger“ präsentiert wurde, von dem die ersten hunderttausend Exemplare seit dem 25. Mai produziert worden waren. Mit 76 Reichsmark lag der Preis für diesen VE 301 („Volksempfänger 30.1.1933“) attraktiv niedrig. Das Gerät erlaubte allerdings nur, über die Mittelwelle den nächsten „Reichssender“ und über Langwelle den „Deutschlandsender“ zu empfangen, so dass nichtdeutsche und damit nichtkontrollierbare Sendungen über Kurzwelle hier nicht zu hören waren. Hatte man Anfang 1933 etwa 4,3 Millionen Rundfunkempfänger registriert, so stieg die Zahl rasant bis zum Jahresende 1936 auf mehr als 8,3 Millionen, zum 1. Juli 1938 kletterte sie auf rund 10 Millionen und zum Juni 1939 auf knapp 12,6 Millionen (einschließlich der vom Reich annektierten Territorien). So war die Mehrheit der deutschen Haushalte für die gezielt entworfenen Programme ablenkender Zerstreuung ebenso erreichbar wie für die allfälligen Propaganda-Botschaften. Goebbels nannte den Rundfunk denn auch „eines der wesentlichsten politischen Erziehungsinstrumente des Staates“.

Presse

Der Presse gab Goebbels von Beginn an mit unterschwelliger Einschüchterung zu verstehen, dass sie von seiner Seite nicht nur erfahren solle, was geschah, sondern auch, „wie die Regierung darüber denkt und wie Sie das am zweckmäßigsten dem Volke klarmachen können“. Seine Formulierung, er wolle „eine Presse haben, die mit der Regierung zusammenarbeitet“, war mehr als eine versteckte Drohung. Der gezielte Einflusswille spiegelt sich in der Einrichtung der „Reichspressekonferenz“ am 1. Juli 1933, wo von nun an die Journalisten die offizielle Regierungslesart verkündet bekamen statt selbst die Regierung zu befragen. Die Zahl der einschlägigen Presseanweisungen wuchs parallel zur Etablierung des Herrschaftsapparates. Aus der zweiten Jahreshälfte 1933 sind 330 Instruktionen überliefert, ihre Zahl stieg 1934 auf 1000, 1935 auf 1500 und 1936 auf 2500. Die Anweisungen reflektierten das Verlangen, die Stimmung der Öffentlichkeit durch publizistischen Einfluss zu manipulieren und zu kontrollieren sowie nach außen die Schimäre von der einheitlich dem „Führer“ folgenden „Volksgemeinschaft“ zu präsentieren. Sie zeigen aber auch die wachsende Regelungswut des Regimes und illustrieren, in welch hohem Maße Goebbels und sein Apparat auf eine weit reichende Manipulierbarkeit vertrauten, zumindest aber durch strikte Informationskontrolle das Meinungsbild der Bevölkerung zu überwachen suchten.

Volkserziehung

Ursprünglich sollte das Propagandaministerium, das bis 1937 auf rund eintausend Beamte und Angestellte schwoll, neben den Abteilungen für Rundfunk, Presse, aktive Propaganda, Film und Theater auch eine für „Volkserziehung“ erhalten. Wenngleich Goebbels stattdessen Abteilungen für Abwehr, Schrifttum, Musik und Kunst schuf, so illustriert der Begriff der „Volkserziehung“ doch treffend die hier angelegte Perspektive umfassender Indoktrination. Das Propagandaministerium verkörperte insofern die erweiterten Erziehungsambitionen gegenüber jenen Teilen der Bevölkerung, die nicht direkt in Schulen, Hochschulen und NS-Organisationen beeinflusst werden konnten. Goebbels stimmte die Methoden der Agitation regelmäßig mit Hitler ab, für den die Propaganda das Wesen politischen Erfolges entscheidend beeinflusste – weshalb sich der wahre Politiker im Dienst seiner ideologischen Ziele darauf auch entschieden zu konzentrieren habe.

Goebbels-Konkurrenten

Wenngleich Goebbels der nach Hitler wichtigste, einflussreichste und geschickteste Propagandist des Nationalsozialismus war, besaß er dennoch kein Propaganda-Monopol. In dem für die gesamte NS-Herrschaft typischen Geflecht konkurrierender Institutionen etablierte sich neben ihm der Chef des zur NSDAP gehörenden Franz Eher Verlages, Max Amann (1891–1957), dem es mit den Jahren gelang, eine eigene Machtbasis zusammenzuraffen, zu der am Ende des „Dritten Reiches" mehr als 80% aller Tageszeitungen gehörten. Amann nahm Einfluss vor allem auf Karrieren und Personalauswahl, weniger auf die Inhalte der Propaganda. Goebbels' zweiter wichtiger Konkurrent war „Reichspressechef" Otto Dietrich (1897–1952), der mit seinem direkten Zugangsrecht zu Hitler einen wichtigen Trumpf im alltäglichen Machtpoker besaß. Darüber hinaus konkurrierte er mit den Ansprüchen von Alfred Rosenberg und Joachim von Ribbentrop, die gleichfalls bestimmte Propagandakompetenzen, namentlich gegenüber dem Ausland, beanspruchten. Wenngleich die Propaganda ein umkämpftes Feld blieb, so war ihre Zielrichtung dennoch komplementär und nur zu eindeutig: permanente Indoktrination und ideologische Gehirnwäsche im Dienst der NS-„Weltanschauung" und ihrer langfristigen politischen Ziele.

2. Nationalsozialismus und Religion

Christentum als ideologische Opposition

Der Nationalsozialismus erstrebte die revolutionäre Umerziehung der gesamten deutschen Bevölkerung mit dem Ziel, aus diesen Menschen eine sich rassistisch definierende „Volksgemeinschaft" kämpferischen Empfindens und militaristischen Stils zu formen. Die Mitglieder dieser „Volksgemeinschaft" sollten sich selbst, gleichsam über den Automatismus der inneren Logik ihres ideologischen Bewusstseins, zur aggressiven Durchsetzung ihres Herrschaftsanspruchs getrieben empfinden und zugleich dieses Herrenmenschen-„Ideal" empfindungslos durchsetzen. Dazu mussten die Träger und Verkünder jedes gegenläufigen humanistischen Ethos und christlicher Ideale in ihrem Wirken kontrolliert, zurückgedrängt und nach Möglichkeit neutralisiert werden, um die Erziehung zu NS-Idealen an deren Stelle zu setzen. Der christliche Glaube, den die Mehrzahl der deutschen Bevölkerung durch ihre Mitgliedschaft in den großen Kirchen manifestierte – von den 65,2 Millionen Deutschen der Volkszählung 1933 bekannten sich rund 40,8 Millionen als evangelische und 21,1 Millionen als römisch-katholische Christen –, repräsentierte die wichtigste Gegenkraft zum ideologischen NS-Absolutheitsanspruch.

Nationalsozialismus als politische Religion

Obwohl Hitler im August 1933 forderte, dass der Nationalsozialismus „selbst eine Kirche werden müsse", so beschrieb er ihn damit nicht dezidiert als eine „politische Religion", wenngleich der Begriff analytisch wiederholt mit einigem Erkenntnisgewinn auf ihn angewandt worden ist. Der Nationalsozialismus bot nicht allein das eschatologische Heilsversprechen eines „Tausendjährigen Reiches", er ahmte auch das Kirchenjahr mit seiner Fülle stets wiederkehrender Feiern nach und adaptierte bewusst berauschende Elemente der kirchlichen Liturgie. So repräsentierte der liturgisch konnotierte „Lichtdom", den Albert Speer anlässlich der Reichsparteitage wiederholt über dem Nürnberger Zeppelinfeld aufscheinen ließ, mit seinen ins Unermessliche leuchtenden Scheinwerfern den gigantomanen Anspruch des Regimes auf universal verheißende Erleuchtung und verband zugleich die Faszination technischer Modernität mit atavistischen Ritualen der Massenvereinigung von „Führer" und Gefolgschaft. Das allgegenwärtige Hakenkreuz symbolisierte den Anspruch eines neuen Heilszeichens, das im Privaten an die Stelle christlicher Symbole treten sollte, um im Öffentlichen überhöht ein neues Zeitalter zu begründen, wenn etwa die Zeltstadt für das Erntedankfest in Bückeburg in Form eines riesigen Hakenkreuzes in die Landschaft gesetzt wurde, um Erlösungssymbolik und Blut-und-Boden-Mystik mit der ekstatischen Hingabe Hunderttausender an ihren pseudo-messianischen „Führer" kultisch zu verschmelzen. Die Inszenierungen des alljährlichen Parteitags in Nürnberg glichen stets religiösen Ritualen und dienten der Adaption kirchlicher Feierlichkeit ebenso wie etwa die Instrumentalisierung der „Blutfahne" von 1923, eternisiert als „Weihe"-Fetisch für spätere Partei-Symbole, oder die Pflichtgrußformel des „Heil Hitler" als segensähnliches Alltagsritual. Der Nationalsozialismus trat damit in eine bewusst aggressive Verdrängungskonkurrenz zu den Kirchen. Er verfolgte das langfristige Ziel, sie in der überkommenen Form zu zerstören und in ihrem Wesen zu vernichten. Hitler war sich bewusst, dass die „Kirchenfrage", sowohl angesichts der christlichen Verwurzelung vieler Deutscher als auch in Anbetracht der vorrangigen Schritte seiner ideologischen Vision im Zeichen von Rüstungswirtschaft und Außenpolitik, ein Problem bildete, das mindestens des Zeitraums einer vollen Generation zu seiner Lösung bedurfte. Erziehungspolitik und Kirchenfrage hingen in dieser Perspektive eng zusammen. Vorläufig blieb es angezeigt, den Kirchen zwar nach Möglichkeit und Opportunität die Basis zu entziehen, eine systematische Verfolgung und die avisierte Zerschlagung allerdings zu vertagen. Wie dergleichen später wohl aussehen konnte, war maßstabverkleinert am Beispiel der „Zeugen Jehovas" ablesbar. Von den rund 25000 in Deutschland lebenden Anhängern dieser Glaubensgemeinschaft, die Wehrdienst und Heil-Hitler-Gruß ablehnte und 1933 umgehend verboten worden war, kamen rund 10000 in Haft, von denen etwa 1200 ihre Grundsatzopposition mit dem Leben bezahlten.

„NS-Liturgie"

Q

Hitler im Krieg über die Zukunft des „Kirchenproblems", 13.12.1941
Zit. n.: Henry Picker, Hitlers Tischgespräche im Führerhauptquartier, S. 80.

Der Krieg wird ein Ende nehmen. Die letzte große Aufgabe unserer Zeit ist dann darin zu sehen, das Kirchenproblem noch zu klären. Erst dann wird die deutsche Nation ganz gesichert sein. [...] Die organisierte Lüge [= Kirchen, M.B.] muß derart gebrochen werden, daß der Staat absoluter Herr ist. [...] Es muß abfaulen wie ein brandiges Glied. So weit müßte es kommen, daß auf der Kanzel nur lauter Deppen stehen und vor ihnen nur alte Weiblein sitzen. Die gesunde Jugend ist bei uns.

3. Katholische Kirche

Katholiken als NS-resistentes Wählerreservoir

Die Katholische Kirche hatte den Nationalsozialismus bis zur Machtübernahme Hitlers vehement als antichristlich abgelehnt. Namentlich die Doktrin des Rassismus machte es nach offizieller kirchlicher Lesart, die auch von den Kanzeln verkündigt wurde, jedem gläubigen Katholiken unmöglich, seine Stimme der NSDAP zu geben. Tatsächlich erwies sich das katholische Wählerreservoir über die Jahre als ebenso resistent gegenüber dem Nationalsozialismus und verlässlich für die Zentrumspartei und die Bayerische Volkspartei wie große Teile der Industriearbeiterschaft in ihrer Loyalität gegenüber der SPD. Dass die Katholische Kirche am 20. Juli 1933 ein Konkordat mit einer Regierung unterzeichnete, an deren Spitze ein Rassist und dezidierter Feind christlicher Werte stand, kam daher für viele deutsche Katholiken ebenso überraschend wie für neutrale Beobachter. In 34 detaillierten Artikeln sicherte der NS-Staat der Katholischen Kirche die „Freiheit des Bekenntnisses und die öffentliche Ausübung der katholischen Religion" ebenso zu wie den katholischen Religionsunterricht an Schulen, das Recht auf Privat- und Bekenntnisschulen sowie die Integrität ihrer Einrichtungen, sofern diese „ausschließlich religiösen, rein kulturellen und caritativen Zwecken" dienten. Im Gegenzug erließ der Papst „Bestimmungen, die für die Geistlichen und Ordensleute die Mitgliedschaft in politischen Parteien und die Tätigkeit für solche Parteien" ausschloss.

Konkordat

Eine derartige Vereinbarung war schon seit Jahren in der Diskussion, aber nie zum Abschluss gelangt. Eugenio Pacelli (1876–1958, ab 2. März 1939 Papst Pius XII.), der als Kardinalstaatssekretär für die Kurie unterzeichnet hatte, begründete die schnelle Einigung damit, dass Hitlers Offerte deutlich bessere Konditionen bot als die aller früheren Regierungen. Der Kirche ging es vor allem darum, eine erkennbare Bedrohung so weit als möglich berechenbar zu halten, indem man den deutschen Katholiken eine juristische Auffangposition schuf in der Hoffnung, das Überleben ihrer Glaubensresiduen unter der NS-Herrschaft erwarten zu können. Dass Hitler, der selbst nominell bis zu seinem Tod Mitglied der Katholischen Kirche blieb, dergleichen Vereinbarungen stets nur als Mittel zum Zweck betrachtete und hier vor allem den schnellen Gewinn von außenpolitischem Prestige und innenpolitischer Kalmierung im Auge hatte, ahnte man auch in Rom, ohne doch der heiklen Verlockung widerstehen zu können.

Fortdauernde Konflikte

Schnell wurde deutlich, dass das Regime die erhoffte Ruhe nicht gewährte, dass Priester in der Seelsorge behindert und in „Schutzhaft" genommen, dass die katholische Presse unterdrückt und die Frage der genauen Auslegung der Konkordatsvereinbarungen zum Gegenstand permanenter Kontroversen wurden. Das Regime versuchte darüber hinaus seit dem Frühjahr 1935 über mehr als zwei Jahre, die öffentliche Stellung und moralische Glaubwürdigkeit der Katholischen Kirche durch inszenierte Prozesse gegen Priester und Ordensangehörige zu unterminieren, indem man publikumswirksam Vorwürfe angeblicher Sittlichkeitsvergehen oder des Devisenbetrugs erhob. Im März 1937 machte Papst Pius XI. (1857–1939) den aufgestauten Konflikt in einer von den deutschen Bischöfen mitverfassten und von den Kanzeln verlesenen Enzyklika öffentlich und formulierte in undiplomatischer Direktheit, der „Anschauungsunterricht der vergangenen Jahre klärt die Verantwortlichkeiten. Er enthüllt Machenschaften, die von Anfang an kein anderes Ziel kannten als den Vernichtungskampf." In diesem Akt offener Opposition pochte der Papst auf die Vereinbarungen des Konkordats, kritisierte die Rassenpolitik, die Vergötzung von Volk und Staat und betonte die Gebote des Naturrechts, wonach „jeder Mensch als Persönlichkeit gottgegebene Rechte besitzt". Neben dieser Absage an die Imaginationen einer Rassenauslese attackierte der Papst auch die von den Nationalsozialisten eingeführte Konfessionsbezeichnung „gottgläubig", mit der sie glaubensorientierten Anhängern eine antikirchliche und antichristliche Alternative des Bekenntnisses offerierten, die mit den Jahren Millionen Deutsche annahmen.

Gleichwohl blieb die offizielle Linie der deutschen katholischen Bischöfe unter ihrem Vorsitzenden Adolf Kardinal Bertram (1859–1945) weiterhin auf einem moderaten Dissenskurs und vermied die von manchen geforderte offene Konfrontation. Der Versuch, sich in die Sicherheit der unpolitischen Residuen einer konfessionellen Beschränkung zu retten, musste angesichts eines grundsätzlich feindlichen, dezidiert intoleranten Parteistaatsapparates eine trügerische Selbstberuhigung bleiben, die im Zeichen der fortschreitenden Rassen- und Vernichtungspolitik zusehends unhaltbarer erschien und im Krieg schließlich zu vereinzelten kirchenöffentlichen Attacken gegen das Regime kulminierte.

4. Evangelische Kirche

Spaltung der evangelischen Christen

Im Vergleich zur abkapselungswilligen Einheit des Katholizismus durchzog die in zahlreiche Landeskirchen gegliederte Evangelische Kirche mit ihren beinahe doppelt so vielen Mitgliedern ein tiefer Riss. Die Spannweite ihrer Gruppierungen reichte von liberalen Theologen und religiösen Sozialisten bis hin zu den so genannten „Deutschen Christen", die sich als „Evangelische Nationalsozialisten" verstanden. Die traditionelle Herrschaftsnähe des Protestantismus und eine hohe Affinität eines gewichtigen Teils der Gläubigen zum Nationalsozialismus führten zu scharfen innerkirchlichen Kontroversen. Beim Aufstieg der NSDAP hatten Protestanten aus Mittelstand, Bürgertum und Landbevölkerung als die „hauptsächlichen sozialen Triebfedern" (Andreas Wirsching) gewirkt und vornehmlich protestantische Stimmen ließen Hitler über die Wahlurne zum politischen Machtfaktor aufsteigen. Die „Deutschen Christen" repräsentierten und illustrierten dies, wenn sie „in Rasse, Volkstum und Nation" die „von Gott geschenkte Lebensordnung" erblickten, der „Rassenvermischung", „Rassenverschleierung" und „Bastardisierung" entgegentraten, den „Geist christlichen Weltbürgertums" ablehnten und eine vereinheitlichte Reichskirche forderten.

„Deutsche Christen"

Ein Konflikt entsprang aus der Frage, wer diese Reichskirche führen sollte. Am 27. Mai 1933 setzte sich zunächst Fritz von Bodelschwingh (1877–1946) bei der Wahl in Loccum als Reichsbischof („Reibi") gegen den Kandidaten und „Bevollmächtigten des Führers", Ludwig Müller (1883–

1945), durch. Bodelschwingh wurde allerdings rasch zum Rücktritt gedrängt und die NSDAP unterstützte die „Deutschen Christen" massiv im Wahlkampf für die Kirchenwahl am 23. Juli. Mit der so gewonnenen Mehrheit wählte die von den Deutschen Christen beherrschte Nationalsynode Müller am 27. September 1933 in Wittenberg wie von der Regierung gewünscht zum Reichsbischof. Damit verschärfte sich allerdings der Kirchenkampf, der im Grunde über die ganze Zeit des „Dritten Reiches" andauern sollte. Den NS-nahen Geist der „Deutschen Christen" demonstrierte eine Großveranstaltung im Berliner Sportpalast am 13. November 1933, an der Vertreter der Evangelischen Kirche aus allen Bereichen teilnahmen und damit die innerkirchliche Spaltung heraufbeschworen.

Q

Beschluss der „Deutschen Christen" auf einer Veranstaltung im Berliner Sportpalast vom 13. November 1933
Zit. n.: Ursachen und Folgen, Bd. 9, S. 600 (Dok. 2253 a).

1. Wir sind als nationalsozialistische Kämpfer gewohnt, das Ringen um die Gestaltung einer großen Idee nicht mit einem faulen Frieden abzubrechen. [...] Ein dauernder Frieden kann [...] nur geschaffen werden durch Versetzung oder Amtsenthebung aller der Pfarrer, die entweder nicht willens oder nicht fähig sind, bei der religiösen Erneuerung unseres Volkes und der Vollendung der deutschen Reformation aus dem Geist des Nationalsozialismus führend mitzuwirken. [...] 3. Wir erwarten von unserer Landeskirche, daß sie den Arierparagraphen [...] schleunigst und ohne Abschwächung durchführt [...]. 4. Wir erwarten, daß unsere Landeskirche als eine deutsche Volkskirche sich freimacht von allem Undeutschen im Gottesdienst und Bekenntnis, insbesondere vom alten Testament und seiner jüdischen Lohnmoral. [...] 5. Wir fordern, daß eine deutsche Volkskirche ernst macht mit der Verkündung der von aller orientalischen Einstellung gereinigten schlichten Frohbotschaft und einer heldischen Jesusgestalt als Grundlage eines artgemäßen Christentums [...]. 6. Wir bekennen, daß der einzige wirkliche Gottesdienst für uns der Dienst an unseren Volksgenossen ist, und fühlen uns als Kampfgemeinschaft vor unserem Gott verpflichtet, mitzubauen an einer wehrhaften und wahrhaften völkischen Kirche, [...] die allein dem Totalitätsanspruch des nationalsozialistischen Staates gerecht wird.

Wenngleich Müller gegen die Radikalforderungen der Sportpalast-Versammlung einschreiten musste, so setzte er sich doch selbst zum Ziel, die 28 evangelischen Landeskirchen zu einer Einheit im Dienst des NS-Staates, seines „Führers" und seiner Ideologie gegen die herkömmlichen Werte des Christentums zusammenzufassen.

Pfarrernotbund und Bekennende Kirche

In Reaktion auf diese nach überkommenem Verständnis eindeutig antichristliche Bewegung gründete im September 1933 der Berliner Pfarrer Martin Niemöller (1892–1984) den „Pfarrernotbund", aus dem sich die „Bekennende Kirche" entwickelte. Vom 29. bis 31. Mai 1934 trafen sich ihre Vertreter in Barmen zur ersten so genannten „Bekenntnissynode", die erklärte, dass das „derzeitige Reichskirchenregiment" die „unantastbare Grundlage" der Evangelischen Kirche – „das Evangelium von Jesus Christus" – „verlassen und sich zahlreicher Rechts- und Verfassungsbrüche schuldig gemacht" habe. Es müsse der Geist Christi „und nicht der Geist weltlichen Herrschens in der Kirche [...] bestimmend" sein. Schätzungen gehen dahin, dass 1934 beinahe die Hälfte aller evangelischen Geistlichen dem „Pfarrernotbund" angehörte. Es folgten weitere Synoden in Berlin-Dahlem (Oktober 1934) und Augsburg (Juli 1935), die im Ergebnis den Kirchennotstand ausriefen und „Bruderräte" bildeten, die eine alternative Kirchenleitung zur Reichskirche darstellten. Darüber hinaus richtete die „Bekennende Kirche" eigene Predigerseminare ein, von denen eines seit 1935 von Dietrich Bonhoeffer (1906–1945) geleitet wurde. So bedeutsam diese Zusammenschlüsse für den Kirchenkampf und vor allem für das innere Selbstverständnis und die Standhaftigkeit im überlieferten christlichen Glauben waren, so lag ihre Wirkung gegen die konkurrierenden „Deutschen Christen", vor allem aber gegen den NS-Parteistaat, eher in der partiell zufluchtsichernden Defensive. Dies wurde allerdings vom Regime mit denselben Einschüchterungsversuchen beantwortet wie gegenüber den Katholiken und führte 1937 zur Verhaftung von mehr als 700 Pfarrern, darunter dem Exponenten Niemöller, der bis 1945 als „persönlicher Gefangener des Führers" in KZ-Haft bleiben sollte.

Reichsministerium für kirchliche Angelegenheiten

Weil es den „Deutschen Christen" nicht gelang, eine gleichgeschaltete nationale Reichskirche unter NS-Vorzeichen durchzusetzen und Reichsbischof Müller praktisch entmachtet wurde, schwand auch die Unterstützung des Regimes. Der mit der Einrichtung des „Reichsministerium für kirchliche Angelegenheiten" unter Hanns Kerrl (1887–1941) seit Juli 1935 unternommene Versuch, eine staatliche Aufsicht durchzusetzen, geriet zwischen die Mühlsteine des kirchlichen Widerstandes einerseits und radikaler NS-Forderungen andererseits, so dass der Kirchenkampf zwischen Christen und Nationalsozialisten bis zum Ende des „Dritten Reiches" in einer spannungsgeladenen konfrontativen Schwebe verharrte.

Kirchen als fortwährende Glaubensalternative

Festzuhalten bleibt, dass die von den traditionschristlichen Kirchen gebotene latente „Glaubensalternative" zur NS-„Weltanschauung" und die nichtparteistaatlichen Residuen ihrer Organisation in den Augen des Regimes wie eine unablässige Provokation wirkten. Die Lebenswirklichkeit aller weiterhin Gläubigen, katholisch wie evangelisch, stand dabei stets in der Spannung zwischen einer fordernd, ja totalitär sie beanspruchenden partei-staatlichen Dynamik mit ihrer aggressiv antichristlichen Ideologie auf der einen und ihren Glaubenswerten auf der anderen Seite. Daraus resultierte ein dauernder Zwang zur Gleichzeitigkeit einer möglichen inneren Distanz mit äußerem systemstabilisierendem Alltagsverhalten. Eine aus den Wurzeln des christlichen Glaubens gespeiste, fortwährende „weltanschauliche" Immunisierung war zwar kein aktiver Widerstand, mit dem sich das Regime stürzen ließ, sie unterminierte allerdings den totalitären Anspruch und wurde dementsprechend von den Nationalsozialisten als widerständig empfunden – weshalb es einen permanenten Erziehungskampf um die Köpfe zu führen galt.

5. Erziehung und Schulen

Erziehung zur „Volksgemeinschaft"

Angesichts der Tatsache, dass rund die Hälfte der wahlberechtigten Deutschen noch im März 1933 ihre Stimme der neuen Regierung verweigert hatte, war deutlich, dass man diese Menschen zwar nach Möglichkeit durch Propaganda berauschen, durch Terror einschüchtern, durch wirtschaftliche und politische Erfolge blenden und für das Regime gewinnen konnte, aber niemals ihre lebenswirkliche Erfahrung aus vornationalsozialistischer Zeit aus dem Gedächtnis würde eliminieren können. Das Regime musste deshalb mit Energie auf die Erziehung einer neuen Generation zielen, die als Maximen ihres Handelns nichts anderes kennen sollte als die Axiome des Nationalsozialismus und die Lebenswirklichkeit der avisierten „Volksgemeinschaft" im „Dritten Reich". Der damit verbundene Jugendkult war nicht nur eine Reflexion der ideologischen Imaginationen von Gesundheit, körperlichem Training und rassischer „Leibeserziehung", sondern besaß auch eine gleichsam notwendige erzieherische Funktion langfristiger Machtfundierung. Insofern verschmolzen die Bereiche Propaganda und Erziehung, Schulausbildung und Kinder-Jugend-Erfassung zum totalitären Herrschaftsanspruch gegenüber dem Individuum und seinem Denken.

Q

Programmatische Stringenz: Hitler über „völkische Erziehung"

Der völkische Staat hat [...] seine gesamte Erziehungsarbeit in erster Linie nicht auf das Einpumpen bloßen Wissens einzustellen, sondern auf das Heranzüchten kerngesunder Körper. Erst in zweiter Linie kommt dann die Ausbildung der geistigen Fähigkeiten." (Zit. n.: Hitler, Mein Kampf, S. 452.)

Die gesamte Bildungs- und Erziehungsarbeit des völkischen Staates muß ihre Krönung darin finden, daß sie den Rassesinn und das Rassegefühl instinkt- und verstandesgemäß in Herz und Gehirn der ihr anvertrauten Jugend hineinbrennt. Es soll kein Knabe und kein Mädchen die Schule verlassen, ohne zur letzten Erkenntnis über die Notwendigkeit und das Wesen der Blutreinheit geführt worden zu sein." (Zit. n.: Hitler, Mein Kampf, S. 475f.)

Das ist eine ungeheure Erziehungsaufgabe, die wir begonnen haben, und ich weiß, daß sie noch lange nicht zu Ende ist. Und wenn links und rechts Verbockte dastehen und sagen: ‚Aber uns bekommt ihr nie', dann sage ich, das ist uns gleichgültig, aber eure Kinder bekommen wir. Sie erziehen wir von vornherein zu einem anderen Ideal und erziehen sie zueinander". (Zit. n.: Rede vor Arbeitern der Siemenswerke, 10. November 1933, Völkischer Beobachter (Berliner Ausgabe), 11. November 1933, S. 2.)

Der Wille zur nationalsozialistischen Erziehung spiegelt sich in der ideologischen Umformulierung schulischer Lehrinhalte ebenso wie in Maßnahmen gegen missliebige oder ideologisch verfemte Schüler und Lehrer. Deren zumindest äußerliche Gleichschaltung durch Mitgliedschaft in einer Parteigliederung war obligatorisch, so dass 1936 bereits 97% „der gesamten Erzieherschaft" dem Nationalsozialistischen Deutschen Lehrerbund angehörten.

Richtlinien für Schulunterricht

Inhaltlich markierte Innenminister Frick bereits im Juli 1933 in neuen Richtlinien für den Geschichtsunterricht das Ziel, „der herkömmlichen Unterschätzung der Kulturhöhe der germanischen Vorfahren entgegenzuwirken und in der Vorzeit bis zur Gegenwart die Bedeutung der Rasse gebührend zu berücksichtigen. Der völkische Gedanke ist im Gegensatz zum internationalen zu betonen." In einer ähnlichen Anweisung hieß es im Januar 1939, dass „heldischer Geist und der Gedanke des Führertums in germanisch-deutscher Ausprägung" den „gesamten Geschichtsunterricht füllen" und zugleich „die Jugend begeistern und den Wehrwillen wecken und stärken" sollten. Die Geschichte der NS-„Bewegung" schließe dabei „an die Person des Führers an und erweist sich als sein Werk."

Die Neugestaltung der überkommenen Schulen ging allerdings langsamer voran als die ansonsten erkennbare Dynamik der NS-Revolution vermuten ließ. So begann die Einführung neuer Lehrpläne erst 1937, wenngleich man schon vorher in ideologisch relevanten Fächern wie Biologie über die Rassen- und Vererbungslehre oder in Geschichte mit der besagten Pseudoherleitung des „Dritten Reiches" aus der „germanischen Heldentradition" oder auch in Deutsch und Geographie einschlägigen Einfluss nahm.

NS-Schulen

Neben dem vergleichsweise langsamen Umbau der traditionellen Schulen begann das Regime umgehend, eigene Ausbildungsstätten für die ideologische Nachwuchsauslese einzurichten. So wurden bereits am 19. April 1933 in Potsdam, Plön und Köslin die ersten „Nationalpolitischen Erziehungsanstalten" (Napola) gegründet, die Erziehungsminister Bernhard Rust (1883–1945) unterstanden. Als Unikum existierte die von der SA gegründete „Reichsschule der NSDAP Feldafing", die ab 1936 dem „Stellvertreter des Führers" zugeordnet war. Im April 1936 begann der Aufbau der von der Deutschen Arbeitsfront (DAF) finanzierten NS-„Ordensburgen" in Crössinsee, Sonthofen und Vogelsang. Zugleich initiierten DAF-Leiter Robert Ley und Reichsjugendführer Baldur von Schirach im Januar 1937 die Gründung von „Adolf-Hitler-Schulen", von denen die erste am 19. April 1937 auf der „Ordensburg" Crössinsee eröffnet wurde. Sie sollten in Konkurrenz zu den bestehenden Lehreinrichtungen in jedem der 32 NSDAP-Gaue entstehen und ausgewählte Schüler ab dem zwölften Lebensjahr über sechs Jahre zum Führernachwuchs erziehen, von denen ein Viertel anschließend auf den „Ordensburgen" zur künftigen Elite heranzubilden war.

6. Hitlerjugend

Die neben den Schulen wichtigste Institution, um Kinder und Jugendliche im Sinne der NS-Ideologie zu erziehen, war die Hitlerjugend (HJ). Zwar versperrte das Reichskonkordat der HJ den Zugriff auf die katholischen Jugendverbände, aber im Bereich der protestantischen Kirche gelang es „Reichsjugendführer" Schirach im Dezember 1933, durch eine Vereinbarung mit Reichsbischof Müller 700000 evangelische Kinder und Jugendliche unter HJ-Kontrolle zu bringen.

E

Baldur von Schirach (1907–1974)
Baldur von Schirach, dessen Vater vom kaiserlichen Offiziersberuf ins Theaterfach wechselte und dessen selbstbewusste amerikanische Mutter bis zu seinem sechsten Lebensjahr nur Englisch mit ihm sprach, wuchs in Weimar und in einem Landerziehungsheim in der Atmosphäre völkisch-antisemitisch durchzogener Biederkeit auf, bevor er 1925 der NSDAP beitrat. Als Student in München übernahm er 1928 die Führung des NS-Deutschen Studentenbundes, der

ab Sommer 1931 den Deutschen Studentenbund beherrschte. Im Oktober 1931 beförderte ihn Hitler zum Reichsjugendführer der NSDAP und ernannte ihn am 17. Juni 1933 zum „Jugendführer des Deutschen Reiches". Über seine Heirat mit Henriette Hoffmann, der Tochter von Hitlers Fotografen, Heinrich Hoffmann, etablierte er einen persönlichen Kontakt zur „Führer"-Entourage. Mit dem Gesetz über die Hitlerjugend vom 1. Dezember 1936 avancierte Schirach zum Staatssekretär und wurde direkt Hitler unterstellt – im Kompetenzgerangel der „Führer"-Satrapen ein wichtiges Durchsetzungsinstrument. Weil mit Kriegsbeginn viele HJ-Führer eingezogen wurden, erodierte Schirachs HJ-Machtbasis und Hitler versetzte ihn im Sommer 1940 auf den Posten des „Beauftragten für die Inspektion der gesamten Hitlerjugend" sowie des Gauleiters und Reichsstatthalters in Wien, bis er im Sommer 1943 in Ungnade fiel und bis Kriegsende zusehends einflussloser wurde.

Die kirchlichen Jugendverbände blieben bis zum Krieg eine Möglichkeit, sich dem totalen Anspruch des NS-Staates zu entziehen und Schirachs Versuch, den Samstag zum ausschließlichen HJ-Tag zu erheben, scheiterte. Gleichwohl stieg die Mitgliederzahl der HJ bis September 1935 auf 1,9 Millionen Jungen und 1,26 Millionen Mädchen. Dabei blieb sie zunächst ein Glied der Partei, das erst mit dem Gesetz über die Hitlerjugend am 1. Dezember 1936 gleichsam zur „Staatsjugend" befördert wurde und damit seinen „Anspruch auf Totalität" (Schirach) offiziell legitimiert fand.

Die HJ sollte als Pflichtorganisation für alle Jugendlichen zwischen zehn und achtzehn Jahren dienen und wuchs bis 1939 auf rund acht Millionen Mitglieder. Schirach und seine Organisation standen in all den Jahren in einem für das „Dritte Reich" typischen permanenten Kompetenzkampf mit anderen NS-Institutionen, etwa dem Erziehungsministerium unter Bernhard Rust, dem NS-Lehrerbund sowie mit Alfred Rosenberg als dem „Beauftragten des Führers für die Überwachung der gesamten geistigen und weltanschaulichen Schulung und Erziehung der NSDAP". Die Zwangsmitgliedschaft, der die HJ organisatorisch und strukturell im Grunde nicht gewachsen war, wurde erst im März 1939 eingeführt, ohne dass sich bis Kriegsbeginn eine völlige Erfassung aller deutschen Kinder und Jugendlichen praktisch etablieren ließ.

Arbeitsdienst

Auch die im Juni 1935 eingeführte Arbeitsdienstpflicht für alle Jugendlichen zwischen 18 und 25 hatte ein eminent erzieherisches Ziel. Der halbjährige Reichsarbeitsdienst, dessen Sollstärke von anfänglich 200000 Mann auf 300000 im Oktober 1939 wuchs, sollte körperliche und geistige Arbeit als gleichwertig einprägen und mental für das Ideal der „Volksgemeinschaft" jenseits der überkommenen gesellschaftlichen Klassenhierarchien und Milieus und ihrer Werte wirken. Gemeinnützige Arbeit, Steuerung der Arbeitskraft und ideologische Indoktrination flossen hier mit vormilitärischen Ausbildungs- und Gewöhnungseffekten zusammen. Hatte ein junger Mann den Arbeitsdienst abgeschlossen, so galt für ihn seit dem 16. März 1935 zunächst der einjährige, ab dem 24. August 1936 der zweijährige Wehrdienst. Nehmen wir das Beispiel eines 1918 geborenen männlichen Kindes, das seine ersten Jahre in der Krise zu Beginn der Weimarer Republik verlebte, dann seine Schuljahre in der relativen Sicherheit der Jahre 1924 bis 1930 verbrachte, als Jugendlicher mit der Wahrnehmung der Weltwirtschaftskrise und der politischen Krise im eigenen Land zu leben lernen musste, bei Hitlers Machtantritt vielleicht mit 14 oder

Langfristige Erziehungsfolgen

15 Jahren in die Hitlerjugend kam, jedenfalls aber den nationalsozialistischen Erziehungsversuchen ausgesetzt war, von dort 1936 mit 18 Jahren in den Reichsarbeitsdienst und anschließend für zwei Jahre in die Wehrmacht wechselte. Wenn er dann Ende 1938, Anfang 1939 nach Hause kam und sich vielleicht auf ein Berufsleben freute – wobei er selbstverständlich wieder in einer NS-Einrichtung organisiert sein würde –, dann blieben ihm – rückblickend – einige wenige, schon von internationalen Krisen geprägte Monate bis Kriegsbeginn und zu seinem erneuten Einrücken als Soldat. Für die wenige Jahre zuvor oder danach Geborenen verschiebt sich dieser Horizont erfahrbarer Realität nur graduell, nicht prinzipiell. Es ist sinnvoll, sich diesen Erfahrungshorizont deutlich zu machen, wenn man der Frage nachgeht, in welcher Weise diese Generation, deren Überlebende nach 1945 einflussreich für die bundesrepublikanische Gesellschaft sein sollten, dachte und empfand, welche Erfahrungen, Werte und Weltbilder sie besaß – und welche sie besitzen konnte.

Q

Rede Hitlers in Reichenberg, 2. Dezember 1938
Zit. n.: Möller (Hrsg.), Die tödliche Utopie, S. 145.

Diese Jugend, die lernt ja nichts anderes als deutsch denken, deutsch handeln. Und wenn nun dieser Knabe und dieses Mädchen mit ihren zehn Jahren in unsere Organisationen hineinkommen und dort nun so oft zum ersten Mal überhaupt eine frische Luft bekommen und fühlen, dann kommen sie vier Jahre später vom Jungvolk in die Hitlerjugend, und dort behalten wir sie wieder vier Jahre, und dann geben wir sie erst recht nicht zurück in die Hände unserer alten Klassen- und Standeserzeuger, sondern dann nehmen wir sie sofort in die Partei und in die Arbeitsfront, in die SA oder in die SS, in das NSKK und so weiter. Und wenn sie dort zwei Jahre oder anderthalb Jahre sind und noch nicht ganze Nationalsozialisten geworden sein sollten, dann kommen sie in den Arbeitsdienst und werden dort wieder sechs und sieben Monate geschliffen, alles mit einem Symbol, dem deutschen Spaten. Und was dann nach sechs oder sieben Monaten noch an Klassenbewußtsein oder Standesdünkel da oder da noch vorhanden sein sollte, das übernimmt dann die Wehrmacht zur weiteren Behandlung auf zwei Jahre. Und wenn sie dann nach zwei oder drei oder vier Jahren zurückkehren, dann nehmen wir sie, damit sie auf keinen Fall rückfällig werden, sofort wieder in die SA, SS und so weiter. Und sie werden nicht mehr frei, ihr ganzes Leben. Und sie sind glücklich dabei.

Napola und Hitlerjugend, Ordensburgen und Adolf-Hitler-Schulen, Reichsarbeitsdienst und Wehrpflicht – all diese Erziehungsstufen sollten letztlich zur Entstehung und Formung des rassenbewussten neuen Menschen beitragen, der in der Lage sein würde, den vermeintlich unabdingbaren Kampf, den Krieg im Dienst von Volk und Ideologie, willig, ja begierig zu führen.

7. Hochschulen

Im Reigen der Gleichschaltung und Selbstgleichschaltung machten die deutschen Hochschulen (23 Universitäten und zehn Technische Hochschulen; daneben vier Handelshochschulen, zwei Bergakademien und eine Tierärztliche Hochschule) keine Ausnahme, und akademische Intelligenz schützte nicht im Geringsten vor einer geistigen Absage an die überkommenen Werte der Denkfreiheit als der Voraussetzung eines kreativen wissenschaftlichen Diskurses. Der Vorstand der Deutschen Hochschulen begrüßte die neue Regierung am 22. April 1933 „mit Vertrauen und Begeisterung", und eine an den Universitäten ausliegende „Bekenntnisliste" verzeichnete 338 Unterschriften aus Universitäten und 191 aus Technischen Hochschulen. Angesichts von 2600 Ordinarien (im Jahr 1932) bleibt es eine Interpretationsfrage, wie man solche Unterstützungsziffern im Kontext der NS-Revolution bewerten soll, zumal die Unterschriftensammlung durch professorale Eitelkeiten und Organisationsmängel eindeutig an Repräsentativität eingebüßt hatte. Festzuhalten bleibt, dass die Universitäten keine Ausnahme in der allgemeinen Verhaltensskala bildeten, nämlich das neue Regime zu unterstützen, sich ihm anzudienen oder sich zu arrangieren. Das neben dem bereits erwähnten Juristen Carl Schmitt vielleicht bekannteste Beispiel individueller Unterstützung, Anpassung (und Selbsttäuschung) lieferte der renommierte Philosoph Martin Heidegger (1889–1976), als er im Frühjahr 1933 das Rektorat der Universität Freiburg übernahm und für den neuen Staat predigte.

„Rassische Säuberung"

Der allgemeine rassistische Grundton der neuen Regierung kam nicht nur in der Diskriminierung jüdischer Hochschulangehöriger zum Ausdruck, sondern spiegelte sich auch in der generellen Betonung körperlicher gegenüber geistiger Leistung, die bis auf die Universitäten durchschlug. Mit dem „Gesetz gegen die Überfüllung der deutschen Schulen und Hochschulen" vom 25. April 1933, das den Anteil jüdischer Schüler und Studenten auf maximal 1,5% an jeder Schule oder Fakultät festlegte, proklamierte die neue Regierung sowohl ihre antisemitische als auch ihre anti-geistige Stoßrichtung. Das Gesetz begrenzte die Kapazitäten (Frauen sollten per Numerus clausus nur mehr zehn Prozent stellen) und bewirkte neben anderen Faktoren, dass nicht nur die Zahl der jüdischen, sondern die der Wissenschaftler und Studierenden überhaupt, zurückging. Die Studierendenzahl sank bis 1937 auf 75000, während sechs Jahre zuvor noch 140000 eingeschrieben gewesen waren. Diese Studierenden waren zudem organisatorisch fest im Griff des neuen Staates. Die Deutsche Studentenschaft, in der die Nationalsozialisten bereits seit dem Sommer 1931 mit ihrem Führer Schirach dominierten, bramarbasierte linientreu gegen ein vorgeblich „jüdisches Denken" an den Hochschulen und forderte die „bewußte Besinnung auf die volkseigenen Werte".

Folgen für die Wissenschaft

In der Summe schlug das Regime in den Wissenschaften eine breite Schneise intellektueller und forschungskultureller Zerstörung. Das Gesetz über die Wiederherstellung des Berufsbeamtentums vom April 1933 vertrieb hunderte Hochschullehrer aus ihren Ämtern (die Zahlen schwanken zwischen 700 und 1200). Nicht nur wurden durch „Rassen"-Gesetze und die Einführung des „Arierparagraphen" viele hoch qualifizierte Wissenschaftler und Hochschullehrer aus ihren Forschungsgebieten gedrängt, auch die Rationalität wissenschaftlicher Arbeit selbst geriet in ideologische Fahrwasser und gab sich nicht selten der Lächerlichkeit preis. Das bekannteste Beispiel dürfte die Proklamation einer „deutschen" Physik sein, aus deren Sicht beispielsweise Einsteins Relativitätstheorie nur als eine Art jüdische Phantasie galt, die für die Wissenschaft im NS-Staat keine Geltung habe.

Q

Zwölf Sätze der Deutschen Studentenschaft vom 13. April 1933 (Auszug)
Zit. n.: Ursachen und Folgen, Bd. 9, S. 486–487 (Dok. 2200).

Der jüdische Geist, wie er sich in der Welthetze in seiner ganzen Hemmungslosigkeit offenbart, und wie er bereits im deutschen Schrifttum seinen Niederschlag gefunden hat, muß ebenso wie der gesamte Liberalismus ausgemerzt werden. [...] 4. Unser gefährlichster Widersacher ist der Jude und der, der ihm hörig ist. 5. Der Jude kann nur jüdisch denken. Schreibt er deutsch, dann lügt er. Der Deutsche, der deutsch schreibt und undeutsch denkt, ist ein Verräter. Der Student, der undeutsch spricht und schreibt, ist außerdem gedankenlos und wird seiner Aufgabe untreu. 6. Wir wollen [...] für den Studenten nicht Stätten der Gedankenlosigkeit, sondern der Zucht und der politischen Erziehung. [...] 10. Wir fordern vom deutschen Studenten den Willen und die Fähigkeit zur Überwindung des jüdischen Intellektualismus und der damit verbundenen Verfallserscheinungen im deutschen Geistesleben. 11. Wir fordern die Auslese von Studenten und Professoren nach der Sicherheit des Denkens im deutschen Geiste. 12. Wir fordern die deutsche Hochschule als Hort des deutschen Volkstums und als Kampfstätte aus der Kraft des deutschen Geistes.

Q

Reichserziehungsminister Bernhard Rust zur 550-Jahr-Feier der Heidelberger Universität, 29. Juni 1936
Zit. n.: Ursachen und Folgen, Bd. 11, S. 90–94 (Dok. 2497b).

Indem wir uns von einem falschen Begriff der Objektivität freimachen, begreifen wir zugleich die wahre Objektivität als Wesensmerkmal aller Erkenntnis. [...] wir verkünden, daß Wissenschaft als System nur möglich ist auf dem Boden einer lebendigen Weltanschauung [...]. Weltanschauung ist uns der fruchtbare Mutterboden, aus dem alle Schöpfungen des menschlichen Geistes erwachsen. [...] Unsere Einsicht in die Volksgebundenheit der Wissenschaft ist die Feststellung einer Tatsache [...]. Die wahre Autonomie der Wissenschaft liegt darin, geistiges Organ der im Volke lebendigen Kräfte und unseres geschichtlichen Schicksals zu sein und sie im Gehorsam gegenüber dem Gesetz der Wahrheit [= Nationalsozialismus, M.B.] darzustellen.

Wie gewaltig der geistige Aderlass war, spiegelt sich nicht zuletzt darin, in welchem Maß die deutsche Forschung im internationalen Vergleich zurückfiel. Blickt man vereinfachend auf die Nobelpreise als symbolischen, aber doch brauchbaren Indikator, so sehen wir unter den 100 naturwissenschaftlichen Preisträgern, die bis zum Dezember 1932 ausgezeichnet wurden, allein 30 aus Deutschland (in der Chemie 13 von 31, in der Physik 11 von 37 und in der Medizin 6 von 32). Dass 1939 Adolf Butenandt (1903– 1995) und 1944 Otto Hahn (1879–1968) den Nobelpreis für Chemie zugesprochen bekamen, konnte nicht darüber hinwegtäuschen, dass das NS-Regime mit seiner Mischung aus Rassen- und Vertreibungspolitik, selbstgefälliger weltanschaulicher Borniertheit und mit seiner willentlichen intellektuellen Beklemmung einen „brain drain" und eine ideologisierte geistig-kreative Verstümmelung bewirkte, die eine einst blühende Wissenschaftslandschaft in ihren Grundlagen auf Jahrzehnte auszehrte.

8. Frauen

Männerdominanz und Frauenrolle

Die NSDAP war eine Männerpartei, der NS-Staat männergeführt und das „Dritte Reich" in weiten Gebieten eine Männergesellschaft, deren Exponenten seit jeher eine untergeordnete, auf Heim, Herd und Mutterschaft zu konzentrierende Rolle der Frau propagiert hatten. Gleichwohl behauptete Hitler 1934 selbstgefällig, man habe trotz des NS-Geschlechterbildes vor der Machtübernahme mehr Frauen „für die Bewegung bekommen [...] als alle anderen Parteien zusammen". Tatsächlich jedoch gelang es der NSDAP „bis zur Reichspräsidentenwahl 1932 weder unter den weiblichen Wählern noch gar unter den weiblichen Stimmberechtigten, die gleichen Ausschöpfungsquoten zu erzielen wie unter den Männern" (Jürgen Falter). Es erscheint deshalb verfehlt, den rasanten Aufstieg bis 1930 auf Frauenstimmen zurückzuführen, wenngleich die wachsende Zustimmungsbereitschaft von Wählerinnen die Etablierung der NSDAP als Massenpartei mit forcierte. Die männliche Dominanz spiegelt sich anschaulich in der Mitgliederstruktur der Partei, in der Frauen stets auf ein Schattendasein beschränkt blieben.

Frauenanteil in der NSDAP

Datum	Frauen in der NSDAP	Anteil
14.9.1930	7625	5,89%
Zuwachs bis 30.1.1933	56386	7,84%
Insgesamt 30.1.1933	64011	7,54%
Zuwachs bis 1.5.1933	72186	4,39%
Insgesamt 1.5.1933	136197	5,46%

(Quelle: Parteistatistik [1935], S. 16.)

Q

Hitler zur Rolle der Frau im Nationalsozialismus, 8. September 1934
Zit. n.: Wollstein, Quellen, S. 123–127.

Was vielleicht wenige philosophisch begnadete Geister in der Lage sind, wissenschaftlich zu analysieren, empfindet das Gemüt des unverdorbenen Menschen instinktsicher. Das Empfinden und vor allem das Gemüt der Frau hat zu allen Zeiten ergänzend auf den Geist des Mannes eingewirkt. [...] Das Wort von der Frauen-Emanzipation ist nur ein vom jüdischen Intellekt erfundenes Wort, und der Inhalt ist von demselben Geist geprägt. [...] Wenn man sagt, die Welt des Mannes ist der Staat, die Welt des Mannes ist sein Ringen, die Einsatzbereitschaft für die Gemeinschaft, so könnte man vielleicht sagen, daß die Welt der Frau eine kleinere sei. Denn ihre Welt ist ihr Mann, ihre Familie, ihre Kinder und ihr Haus. [...] Wir empfinden es nicht als richtig, wenn das Weib in die Welt des Mannes, in sein Hauptgebiet eindringt, sondern wir empfinden es als natürlich, wenn diese Welten geschieden bleiben. [...] Jedes Kind, das sie zur Welt bringt, ist eine Schlacht, die sie besteht für Sein oder Nichtsein ihres Volkes.[...] Wir haben deshalb die Frau eingebaut in den Kampf der völkischen Gemeinschaft, so, wie die Natur und die Vorsehung es bestimmt haben.

Generell degradierten dergleichen „Visionen" die Frau zu einer Art rassenzüchterischer Gebrauchsware, die im Dienst des Volkstums ebenso funktionieren sollte wie der Mann für Herrenmenschentum und Lebensraum zu kämpfen hatte. Hitler selbst, dessen abschätzige Bemerkungen über das „Wesen der Frauen" seinen hyperegozentrischen Charakter auch im persönlichen Geschlechterverhältnis vorführten, umgab sich allerdings nicht mit den bezopften Landmaiden aus offizieller Propaganda und NS-Kitschkunst. Er bevorzugte attraktive junge Frauen, durchaus gern mit mondänem Touch, die er mit Handkuss und herablassender Distanz traitierte. Auch personifizierten weder die vom „Führer" protegierte Leni Riefenstahl noch die einige Zeit in Hitlers Umfeld lebende britische Aristokratentochter Unity Mitford (1914–1948), noch seine langjährige versteckte Geliebte Eva Braun (1912–1945) oder auch die attraktiven Schauspielerinnen, mit denen er sich gern ablichten ließ, in Auftreten und Lebenshaltung das offiziell propagierte Frauenbild. Regimegrößen wie Martin Bormann (1900–1945) oder Goebbels wussten ihre Macht im Übrigen stets auch als zwingendes Aphrodisiakum zu nutzen. Der Propagandaminister war für seine regelmäßigen Affären bekannt und die Beziehung zur Filmschauspielerin Lida Baarova wurde 1938 so heftig, dass Magda Goebbels (1901–1945) die Scheidung verlangte – was Hitler untersagte, um öffentliches Aufsehen zu vermeiden.

Widersprüche

Auch sonst taten sich überall Widersprüche auf zwischen der Muttchen-am-Herd-Phraseologie und dem säkularen Trend zur Einbindung weiblicher Kräfte in den industriellen Arbeitsprozess. Diente das Verdrängen der Frauen aus dem Erwerbsleben in den Anfangsjahren der NS-Herrschaft noch als zweckvolles Instrument, um die Arbeitslosenzahlen zu senken, so entstand bald das gegenteilige Problem: Mit den Jahren wuchs der Druck, im Dienst der Rüstungswirtschaft auch das weibliche Arbeitskräftepotential auszuschöpfen. Verheiratete Landarbeiterinnen durften sich seit 1936 wieder an der Erntearbeit beteiligen, im Oktober 1937 wurde das Beschäftigungsverbot für Ehefrauen gekippt, ohne das es zuvor kein Ehestandsdarlehen gegeben hatte, und im Februar 1938 wurde ein land- und hauswirtschaftliches „Pflichtjahr" für alle ledigen Frauen unter 25 Jahren eingeführt. Schon vor dem Krieg mit seinen ungleich größeren ökonomischen Erfordernissen war deutlich: Ohne Frauenarbeit konnten auch die Nationalsozialisten keinen Staat machen, so dass die Zahl der weiblichen Berufstätigen im Jahr 1939 mit 14,6 Millionen um drei Millionen höher lag als 1933.

9. Kunst und Kultur

Kunst und Ideologie

Adolf Hitler hielt sich zeitlebens für einen verhinderten Künstler, und es konnte kein Zweifel bestehen, dass er nach dem Einzug in das Reichskanzleramt nicht allein Politik zu betreiben, sondern zugleich seine Ansichten auch auf den Gebieten der Kunst und Kultur durchzusetzen gedachte. Hitler beanspruchte zu wissen, was die Menschen verstehen konnten und was nicht, was dem „gesunden Volksempfinden" entsprach oder ihm zuwiderlief, und wie stets leitete er dies ebenso aus „Volk und Rasse" her wie aus seiner eigenen Person, die er als quasigöttliche Offenbarung verstand. Gemäß seiner „Weltanschauung" hielt er allein die „arische Rasse" für kulturschöpferisch, so dass es die Aufgabe der Politik nicht nur sein musste, die vermeintliche „Rassereinheit" zu restituieren, sondern zugleich alle kulturellen Erzeugnisse zu beseitigen, die Ausweis eines in dieser Perspektive verirrten künstlerischen Empfindens und ungenügenden Rassebewusstseins, ja, im Grunde gar keine Kunst waren.

Mit Hitlers Machtantritt begann das Regime umgehend, die Voraussetzungen zu schaffen, um die bildenden Künste, Literatur, Film, Theater und Rundfunk in den Dienst der nationalsozialistischen Sache zu stellen, ihre „Weltanschauung" ebenso zu reflektieren wie zu fördern. Die Presse veröffentlichte nun regelmäßig Namenslisten jener Bücher und Schriftsteller, die im neuen Staat nicht mehr geduldet waren – von Bertolt Brecht über Alfred Döblin und Heinrich Mann bis zu Carl Zuckmayer und Arnold und Stefan Zweig. Schon in den ersten Wochen der neuen Regierung emigrierten zahlreiche Intellektuelle oder kehrten, wie Thomas Mann, nicht von Auslandsreisen zurück. Am 10. Mai fand diese erste Verfolgungswelle ihren vorläufigen Höhepunkt in der „Verbrennung undeutschen Schrifttums" auf dem Berliner Opernplatz, ein Vorgang kultureller Barbarei, der in anderen Städten fleißige Nachahmung fand. Es ist bemerkenswert, wie ruhig weite Teile der Bevölkerung diese Zerstörung eines bedeutenden Teils ihrer geistigen Grundlagen hinnahmen. Selbst wenn man der These Gewicht beimisst, die Menschen hätten seinerzeit andere Sorgen gehabt, so erscheint die Gleichgültigkeit doch frappierend.

Wie in anderen Bereichen erkennen wir auch im Kulturleben eine Doppelstrategie von Drohung und Verlockung. Den wichtigsten Einfluss auf die breite Kulturproduktion nahm rasch und energisch Propagandaminister Goebbels. Er schuf im September 1933 mit der Reichskulturkammer jene dem totalitären Gesamtanspruch der Ideologie entsprechende Institution, mit deren Hilfe jedes künstlerische Schaffen im „Dritten Reich" unter Kontrolle gehalten werden sollte.

E

Reichskulturkammer
Die von Goebbels als Präsident geleitete Reichskulturkammer gliederte sich in sieben Fachkammern für Schrifttum, Presse, Rundfunk, Theater, Musik, bildende Künste und Film. Wer in entsprechenden Berufen arbeitete, musste Mitglied werden. Wem die Mitgliedschaft verweigert oder entzogen wurde, stand praktisch im Bann eines Berufsverbots.

10. Malerei, Bildhauerei, Architektur

„Deutsche Kunst"

Die Doppelstrategie von Förderung und Verfemung lässt sich am illustrativsten in der Malerei erkennen. Bereits im Oktober 1933 legte Hitler den Grundstein zum Münchner „Haus der Deutschen Kunst", das künftig als Ort des repräsentativen deutschen Geschmacks gelten sollte. Das am 18. Juli 1937 mit einem dreitägigen historisierenden Spektakel eröffnete Gebäude entsprach nicht nur architektonisch ganz dem von Hitler favorisierten Stil (der Entwurf stammte von Paul Ludwig Troost (1878–1934), den

Hitler als Baumeister und Architekten verehrte). Das Haus bot fortan Raum für die „Große Deutsche Kunstausstellung", in der bis 1944 jährlich gezeigt wurde, was Hitlers zwischen Idylle und Kitsch changierenden, ästhetischem Empfinden und den adaptierenden Projektionen der Rassenideologie entsprach. Hier war fortan alles zu sehen, was der „Führer" und die Seinen unter Kunst verstanden: Landschaftsbilder im Dienst romantisierender Blut- und Bodenträume, Motive bäuerlicher Idylle, die den wissenden Betrachter mit ihrer kitschigen Pseudo-Natürlichkeit ebenso irritierten wie mit ihrer erkennbaren Ignoranz gegenüber dem tatsächlichen Alltag auf dem Bauernhof. Hoch im Kurs standen detailpräzise Akte, etwa von Adolf Ziegler (1892–1959), zugleich Präsident der Reichskammer der Bildenden Künste, die ihm den spöttischen Titel „Meister des deutschen Schamhaares" einbrachten, daneben die allbekannten Kampfkolosse in Marmor aus Joseph Thoraks Werkstatt oder die an Anatomieübungen erinnernden Körperbildnisse Arno Brekers.

„Entartete Kunst"

Zugleich wurde die vermeintlich „entartete" Kunst der Moderne verbannt. Das Regime entließ missliebige Inhaber künstlerischer Lehrämter wie Paul Klee und Max Pechstein, schloss das Bauhaus und konfiszierte rund 16000 Gemälde, Grafiken und Skulpturen aus deutschen Galerien, darunter von Max Beckmann, Paul Cézanne, Marc Chagall, Otto Dix, Paul Gauguin, Vincent van Gogh, Wassily Kandinsky, Käthe Kollwitz, Max Liebermann, August Macke und Pablo Picasso, um nur einige illustrative Beispiele dieses Brachialaktes eines totalitären kulturellen Barbarismus zu nennen. Eine Auswahl von 650 Werken versammelte man in der im März 1936 im Weißen Saal der Münchener Polizeidirektion eröffneten Hetz-Ausstellung „Entartete Kunst", und am 19. Juli 1937 eröffnete Adolf Ziegler die zweite Ausstellung unweit des „Hauses der deutschen Kunst", wobei man die verfemten Werke bewusst so ausgestellt hatte, dass sie wie eine Art Gerümpel auf die Besucher wirken sollten. Die Ausstellung ging auf Reisen durch das Reich und war mit etwa zwei Millionen Besuchern ein immenser propagandistischer Erfolg (wenngleich unter den Gästen auch einige sein mochten, die als Kunstliebhaber einen womöglich letzten Blick auf von ihnen geschätzte Werke werfen wollten).

Der geifernde Hass gegen moderne Künstler hinderte das Regime nicht, aus den Werken doch noch Profit zu schlagen. 1939 versteigerte man in der Schweiz einen Teil der Beute gegen harte Devisen, die für die Rüstung dringend willkommen waren. Wurden die Werke auf diesem Weg staatlicher Hehlerei zumindest gerettet, so verwundert es kaum, dass ein Regime, das schon bis zu diesem Zeitpunkt zehntausendfach Menschen gewaltsam malträtierte und nicht selten tötete, nicht davor zurückschreckte, missliebige Kunstwerke zu vernichten. Bei einem solchen Akt wurden am 20. März 1939 an der Berliner Hauptfeuerwache vermutlich rund tausend Ölbilder und etwa viertausend Aquarelle, Zeichnungen und Grafiken verbrannt.

Architektur

Sein Jugendversagen in der Künstlerkarriere gedachte der verhinderte Baumeister Hitler an der Macht in einer Architektur hybrider Gigantomanie zu kompensieren, unter denen die Pläne für die „Welthauptstadt Germania" wohl die bezeichnendste Illustration liefern für eine allenthalben diagnostizierbare Maßlosigkeit seiner Visionen. Die Modelle, die Hitlers Lieblingsarchitekt Albert Speer „nach den Ideen des Führers“ entwarf, zeugen, neben einer geradezu schmerzenden Disproportionalität im Verhältnis zu den vorhandenen Berliner Bauten, von einem an Volumen und Masse besoffenen Einschüchterungswillen. Mit einer gewissen Parallelität zeigt sich diese bewusst auf Drohung und Überwältigung zielende „Ästhetik“ in der vom Regime geförderten Bildhauerei. Die als Paradebeispiele anführbaren Skulpturen Arno Brekers und Joseph Thoraks spiegeln eine Übersteigerung antiker Vorbilder und erinnern doch eher an die anabolen Züchtungen moderner Body-Building-Studios. Der Kontrast zur kruden Körperlichkeit vieler NS-Führer bot schon den Zeitgenossen Anlass zur Unterhaltung.

11. Film und Musik

Film und Propaganda

Der Film und die Filmindustrie besaßen seit jeher eine propagandistisch-politische Konnotation. Die Universum Film AG (Ufa) war im Dezember 1917 in Babelsberg auf Initiative von Hitlers Putschpartner aus dem Jahr 1923, Erich Ludendorff, mit der Intention gegründet worden, durch Unterhaltungsfilme die Kampfmoral der Soldaten zu heben. Danach gehörte die Ufa bis weit ins „Dritte Reich“ Hitlers Koalitionspartner von 1933, Alfred Hugenberg. Die gesamte deutsche Filmindustrie hatte in den zwanziger Jahren einen kreativen Boom erlebt, der bis nach Hollywood ausstrahlte. So erstaunten die Bergfilme Arnold Fancks mit ihren atemberaubenden Naturszenen ein nach Millionen zählendes Stadtpublikum. Das Kino erwies sich dabei als doppelter Zufluchtsort. Die Illusionierung der filmischen Traumproduktionen diente, wenigstens für Stunden, dem Vergessen der kalten Forderungen des Alltags. Manche Filme entwarfen darüber hinaus das Bild einer Natur, auf deren inneres Wesen es zu horchen galt. Die Faszination solcher Fanck-Streifen wie „Die weiße Hölle vom Piz Palü“ (1929) oder „Stürme über dem Montblanc“ (1930) fand Anklang auch in NS-Kreisen, weil ihre Mischung aus Naturnähe, Überlebenskampf und Heldenzeichnung eine Affinität zur eigenen Ideologie erkennen ließ. Allerdings entstanden Fancks Filme weniger mit derartiger Intention (oder gar aus einer Affinität zur Person Hitlers), sondern verbanden die Erprobung neuer filmischer Mittel (Kamera, Objektive, Filter, Ton) mit einer Suche nach neuen, spektakulären Bildern. Während Luis Trenker diese Bilderwelt in „Der verlorene Sohn“ (1934) oder „Der Berg ruft“ (1937) mit der NS-nahen Moral ländlicher Einfachheit verschmolz, setzte Fanck dergleichen Projekte im „Dritten Reich“ nicht fort.

Leni Riefenstahl

Fancks Star-Schauspielerin und Regieschülerin Leni Riefenstahl stieg im Gewand ihres vorgeblich unpolitischen, tatsächlich höchst ehrgeizigen Karrierismus, von Hitler protegiert, als Regisseurin bald zu höchsten Ehren auf. Mit ihrem Film zum Nürnberger Parteitag von 1934, der unter dem Titel „Triumph des Willens“ in die Kinos kam, etablierte sie sich als unbestrittene Heroin eines parteitreuen Ästhetizismus. Sieht man einmal vom Inhalt des Films ab, der ein unzweideutiges Dokument der NS-Idyllisierung und Hitler-Verherrlichung ist, das zur propagandistischen Festigung eines rassistischen Regimes beitrug, so repräsentieren Lichttechnik und

Kameraführung, Schnitt und Montage einen einflussreichen Schritt in der Filmgeschichte, den Riefenstahl mit ihrem Doppelfilm über die Olympischen Spiele von 1936 erweiterte und perfektionierte.

Die Filmindustrie des „Dritten Reiches", die seit 1937 vom Propagandaministerium kontrolliert wurde, sollte mit ihren Produkten für ablenkende Zerstreuung sorgen und den Alltag vergessen machen. Die NS-Herrschaft selbst war kein direktes Thema, Hakenkreuze sollten ebenso unsichtbar bleiben wie die politischen Imponderabilien der Gegenwart. Beispielhaft avancierte Heinz Rühmann (1902–1994) zum Synonym des deutschen „kleinen Mannes", der mit Witz und Gewandtheit alle Widrigkeiten des Alltags vorbildlich meistert. Zugleich förderte das Regime die geschichtsklitternde Heroisierung der preußischen Vergangenheit und propagierte antisemitische Vorurteile, namentlich in den von Veit Harlan (1899–1964) während des Zweiten Weltkrieges gedrehten Filmen wie „Der große König" (1941), „Kolberg" (1945) und, als antisemitischer Spielfilm schlechthin, „Jud Süß" (1940).

Musik

Auch in der Musik verfemten die Nationalsozialisten moderne Künstler wie Alban Berg, Paul Hindemith, Arnold Schönberg und Anton Webern und fassten sie im Mai 1938 in Düsseldorf zu einer Ausstellung unter dem Titel „Entartete Musik" zusammen. Anders als in der bildenden Kunst blieb das Musikleben allerdings trotzdem auf hohem Niveau, und angesehene Künstler wie Richard Strauss, der von 1933 bis 1935 als Präsident der Reichsmusikkammer amtierte, und Carl Orff verliehen dem Regime eine weiterhin vermeintlich reputierliche Außenwirkung. Zugleich illustrieren einige Beispiele die Spannbreite zwischen Verfolgung, Anpassung und Opportunismus. Während der Dirigent Bruno Walter das Land aufgrund seiner jüdischen Herkunft verlassen musste, arrangierte sich Wilhelm Furtwängler, seinerzeit einer der weltweit gefeierten Dirigenten, nach anfänglichem Einsatz für verfolgte Kollegen, mit dem Regime. Herbert von Karajan, um nur eines der bekanntesten Beispiele aus der jüngeren Generation zu nennen, manifestierte seine Beflissenheit zur karrieristischen Anpassung gleichsam in Stereo: Schon im April 1933 trat er der NSDAP im österreichischen Salzburg bei, einen Monat später noch einmal im deutschen Ulm.

Jazz

Der Bannstrahl gegen den Jazz im „Dritten Reich" hinderte Goebbels nicht, die angebliche „Niggermusik" als Propagandainstrument gegenüber dem Ausland zu nutzen. In den Kurzwelle-Sendungen Richtung Großbritannien und Nordamerika war eingängige Musik mindestens ebenso wichtig wie professionelle Sprecher. Folglich offenbarte Goebbels seinen typischen Zynismus: Jazz galt zwar als eine jüdisch-amerikanische Erfindung und „musikalischer Bolschewismus", doch der Zweck heiligte die Mittel. Man wählte populäre Jazz-Schlager und parodierte deren Texte mit Variationen zum immergleichen Thema – der angeblich „jüdisch-bolschewistischen Weltverschwörung" als Kriegsursache –, um sie (mit zweifelhaftem Erfolg) Richtung Westen in den Äther zu schicken.

12. Opposition und Widerstand

Problematik und Variationen des Widerstandbegriffs

Der umfassende Anspruch der NS-Ideologie und ihrer gläubigen Propheten sollte alle Bereiche des Lebens durchwirken. Diese Perspektive totalitärer Ambition duldete keine Residuen unpolitischer Indifferenz oder gar Distanzierung. Doch nicht alle Deutschen waren mit allem einverstanden, was in ihrem Land seit dem 30. Januar 1933 geschah. Dieser banale Befund wirft die Frage auf, wie dergleichen Gegendispositionen zum Totalitätsanspruch des Regimes jeweils einzuordnen und zu bewerten sind. Die Skala dieser Verhaltensweisen, die je nach Grad als Opposition, Resistenz und Widerstand einzustufen sind, reicht von Unmutsäußerungen im Alltag über den Versuch aufklärender Gegenpropaganda, die Pläne einiger Militärs im Sommer 1938 Hitler festzunehmen, bis hin zu wiederholten Attentatsversuchen. Wenngleich ablehnende Haltungen und dissentes Verhalten gegenüber dem totalitären Anspruch der NS-Herrschaft vielfältig identifizierbar sind und man nicht noch im Nachhinein der Propaganda von der vollständigen Einheit von „Führer" und „Volksgemeinschaft" erliegen darf, so ist doch zugleich unübersehbar, dass es „eine einheitliche Widerstandsbewegung nicht gegeben hat" (Ulrich von Hehl).

Absolutheitsanspruch gegen jede Opposition

Wer sich vor 1933 aktiv gegen den Nationalsozialismus engagiert hatte, tat gut daran unterzutauchen oder das Land sicherheitshalber zu verlassen. Der kommunistische Widerstand wurde bereits 1933 durch Terror, Inhaftierungen und Vertreibung gebrochen. Zugleich hatten die deutschen KPD-Funktionäre stets der Moskauer Führung zu folgen, die sich im August 1939 bekanntlich zum allseits schockierenden Hitler-Stalin-Pakt bereit fand und damit in ihrer Glaubwürdigkeit gebrochen war. Die Regimegegner innerhalb der ehemals gewerkschaftlich und sozialdemokratisch organisierten Arbeiterschaft versuchten ein informelles Netzwerk aufrechtzuerhalten. Ihnen war bewusst, dass angesichts der NS-Machtinstrumente und der erfolgreichen Arbeitsmarktpolitik jeder Versuch zur Bildung einer Massenopposition fruchtlos bleiben würde. Die wichtigsten Oppositionsgruppen innerhalb des Reiches bildeten zweifellos die traditionschristlichen Kirchen mit ihrer Weigerung, sich selbst und ihre Gläubigen dem totalen Anspruch des Staates und der Partei preiszugeben. Die Opposition aus konservativen Kreisen, sei es im Umfeld von Papens Marburger Rede 1934, seien es die ernster zu nehmenden Aktivitäten einiger Offiziere um Generaloberst Ludwig Beck (1880–1944) im Sommer 1938, erreichten im hier behandelten Zeitraum bis Ende 1939 nie ein eigenes Momentum. Den einzigen tatsächlichen Akt, das Regime zu enthaupten – und damit zweifellos grundsätzlich den Weg der Geschichte zu verändern –, lieferte, zwei Monate nachdem Hitler „seinen" Krieg bereits begonnen hatte, ein schweigsamer schwäbischer Schreiner: Georg Elser.

E

Georg Elser
Georg Elser (1903–1945) mag symbolisch stehen für den Befund, dass der gesunde Menschenverstand innerhalb der deutschen Bevölkerung während des „Dritten Reiches" nicht vollständig in den Wellen eines epidemischen Führerglaubens und entpolitisierter Selbstentmündigung ertränkt war. Trotz sozialer Widrigkeiten

entwickelte Elser seine außergewöhnliche Begabung zu handwerklicher Kreativität und bildete sich zu einem perfektionistisch-zuverlässigen Schreiner aus. Wie viele junge Handwerker führte er lange ein von den Notzeiten geprägtes, unpolitisches Leben, wählte bisweilen die KPD und verachtete die Nationalsozialisten. Elser empfand einen sozialen Niedergang der Arbeiterschaft und war seit dem Herbst 1938 (zu Recht) überzeugt, dass Hitler die Deutschen in einen Krieg führen wolle. Am 8. November 1939, als der Krieg bereits zwei Monate im Gange war, ließ Elser in einer Säule des Münchner Bürgerbräukellers unweit des Rednerpultes, an dem Hitler seine alljährliche Gedenkrede zum Putschversuch von 1923 hielt, eine Bombe explodieren, die er in wochenlanger nächtlicher Geheimarbeit dort installiert hatte. Acht Menschen wurden getötet, doch durch Zufall hatte Hitler die Veranstaltung einige Minuten früher als geplant verlassen und kam mit dem Leben davon – was er umgehend autosuggestiv und propagandistisch als weiteres Zeichen seiner Auserwähltheit interpretierte. Elser wurde auf seiner Flucht Richtung Schweiz festgenommen, gestand die Tat und kam mit der Absicht ins Konzentrationslager, ihn später in einem Schauprozess vorzuführen. Unmittelbar vor Kriegsende wurde er im April 1945 in Dachau ermordet. Angesichts der weithin unstreitigen historischen Konsequenzen, die Hitlers Tod zu diesem Zeitpunkt wohl gehabt hätte – „ohne Hitler kein Holocaust" –, mag jeder Interessierte selbst beurteilen, ob ihm diese Tat, die, verkürzt gesagt, Hitler mit dessen eigener Methode bekämpfte, trotz der acht Opfer gerechtfertigt erscheint. Zugleich ist nicht zu verkennen, dass Hitlers Tod zu diesem Zeitpunkt die Wahrscheinlichkeit einer Mythisierung des „Führers" in sich barg, die viele Deutsche erst angesichts der totalen Niederlage und der bedingungslosen Kapitulation aufzugeben bereit waren.

Gleichgültigkeit, Gewöhnung und Unterstützung

Insgesamt erscheint die These nicht unangebracht, dass sich nach sechs Jahren NS-Herrschaft die weit überwiegende Zahl der Deutschen nicht allein mit dem Regime abgefunden, sondern eine vielleicht bisweilen distanzierte, aber doch mehr oder minder konsensuale Anhängerschaft entwickelt hatte. Bei allen Vorbehalten gegen historische Spekulationen lässt sich behaupten: Wenn im April oder Oktober 1938 freie Wahlen in Deutschland abgehalten worden wären, hätte die Regierung Hitler wohl mit einer überwältigenden Mehrheit rechnen können. Und aus der Perspektive unpolitischer Zeitgenossen erscheint das fast verständlich: Die weitgehend geliehenen Wirtschaftserfolge täuschten über den tatsächlich höchst labilen Zustand der deutschen Gesamtökonomie hinweg, und namentlich die außenpolitischen Gewinne speisten ein lange krankendes Selbstbewusstsein nationaler Wiederauferstehung, das offensichtlich auch den nicht hundertprozentigen Nationalsozialisten nüchtern betrachtet einen gewissen Preis politischer Entmündigung und ideologisierten Zwangs Wert schien. Blieb da noch die Verfolgungs- und Rassenpolitik. Aber auch die stieß weniger auf Opposition denn auf Gleichgültigkeit, wenn nicht auf offene Unterstützung.

VI. Verfolgung und Rassenpolitik, Vertreibung und Emigration

22. März 1933	Erstes „offizielles“ Konzentrationslager Dachau
1. April 1933	Himmler übernimmt die bayerische Polizei
1. April 1933	Erster „Judenboykott“
7. April1933	„Gesetz zur Wiederherstellung des Berufsbeamtentums“
26. April 1933	Göring gründet die Gestapo für Preußen
14. Juli 1933	Gesetz zur „Verhütung erbkranken Nachwuchses“
20. April 1934	Himmler wird Inspekteur der preußischen Gestapo
22. April 1934	Heydrich wird Chef des Geheimen Staatspolizeiamtes
September 1935	Erlass der „Nürnberger Gesetze“
17. Juni 1936	Himmler wird Chef der deutschen Polizei
9./10. November 1938	Pogrom gegen Juden („Reichskristallnacht“)
27. September 1939	Bildung des Reichssicherheitshauptamtes
Oktober 1939	„Euthanasie“-Befehl Hitlers

Rassist als Reichskanzler

Mit Hitlers Berufung zum Reichskanzler stand ein erklärter Rassist und Antisemit, der sich selbst als von „fanatischen, ja hysterischen Leidenschaften“ getrieben charakterisierte, an der Spitze eines der potentiell mächtigsten Staaten Europas. Er führte eine Partei und eine Massenbewegung, die ideologischen Missionarismus, rassistische Ausgrenzung, gewaltsame Verfolgung und Vernichtung ihrer Gegner zur erklärten politischen Absicht erhoben hatte. Programmatisch und praktisch begann mit Hitlers Machtantritt eine qualitativ neue Form von Politik, die perspektivisch auf eine totalitäre Kontrolle von Staat und Gesellschaft angelegt war und sich unmittelbar nach dem 30. Januar in der gewaltsamen Verfolgung politischer Gegner, namentlich der Kommunisten und Sozialisten, sowie verfemter Minderheiten, wie der Juden, manifestierte. Was in Deutschland mit Hitlers Regierungsantritt begann und mit seinem Selbstmord zwölf Jahre später endete, ist mit einigem Recht als Zivilisationsbruch charakterisiert worden. Denn die deutsche Geschichte war nicht auf Hitler, den Nationalsozialismus und den Holocaust angelegt, das „Dritte Reich“ keine irgendwie absehbare Kumulation oder logische Summe deutscher Vorgeschichte. Rückblickend mag es wie ein irreales Gedankenspiel klingen, aber wenn Hindenburg ihn nicht ernannt hätte, wäre Hitler vermutlich nicht aus eigener Kraft durch Parlamentsmehrheit Reichskanzler geworden; das „Dritte Reich“ wäre dann eine unerprobte Option neben anderen geblieben. Aber die millionenfache Unterstützung „im Volk“, sei es in den Wahlen, sei es durch das Heer der NSDAP- und SA-Mitglieder, generierte ein Momentum des Machtanspruchs. In dieser Unterstützung zeigen sich tief wurzelnde Traditionslinien antiparlamentarisch-obrigkeitsstaatlichen und antidemokratischen, militaristischen und expansionsorientierten Denkens. An sie konnte das Regime mit seinen tragenden Gruppen in der militärischen, diplomatischen, administrativen und intellektuellen Elite anknüpfen. Die Nationalsozialisten nahmen Traditionen auf und radikalisierten sie im Dienst ihrer rassenideologischen Weltanschauungsherrschaft. Sie zielten darauf, den Staat seines Normengefüges zu entkleiden, um nach ihrem eigenen Modell jene „Volksgemeinschaft" zu formen, die trotz aller Eingriffe in die Gesellschaft bis zum Ende vor allem als Anspruch formuliert blieb. Der Umschlag zu einer zunehmend systematischen Gewaltherrschaft kam nicht aus heiterem Himmel, sondern besaß eine Vorgeschichte, die beschrieben werden muss, um die offensichtliche Gewöhnung großer Bevölkerungskreise an Gewalt als Mittel der politischen Auseinandersetzung zu erklären.

Historisch-mentale Hintergründe

Die Menschen in Deutschland hatten zu Jahresbeginn 1933 knapp zwei Jahrzehnte hinter sich, die von vielfältigen neuartigen Gewalteindrücken geprägt waren und Gewalt gleichsam zu einem politischen Alltagsfaktor hatten werden lassen, der sich in einer unterschwelligen Brutalisierung der Gemüter niederschlug. Die wichtigste dieser Erfahrungen war zweifellos der Erste Weltkrieg, der in dieser Perspektive zu recht immer wieder als die „Ur-Katastrophe" (George Kennan) des 20. Jahrhunderts charakterisiert worden ist. Die schiere Zahl der Opfer und die mechanisierte Art des Tötens förderten eine Weltwahrnehmung in Freund-Feind-Schemata, nicht nur auf den Schlachtfeldern, sondern auch in der politischen Auseinandersetzung. Radikalisierte Erlösungswünsche überformten und verdrängten die Ansätze einer nüchtern-zivilen Kompromisssuche als Wesen des Politischen. Die umfassende Gewalterfahrung des Krieges verlängerte sich, erhitzt und traumatisiert durch die unerwartete Niederlage, in die Nachkriegszeit. Äußerlich Friedensjahre, waren sie im Innern Zeiten von Krisen, Unsicherheit und beinahe alltäglicher Gewaltwahrnehmung. Organisierte Gruppen des rechten und linken politischen Spektrums schufen eine Atmosphäre des latenten und bisweilen tatsächlichen Bürgerkriegs, der die ersten Jahre der Weimarer Republik prägte. Der Wille zur Konfrontation, die Bereitschaft zu Attentaten auf politische Gegner und die Legitimierung politischer Morde in Teilen der Gesellschaft reflektieren diese Fiebrigkeit.

Die oberflächliche Stabilisierungsphase zwischen 1924 und 1929 bot eine trügerische Ruhe, weil sie die unterschwellige Gewaltbereitschaft, den vielfach verbreiteten Wunsch nach radikalen Lösungen nur verdeckte, aber nicht auflöste oder rehumanisierte. Die Gedankenwelt dieser politischen Radikalisierung blieb konstant, ja sie steigerte sich latent weiter in Richtung Gewaltbereitschaft, sofern sich dazu Optionen boten. Dergleichen Chancen öffneten sich in der vielfältigen Krisenphase ab 1929. Sie delegitimierten das parlamentarisch-demokratische „System" (als das die Weimarer Republik verächtlich charakterisiert wurde), auch in den Augen zahlreicher schwankender Menschen, die sich mit der Republik mehr abgefunden hatten als dass sie von ihrer Sinnhaftigkeit überzeugt waren. Zahlreiche Deutsche erinnerten sich der autokratischen Stabilität des Kaiserreiches und verglichen damit ihre Alltagserfahrungen in der Weimarer Zeit. Sie zogen daraus den Kurzschluss, dass eine Rückkehr zu den Prinzipien jener früheren Regierungsform weit reichend bevormundender Stabilität dem Zustand alltäglicher, selbst bestimmter Unsicherheit vorzuziehen wäre. Diese Menschen bildeten in den Krisenjahren jene kritische Masse, die den Nationalsozialismus von einer radikalen Minderheitspartei zu einer politischen Massenbewegung katapultierte. Diese

Massenbasis, die die NSDAP in den Wahlen von 1930 bis 1932 zur stärksten Partei werden ließ, grundierte jene augenscheinliche Legitimität des politischen Anspruchs auf das Reichskanzleramt, die Hitler immer wieder vorbrachte und der nach langem Zögern und mangels gleichgewichtiger Alternativen schließlich auch Reichspräsident Hindenburg erlag und ihn verleitete, den Versuch mit Hitler als dem Führer der stärksten Partei zu wagen.

Der gewalthungrige Kern der NS-Bewegung in Partei und SA sah sich mit der Regierungsübernahme zur zügellosen Machteroberung legitimiert. Einschüchternde Brutalität und die physische Vernichtung der politischen Gegner hatten das Selbstverständnis der SA von jeher wesentlich definiert. Wenngleich diese Schlägertruppe des rechtsextremen Nationalismus nur eine Minderheit der deutschen Gesellschaft repräsentierte, so wurde ihr Vorgehen doch angesichts der skizzierten zwei Jahrzehnte latenter Gewalterfahrung nicht als etwas Exzeptionelles wahrgenommen, ja der vermeintlichen Gefahr einer kommunistischen Machtübernahme und bolschewistischen Revolution, deren sowjetrussische Auswüchse den meisten Deutschen schreckhaft vor Augen standen, vorgezogen.

Sofern man nicht selbst zu den Opfern zählte, kein Kommunist, Sozialdemokrat oder jüdischen Glaubens war, mochte die Dynamik der NS-„Bewegung" bisweilen sogar etwas Werbendes, Mitreißendes ausstrahlen, was sich nicht zuletzt in den sprunghaft wachsenden Partei- und SA-Mitgliederzahlen zeigt. Wie sehr auch immer individueller Opportunismus hierbei motivierend blieb, so zeigt sich doch vor allem, dass eine ethisch-moralische Hemmung, sich einer rassistischen, Gewalt predigenden und mit totalitärem Anspruch auftretenden Partei anzuschließen, bei Millionen Menschen kaum noch vorhanden war.

Geistesgeschichtlich-ideologische Hintergründe

Neben diesen praktischen Erfahrungen jahrzehntelanger Gewaltlatenz spielt auch eine geistes- und ideengeschichtliche Tradition der europäisch-deutschen Geschichte eine nicht unerhebliche Rolle für den Zivilisationsbruch von 1933. In Deutschland hatte sich im 19. Jahrhundert ein Sonderbewusstsein von der eigenen Rolle und Bedeutung in der Welt herausgebildet, das sich explizit als different verstand von den so genannten westlichen Traditionen. Dieses Sonderbewusstsein spiegelte sich im viel zitierten Begriff der „deutschen Kultur", einem weit verbreiteten Überlegenheitsgefühl gegenüber den Völkern und Staaten Mittel- und Osteuropas, insbesondere den Slawen, die man als rückständig und unterentwickelt betrachtete. Dieses nationalistische Bewusstsein von deutscher Besonderheit und kultureller Sendung, dem zugleich eine verbreitete Abneigung gegen die „westlichen" Formen von parlamentarisch-demokratischer Regierungsorganisation entsprach, verband sich mit neuen Theorien über die Entwicklung des Menschengeschlechts.

Der französische Graf Joseph Gobineau (1816–1882) legte 1853 bis 1855 einen „Essay über die Ungleichheit der Menschenrassen" vor, in dem er die „Arier" als höchste und einzig wahrhaft kulturschöpferische Rasse propagierte. In dieser Theorie stellten die Juden eine Art dekadenter Gegenrasse dar. Die kulturschöpferische Reinheit der Arier war demnach durch Vermischung in ihrer Existenz gefährdet. 1859 veröffentlichte der Engländer Charles Darwin (1809–1882) sein naturwissenschaftlich bahnbrechendes Werk über „The origin of species by means of natural selection". Darwin identifizierte einen natürlichen Ausleseprozess der Arten, der aus der besten Anpassungsleistung an die jeweilige Umwelt herrühre. Mit dem Schlagwort „survival of the fittest" wurde daraus eine Theorie des gnadenlosen Lebenskampfs geschmiedet, die Darwins Thesen durchaus nicht intendiert hatten. Damit nicht genug, verbanden Rassentheoretiker im letzten Drittel des 19. Jahrhunderts die Darwinschen Thesen und Gobineaus Konstrukte zu einem Modell, das auch die Menschengeschichte erklären sollte. Dieser „Sozialdarwinismus" predigte den vorgeblichen Kampf der Tierarten als genauso gültig für das Menschengeschlecht und propagierte den Auftrag der „weißen Rasse", sich den Globus als kulturell-zivilisatorisches Eroberungsfeld untertan zu machen.

Entstehung des Antisemitismus

Beinahe zeitgleich und in manchen Verschränkungen mit den neuartigen Rassentheorien verbunden, entwickelte sich innerhalb vieler Staaten aus der traditionell seit Jahrhunderten identifizierbaren, religiös grundierten Ablehnung gegenüber den Juden ein nun pseudowissenschaftlich abgeleiteter Antisemitismus. Wenngleich der Begriff selbst wohl 1879 in Deutschland entstand, war der Antisemitismus seit den 1880er Jahren beileibe kein allein deutsches, sondern ein gesamteuropäisches Phänomen, nicht nur, weil der Bevölkerungsanteil bekennender Juden im Kaiserreich vergleichsweise gering war. In stärkerem Maße als das Deutsche Reich kannten Frankreich, Österreich und insbesondere Russland als vergleichbare Großmächte das Phänomen des unterschwelligen und offenen Antisemitismus, der sich im Zarenreich wiederholt zu Pogromen steigerte. Gleichwohl blieb in Deutschland ein verstärkt rassistisch durchflochtener Antisemitismus über Jahrzehnte latent, entwickelte sich in Schüben fort und fand angesichts der Krisenjahre von Weimar zunehmende Resonanz. Die Verbreitung einschlägiger antisemitischer Schriften steigerte sich in den zwanziger Jahren, und mit der NSDAP saß seit 1924 eine dezidiert rassistische und antisemitische Partei im Reichstag. Ihr Programm und ihre Propaganda waren offensichtlich für eine wachsende Zahl von Mitgliedern und Wählern salonfähig. Und wer bereit war, Hitlers 1925 und 1926 veröffentlichte Bände von *Mein Kampf* zu lesen, fand die sozialdarwinistische Rassentheorie über mehr als siebenhundert Seiten als politisch-ideologische Leitidee auf das offenste elaboriert. Auch der Grundton seiner Reden kreiste immer wieder um weltanschauliche Kompromisslosigkeit, fanatische Kampfbereitschaft und rücksichtslose Gewalt als Mittel der Politik einschließlich klar imaginierter Vernichtungsphantasien gegenüber allen Gegnern, insbesondere aber „den Juden".

Diese explosive Verbindung von (erstens) einer inzwischen jahrzehntelangen Gewöhnung an Gewalt als Mittel der Politik, von (zweitens) einem latenten deutschen Sonderbewusstsein, das sich aufheizte durch die als demütigend empfundene Niederlage im Ersten Weltkrieg mit dem als höchst ungerecht empfundenen Versailler Friedensvertrag, der zugleich eine Flanke öffnete für vielfältige Verschwörungstheorien und Sündenbockprojektionen, sowie von (drittens) europaweit wabernden rassentheoretischen und antisemitischen Traditionen, die im Spiegel einer wissenschaftlichen Entzauberung der Welt als pseudowissenschaftliche Konstruktionen gläubige Resonanz fanden, – diese Gemengelage bildete jenen Nährboden einer latenten Gewaltakzeptanz und Verfolgungsbereitschaft radikalisierter Bevölkerungsgruppen, denen mit der Ernennung eines Rassisten zum Reichskanzler nun auch die Schleusen „von oben" geöffnet wurden: „Wer sich nicht bekehren läßt, muß gebeugt werden", verkündete Hitler ebenso drohend wie programmatisch am 3. Februar 1933.

Terror nach Machtübernahme

Der NS-Wahlkampf zwischen dem 30. Januar und dem 5. März war bereits von heftigen Ausschreitungen gegen politische Gegner geprägt. Nach den Wahlen setzte in einigen Städten eine Welle antijüdischer Aktivitäten ein, die oft von unteren Parteichargen und der SA ausging. Angesichts der akuten Fragen von Machtetablierung und Herrschaftskonsolidierung kamen diese Ausschreitungen dem Regime zeitlich ungelegen, weil sie Unruhe in der Öffentlichkeit und in der Wirtschaft erzeugten sowie das Bild Deutschlands im Ausland belasteten. Es war aus Hitlers Perspektive ein gewisses Dilemma, dass der SA-Massenmob und zahlreiche NSDAP-Hoheitsträger in Stadt und Land mit antisemitischen Aktionen genau das taten, was er selbst als Mantra seiner Mission propagierte: den „Kampf gegen das Judentum", während sein auf Machtsicherung ausgerichteter politischer Instinkt vorerst andere Prioritäten befahl.

Um diese unterschiedlichen Kräfte zu kanalisieren, veranlasste das Regime für Anfang April einen Boykott gegen „jüdische" Geschäfte, Ärzte und Rechtsanwälte. Wenngleich Hitler im Kabinett deutlich machte, dass er verantwortlich war und Propagandaminister Goebbels mit dem im *Völkischen Beobachter* publizierten Boykottaufruf vom 29. März den staatlichen Hintergrund deutlich werden ließ, so trat doch öffentlich die NSDAP als eigentlicher Organisator auf. Einem Parteikomitee unter Leitung des pathologischen Antisemiten Julius Streicher, dem unter anderem auch Hans Frank (1900–1946), Heinrich Himmler und Robert Ley angehörten, oblag es, für die Umsetzung des Boykotts zu sorgen.

E

Julius Streicher (1885–1946)

Der „Frankenführer" Streicher war für einige Zeit Volksschullehrer gewesen, agitierte jedoch seit Anfang der zwanziger Jahre als Berufsantisemit. Er ist wohl das krudeste Beispiel geistiger Abnormität in der NS-Führungsclique. Hitler war ihm persönlich verbunden, weil sich Streicher, der zunächst eigene Führungsambitionen im Rechtsextremismus besaß, mit seiner Gefolgschaft der NSDAP unterordnete. Dafür erhielt er von 1928 bis 1940 als Gauleiter in Franken lange Zeit Narrenfreiheit. Als Herausgeber des von ihm 1923 gegründeten Hetzblattes *Der Stürmer*, das im „Dritten Reich" in Schaukästen über das ganze Land verteilt war und Mitte der dreißiger Jahre eine Auflage von rund einer halben Million Exemplare hatte, sorgte Streicher für die Verbreitung eines hetzerisch-aggressiven Antisemitismus mit vielfältigen pornographischen Anspielungen. Sein korrupt-skandalöser Lebenswandel wurde mit den Jahren selbst für die NS-Führung untragbar, so dass man ihn, der von 1933 bis 1945 Reichtagsabgeordneter blieb, in einer Art vergoldeten Politquarantäne auf seinen fränkischen Landsitz verbannte.

„Judenboykott"

Der Boykott vom ersten Aprilwochenende manifestierte sich in dem Versuch, mit Hilfe von SA- und SS-Männern, die vor „jüdischen" Geschäften, Arztpraxen und Rechtsanwaltskanzleien postiert wurden, den Zugang zu sperren und so die Bevölkerung in die gewünschte Stigmatisierung einzubinden. Dies gelang in den Augen der Partei nur unzureichend, weil viele Menschen sich weder an ihren Einkäufen und Besuchen hindern noch gar zu eigenständigen Ausschreitungen mobilisieren ließen. Die Bilder des Boykotts gingen allerdings um die Welt als Metapher eines „neuen Deutschlands", in dem stämmige Männer in martialischen Uniformen die

Fenster und Türen einer bislang weitgehend assimilierten religiösen Minderheit brandmarkten.

Mit dem „Gesetz zur Wiederherstellung des Berufsbeamtentums" vom 7. April 1933 entließ das Regime Beamte „nicht arischer" Herkunft und sandte damit zugleich ein einschüchterndes Signal über die Orientierung künftiger Politik in den verbleibenden Beamtenapparat; eine analoge Regelung für Arbeiter und Angestellte im öffentlichen Dienst folgte am 4. Mai. Damit setzte sich eine offen rassistische Politik als staatliche Maxime auch in der Praxis durch. Eine ungelöste Grundschwierigkeit aller Rassenphantasten blieb die Frage, wie sich Arier und Nicht-Arier objektiv definieren und erkennen ließen. Eine erste Durchführungsverordnung zum Berufsbeamtentum-Gesetz, die am 11. April erlassen wurde, versuchte mit einer aus der Geschichte des Antisemitismus vielfältig bekannten Hilflosigkeit den Begriff „nicht arisch" zu definieren: „Als nicht arisch gilt, wer von nicht arischen, insbesondere jüdischen Eltern oder Großeltern abstammt. Es genügt, wenn ein Elternteil oder ein Großelternteil nicht arisch ist. Dies ist insbesondere dann anzunehmen, wenn ein Elternteil oder ein Großelternteil der jüdischen Religion angehört hat."

Absurdität der „Rassen"-Klassifizierung

Die Absurdität der gesamten Rassentheorie kommt in diesem Definitionsversuch illustrativ zum Ausdruck. Wenn die Urgroßeltern eines im „Dritten Reich" lebenden Deutschen allesamt jüdischen Glaubens waren, ihre Kinder aber christlich taufen ließen, so waren deren Nachkommen im April 1933 laut Gesetz „reinrassige Arier". Wenn dieselben Urgroßeltern ihre Kinder nicht hatten christlich taufen lassen, waren sie Juden. Der Zufall der religiösen Entscheidung der Urgroßeltern bestimmte über die „Rasse" im „Dritten Reich". Damit nicht genug, konnte diese Definition theoretisch auch zu einem ganz anderen Ergebnis führen. Hatten nämlich christliche Urgroßeltern ein Kind, das sich entschied, zum jüdischen Glauben überzutreten, so wurde aus dessen Nachkommen mit der vormals „arischen" Linie plötzlich eine „nicht arische". Stets blieb die variable und im Grunde frei wählbare Zufallskategorie der Religion die Zuflucht eines hilflosen Rassismus, dem es trotz aller anthropologischen Pseudoforschung unmöglich war, wissenschaftlich objektive Kriterien für seine Konstruktionen zu finden, wodurch sich, aus der Sicht rationaler Betrachter, jede dieser Definitionen als willkürlich, zufällig und wissenschaftlich absurd charakterisierte. Rationalität selbst allerdings war ein verfemter Begriff, der an die Aufklärung und die „Ideen von 1789" erinnerte, die man programmatisch vom „Rasseninstinkt" überwunden sehen wollte, den fortan jeder Deutsche als „Arier" entwickeln und dominieren lassen sollte.

Am 11. April verbot ein „Gesetz über die Zulassung zur Rechtsanwaltschaft" jüdischen Richtern, Staats- und Rechtsanwälten, ihren Beruf auszuüben. Am 22. April schloss eine Verordnung des Reicharbeitsministeriums Ärzte „nicht arischer Abstammung" von der Krankenkassenzulassung aus. Am 25. April ergingen gesetzliche Quoten für Schüler und Studenten. An einzelnen Schulen und Universitäten sollten nicht mehr als fünf Prozent und im gesamten Reich höchstens 1,5% der Schüler und Studenten Juden sein.

Einschränkungen

Reichspräsident Hindenburg intervenierte nach Protesten gegen das „Berufsbeamtentumgesetz" und erreichte eine Milderung insofern, als all diejenigen von der Diskriminierung zunächst ausgenommen wurden, die schon vor dem 1. August 1914 Beamte oder im Ersten Weltkrieg „kriegsbeschädigt“ oder „Frontsoldaten“ waren. Gleiches galt für die „Söhne von Kriegsgefallenen“ und jene, die „selbst Söhne im Feld verloren“ hatten. Diese Einschränkung erwies sich in der Praxis als überraschend gravierend: sechzig Prozent der jüdischen Rechtsanwälte, mehr als die Hälfte der Richter und Staatsanwälte sowie drei von vier Kassenärzten konnten vorläufig weiter ihrem Beruf nachgehen – für die Betroffenen eine willkommene, aber doch auch trügerische Schonfrist, denn der Wille des Regimes war ja eindeutig erkennbar, und wer dessen ideologischen Charakter ernst nahm, wusste, dass diese Ausnahmeregeln nur ein unwilliges Innehalten bedeuteten. Auch in der Wirtschaft blieben die jüdischen Deutschen noch weitgehend unbehelligt, weil angesichts der weiterhin latenten ökonomischen Krise und der rüstungswirtschaftlichen Notwendigkeiten ein zusätzlicher Unruhefaktor zu diesem Zeitpunkt inopportun war.

Die Methode der zangenartigen Einschüchterung von unten durch den SA-Mob der Straße und die gesetzlichen Maßnahmen von oben sollte die Bereitschaft der jüdischen Deutschen wie auch anderer unerwünschter Minderheiten erzwingen, das Land rasch zu verlassen. Wer emigrierte, sollte jedoch möglichst wenig mitnehmen. Die Perfidie der inhumanen Austreibung hatte zugleich legislative Methode: Im Juli 1933 erließ das Regime ein „Gesetz über den Widerruf von Einbürgerungen und die Aberkennung der deutschen Staatsangehörigkeit“, mit dem sich Emigranten entrechten und enteignen ließen. In den Augen der NS-Machthaber war deren Ausreise „ein Verhalten, das gegen die Pflicht zur Treue gegen Reich und Volk“ verstieß und damit „die deutschen Belange geschädigt“ habe. Man nutzte das Gesetz gegen rund 39000 Auswanderer, um den staatlichen Diebstahl von deren Vermögen zu legalisieren.

„Gesetz zur Verhütung erbkranken Nachwuchses“

Die Rassenpolitik richtete sich nicht allein gegen die Juden, Sinti und Roma oder Glaubensminderheiten wie die Zeugen Jehovas, sondern auch gegen jene Teile der Bevölkerung, die nach NS-Lesart als „rassisch minderwertig“ zu charakterisieren waren. In der von Hitler durchweg propagierten Analogie von menschlichem Körper und Volkskörper sollte durch „Rassenhygiene“ und Zwangssterilisierungen eine „Reinigung des Volkskörpers“ bewirkt werden. Auch hier begann man zügig. Im „Gesetz zur Verhütung erbkranken Nachwuchses“ vom 14. Juli 1933 definierte das Regime einen Katalog von Krankheiten und Symptomen, die eine Sterilisation rechtfertigen sollten. Schätzungsweise 350000 bis 400000 Menschen sind diesen Eingriffen in ihre natürlichen Lebensrechte zum Opfer gefallen.

1. Der Aufbau des SS-Staates

Als entscheidender Vorteil für die Nationalsozialisten erwies sich, dass sie mit Hitlers Kabinett über Hermann Göring Zugriff auf die Polizei erhalten hatten. Göring nutzte seine Befugnisse, um diese der NS-Herrschaft dienstbar zu machen, indem er im Februar 1933 in Preußen aus den parteinahen Vasallentruppen der SA, der SS und des „Stahlhelm“ eine rund 50000

Mann zählende bewaffnete Hilfspolizei schuf, die anschließend auch in anderen Ländern eingeführt wurde.

E

Hermann Göring (1893–1946)
Als Sohn eines wilhelminischen Kolonialbeamten erhielt der schon in jungen Jahren selbstbewusst-anmaßende Göring eine soldatisch-nationalistische Erziehung und machte im Ersten Weltkrieg als Jagdflieger eine steile Karriere. Seine Reputation im zivilen Leben leitete sich lange aus diesem Prestige ab und verschaffte ihm ausgezeichnete Verbindungen. Göring kam 1922 mit Hitler in Kontakt und wurde beim Umsturzversuch 1923 schwer verletzt. Er floh für einige Jahre ins Ausland und etablierte sich nach seiner Rückkehr 1927 als Geschäftsmann, bevor er sich erneut der NSDAP anschloss. In der Partei skeptisch als bunter Vogel betrachtet, fühlte er sich vor allem Hitler persönlich verbunden, saß seit Mai 1928 im Reichstag und stieg rasch auf. Göring diente Hitler mit seinen gesellschaftlichen Kontakten nicht zuletzt in der Absicht, den skurrilen Österreicher mit der markanten Hundepeitsche jenseits der Bierhallen salonfähig zu machen. Nach den Juliwahlen 1932 zum Reichstagspräsidenten avanciert, belohnte ihn Hitler bei seiner Berufung ins Kanzleramt mit einem Ministerposten ohne Geschäftsbereich und der höchst einflussreichen Stellung des Reichskommissars für das preußische Innenministerium. Mit diesem Zugriff auf die preußische Polizei sicherte Göring entscheidend den Erfolg der „Machtergreifung". Im April 1933 stieg er zum preußischen Ministerpräsidenten, im Mai zum Reichsminister für Luftfahrt auf und im Dezember 1934 berief ihn Hitler zu seinem Stellvertreter und designierten Nachfolger in der Staatsführung. Görings Machtstellung wuchs mit seiner schier unersättlichen Ämtersammlung. Im März 1935 wurde er Oberbefehlshaber der Luftwaffe, im April 1936 „Rohstoff- und Devisenkommissar", im Oktober „Beauftragter für den Vierjahresplan". Mit der Umgestaltung des Wirtschaftsministeriums, das er von November 1937 bis Februar 1938 leitete, avancierte er zum Quasi-Wirtschaftsdiktator. Göring beeinflusste in hohem Maße den „Anschluss" Österreichs, verfolgte aber insgesamt eher eine auf Südosteuropa gerichtete nationalistische Großwirtschaftsraumpolitik als das von Hitler favorisierte Lebensraumkonstrukt. Differenzen dieser Art sowie das wachsende Versagen der Luftwaffe gegen die alliierten Bombenangriffe im Krieg, außerdem Görings häufige Flucht vor der Arbeit in bisweilen drogenilluminierte Traumwelten bewirkten einen fortschreitenden Machtschwund. Nach außen hin präsentierte Göring lange Jahre das joviale Gesicht des bei der Bevölkerung beliebten gutmütigen dicken Onkels. In der Wirklichkeit forcierte und brutalisierte er die NS-Gewaltherrschaft in hohem Maße mit einer aus ungehemmter Ämter-, Macht- und Geldgier getriebenen narzistischen Skrupellosigkeit.

Gestapo

Göring gründete Ende April 1933 ein „Geheimes Staatspolizeiamt für Preußen" als Nukleus des berüchtigten Gestapoapparates mit der Aufgabe, „alle staatsgefährlichen politischen Bestrebungen im gesamten Staatsgebiet zu erforschen". Die Gestapo konnte vielfach auf den Traditionen der politischen Polizei und deren Personal aus der Zeit vor der NS-Machtübernahme aufbauen. Der Personalbestand im Land war nicht so sonderlich dicht wie man angesichts mancher Vorstellungen vom ubiquitären Überwachungssystem annehmen könnte. So waren beispielsweise 1937 in Würzburg für die 840663 Einwohner Unterfrankens gerade einmal 22 Gestapobeamte zuständig, davon 11 im Außendienst. Die Gestapo war also insbesondere bei der Durchsetzung der Überwachungs- und Rassenpolitik auf die „Mitarbeit" der Bevölkerung durch Information und Denunziation angewiesen. Denunziation spielte überhaupt eine wichtige Rolle für das Funktionieren des Kontrollapparates. Die totalitäre Atmosphäre, das Gefühl der allgegenwärtigen Beobachtung, aus dem ein Klima der Angst und der Ohnmacht erwuchs, zeugte sich in dieser Perspektive gleichsam selbst.

Zum wichtigsten und langfristig dominierenden Einschüchterungs- und Überwachungsinstrument avancierte der über die Jahre rasch expandierende Mischapparat aus SS und Polizei unter der Führung Heinrich Himmlers.

E

Heinrich Himmler (1900–1945)

Der oft kränkliche Sohn eines angesehenen Lehrers erhielt eine gediegene humanistisch-nationalistische Erziehung und studierte Landwirtschaft. Als Fahnenträger des Bundes „Reichskriegsflagge" beteiligte er sich an Hitlers Umsturzversuch vom November 1923. Seit 1925 für die NSDAP tätig, übertrug ihm Hitler 1929 die Leitung der parteiinternen Schutzstaffel (SS); seit 1930 saß er zudem im Reichstag. Zunächst noch der SA unter Ernst Röhm unterstellt, wurde die SS zum Ausgangspunkt für Himmlers rasanten Machtaufstieg. Er erwies sich als geschickter Taktiker, der bis zum Frühjahr 1934 die politische Polizei des gesamten Reiches sowie die Konzentrationslager unter SS-Kontrolle brachte. Mit Hilfe der Himmler-Truppe enthauptete Hitler die SA und belohnte die SS dafür mit der direkten Zuordnung zu seiner Person, was dieser wiederum eine nahezu uneingeschränkte Freiheit eröffnete. Die Ernennung Himmlers zum Chef der deutschen Polizei im Juni 1936 verstärkte und reflektierte dessen Durchsetzungsfähigkeit, ebenso wie sein Geschick in der weiteren Machtakkumulation. Im Oktober 1939 avancierte Himmler zum „Reichskommissar für die Festigung des deutschen Volkstums", übernahm im August 1943 das Reichsinnenministerium sowie, nach dem Attentat auf Hitler am 20. Juli 1944, den Oberbefehl über das Ersatzheer, wo sich allerdings seine militärische Führungsinkompetenz offenbarte. War Himmler intellektuell eher ein Phänomen rätselhaften Mittelmaßes mit tiefen Spuren mystischer Verschrobenheit, so erwies er sich zugleich politisch als intelligenter Organisator, effizienter Exekutor und oft unterschätzter Machtmensch im dynamisch-kompetitiven Gefüge des Rassenwahns. Himmler predigte Gefühllosigkeit und Massenmordbereitschaft als Maximen und „Tugenden" der SS, die er als „Rassenadel" auf „Blut und Boden" zu gründen dachte. Dabei blieb er loyal bis wenige Wochen vor dem Ende, als ihn Hitler im April 1945 aufgrund eines Versuchs, Kontakt zu den Westmächten herzustellen, aller Ämter enthob.

Mitgliederzahlen und Entwicklung der SS

Zeitpunkt	Zahl der SS-Männer (teils gerundet)
8. 11. 1925	8
Ende 1925	100
6. 1. 1929 (Himmler Reichsführer)	280
31. 12. 1931	15 000
13. 4. 1932 (Verbot)	25 000
14. 6. 1932 (Wiederzulassung)	41 000
30. 1. 1933	52 000
20. 7. 1934	221 000
1. 1. 1935	164 883
31. 12. 1935	199 915
31. 12. 1936	200 129
31. 12. 1937	208 364
31. 12. 1938	238 159

(Quellen: Parteistatistik, Stand 1. Januar 1935, Bd. 3, S. 74; Statistisches Jahrbuch der Schutzstaffel der NSDAP 1937 [März 1938], S. 3–4, 16; 1938 [März 1939], S. 16.)

Aufstieg Himmlers

Himmler, der zunächst im April 1934 die bayerische Polizei unter seine Kontrolle brachte, zog nach und nach alle geheimen Staatspolizeiämter, die in den Ländern nach preußischem Vorbild entstanden, an sich und gewann, formal unter Görings Aufsicht, aber praktisch unabhängig, im April 1934 die Gesamtleitung der politischen Polizei im Reich einschließlich Preußens. Am 9. Juli 1934 erhielt er auch den Befehl über alle Konzentrationslager. Damit hatte sich die SS als Kern des NS-Machtstaates etabliert: eine Parteiinstitution, die zugleich Zugriff auf alle Möglichkeiten der staatlichen Polizei besaß und mit dem Kommando der Konzentrationslager über umfassende Möglichkeiten verfügte, jede gewünschte Person ihrer Freiheit zu berauben bis hin zur Option, sie „verschwinden" zu lassen. Das pseudolegale Instrument hierzu war die so genannte „Schutzhaft", mit deren Hilfe die NS-Institutionen gegen jeden vorgehen konnten, den sie als „Gegner" betrachteten.

E

Schutzhaft
Im Zusammenhang mit der „Reichstagsbrandverordnung" vom 28. Februar 1933 eingeführt, ermöglichte die Schutzhaft der SA, der SS und der politischen Polizei jede beliebige gewaltsame Verschleppung von Personen unter dem Vorwand der Gegnerschaft zum Nationalsozialismus. Weil Rechtsmittel gegen sie nicht möglich waren, ließ sich die Schutzhaft im Grunde unbegrenzt ausdehnen. Heydrich verordnete im Mai 1934 eine Vereinheitlichung mit Kontrolle durch das Geheime Staatspolizeiamt, wo ein eigenes Schutzhaftreferat eingerichtet war. Die Schutzhaft diente dazu, jene in die Gewalt des Regimes zu bringen, derer man nicht über Justiz und Gesetze habhaft werden konnte, also oft gänzlich unbescholtene Bürger, die dem Regime aber verdächtig waren. Sie diente auch dazu, viele derjenigen, die straffällig geworden waren, ihre gesetzliche Strafe aber vollständig verbüßt hatten, anschließend willkürlich in Konzentrationslager zu verschleppen. Die Schutzhaft war damit ein Instrument NS-staatlichen Kidnappings, das jeden treffen konnte und insofern Kontrolle, Abschreckung und Terrorisierung zugleich ausstrahlte.

E

Beispiele für die Entfaltung des Lagersystems

Datum	Art, Ort, Opfer
nach 30. Januar 1933	„wilde" Konzentrationslager der SA
20. März 1933	Einrichtung des KZ Dachau
April 1933	Dachau wird der SS unterstellt
Juli 1933	ca. 27000 politische Gefangene in Konzentrationslagern
bis Oktober 1933	ca. 500–600 Tote in den Lagern
Juli 1936	Einrichtung des KZ Sachsenhausen bei Oranienburg
Juli 1937	Einrichtung des KZ Buchenwald bei Weimar
Mai 1938	Einrichtung des KZ Flossenbürg in der Oberpfalz
August 1938	Einrichtung des KZ Mauthausen bei Linz (nach dem „Anschluss" Österreichs)
Herbst 1938	Einrichtung des KZ Neuengamme bei Hamburg
Mai 1939	Einrichtung des Frauen-KZ Ravensbrück nördlich Berlin

SS wird „führerunmittelbar"

Am 20. Juli 1934 erhielt die SS als krönende Belohnung für ihre bedingungslose Gefolgschaft bei der Mordaktion gegen Ernst Röhm und die SA ihre führerunmittelbare Selbständigkeit. Himmler war nun als „Reichsführer SS" nurmehr Hitler „persönlich und unmittelbar" unterstellt. Neben Himmler profilierte sich als treibende Kraft des sich etablierenden „SS-

Staates" Reinhard Heydrich, der am 22. April 1934 zum Chef des Geheimen Staatspolizeiamtes avancierte und seine Machtstellung als zweiter Mann hinter Himmler mit systematischer Skrupellosigkeit und ideologischem Eifer in den folgenden Jahren höchst effektiv ausbaute.

E

Reinhard Heydrich (1904–1942)

Heydrich entstammte einer Familie von profilierten Musikern. Obwohl auch er mehrere Instrumente zu spielen lernte, floh er den familiären Hintergrund und begann 1922 eine Offizierslaufbahn in der Marine. 1931 aufgrund eines nicht eingehaltenen Eheversprechens unehrenhaft entlassen, setzte er auf eine SS-Karriere. Himmler beauftragte ihn im August 1931 mit dem Aufbau eines Nachrichtendienstes, aus dem 1932 der Sicherheitsdienst (SD) der SS wurde, zu dessen Leiter Heydrich avancierte. Nach Hitlers Ernennung zum Reichskanzler übernahm er im April 1933 die politische Polizei in Bayern und usurpierte während der „Gleichschaltung" die entsprechenden Institutionen in den anderen Ländern. Als Himmler im Juni 1936 Chef der deutschen Polizei wurde, entstand für seinen wichtigsten Mitarbeiter Heydrich das „Hauptamt Sicherheitspolizei", das auch die Kriminalpolizei einschloss. Diese Verbindung von Partei-SD, Gestapo und Kriminalpolizei unter Heydrichs Leitung fand ihren institutionellen Abschluss in der Bildung des „Reichssicherheitshauptamtes" am 27. September 1939. Die systematische Machtakkumulation im Windschatten Himmlers und Hitlers spiegelt Heydrichs Charakter. Er blieb zeitlebens ein rastloser, misstrauisch distanzierter, ideologisierter Technokrat, der auf den Gebieten, denen er sich widmete, nach selbstbestätigender Profilierung durch herausragende Leistung strebte. Zugleich übte er eine erschreckende Faszination aus (die sich irritierenderweise selbst bis in die Köpfe mancher Nachkriegsautoren fortzusetzen scheint), weil sein körperliches Erscheinungsbild, seine Erfolge als Leistungssportler und die eisige Kälte seines Charakters ihn als Modell dafür erscheinen ließen, wie die NS-Rassenphantasten gern ihren „neuen Menschen" gesehen wissen wollten. Heydrichs Aufstieg und Bedeutung resultierte wesentlich aus seiner ehrgeizigen Effizienz, die er in den Dienst der rassenideologischen Imaginationen stellte und ihn insbesondere nach Kriegsbeginn zum gefühllos-distanzierten Organisator einer technisch-systematischen Massenmordmaschinerie werden ließ, die in Mitteleuropa bis dahin unvorstellbar schien. Neben seinen Aufgaben als europaweit agierender Tötungstechnokrat erhielt er im September 1941 den Posten des „Stellvertretenden Reichsprotektors für Böhmen und Mähren", wo er im Mai 1942 einem Attentat zum Opfer fiel.

SS als Kerntruppe des NS-Staates

Die SS entwickelte sich zur Kerntruppe der NS-Überwachungs- und Verfolgungsmaschinerie und Himmler und Heydrich trieben diesen Prozess der Machtakkumulation mit einer Mischung aus genuinem ideologischem Eifer und schierem, auf totalitäre Kontrolle ausgerichtetem Machthunger voran. Sichtbarer Ausdruck dieses Prozesses war der ständig wachsende Apparat, in dem sich der Sicherheitsdienst (SD) als Überwachungsinstitution und die Gestapo als Verfolgungseinrichtung herausbildeten. Hinzu kam der gezielte Aufbau rassenstaatlicher Kontrollinstrumente. Im SD-Hauptamt wurde im Herbst 1935 ein „Juden-Referat" eingerichtet, das zum Ausgangspunkt der Karriere von Adolf Eichmann (1906–1962) werden sollte.

E

Sicherheitsdienst (SD) und Polizei

Der SD ging aus einem im August 1931 unter Reinhard Heydrich installierten Dienst beim SS-Oberstab hervor, der die Aufgabe hatte, Nachrichten über politische Gegner zu sammeln. Heydrich avancierte am 19. Juli 1932 offiziell zum Leiter des SD, und Himmler ernannte ihn am 9. November 1933 zum „Chef des Sicherheitsamtes des Reichsführers SS", aus dem am 1. Januar 1935 das „SD-Hauptamt" wurde. Mit dem immensen Wachstum der NSDAP diente der SD auch zur Mitgliederüberwachung, und „Führer-Stellvertreter" Heß erhob ihn am 9. Juni 1934 zum alleinigen Nachrichtendienst der Partei. Die staatliche politische Polizei, durch Göring zur Geheimen Staatspolizei umgewandelt, und die Kriminalpolizei gerieten schon im Zuge der „Machtergreifung" ins Visier der ideologiegeleiteten SS-Machttechniker. Indem Himmler und Heydrich die politische und die Kriminalpolizei übernehmen und ohne große Widerstände in die staatlichen Apparate eindringen konnten, schufen sie durch die Kombination von SD und Gestapo die Option für ein totalitär ausgerichtetes Überwachungs- und Verfolgungssystem, das alle Lebensgebiete ins Visier nehmen sollte. Heydrich forderte eine „kämpfende Verwaltung", die ebenso flexibel wie rücksichtslos die als historische Aufgabe empfundenen ideologischen Maximen des NS-Rassismus in die Tat umsetzen und letztlich seinen gesamten Herrschaftsbereich kontrollieren sowie durch „völkische Flurbereinigung" und Vernichtung der deklarierten Feinde für die eigene „Volksgemeinschaft" neu formen sollte.

Entscheidend für die langfristige Wirkung dieser Kerninstitutionen des „SS-Staates" wurde, dass sich Partei-Sicherheitsdienst und staatliche Sicherheitspolizei in ihrer Verwobenheit zugleich mit den Jahren nahezu vollkommen aus der überkommenen staatlich-administrativen Normenwelt lösten und zu aktiven Instrumenten des Weltanschauungskrieges wandelten mit dem Ziel, den NS-Machtbereich rassisch zu sichern und neu zu gestalten.

Zahlreiche junge SS-Offiziere, viele davon Akademiker, die im Windschatten Himmlers und Heydrichs in den folgenden Jahren zu „Experten der Judenfrage" aufstiegen, machten in diesem Verfolgungsapparat rasch Karriere. Die hier aktiven SS-Offiziere, die später die „Kerngruppe des Genozids" (Ulrich Herbert) stellten, besaßen zumeist einen gediegenen bürgerlichen Hintergrund, hatten oftmals studiert, waren politisch interessiert und betrieben ihren Beruf der Menschenjagd aus der ideologischen Überzeugung, im Dienst des Nationalsozialismus eine geschichtliche Mission zu erfüllen. Blickt man auf den Ausbildungshintergrund dieser „Generation des Unbedingten" (Michael Wildt), so stellten Juristen die Mehrzahl des NS-Herrschaftspersonals. Aber es waren nicht allein „Rechtswissenschaftler", die wie Carl Schmitt oder Werner Best den „Führerstaat" juristisch durchdachten und zu seiner pseudorechtlichen Legitimierung beitrugen. Daneben stellten auch Historiker, Germanisten und andere Geisteswissenschaftler einen wichtigen Teil jener sich herauskristallisierenden Exekutionstruppe – im späteren Reichssicherheitshauptamt waren es im Kern weniger als dreihundert Männer –, die sich als Weltanschauungskrieger verstanden und das Personal des SD und der späteren Massenmordmaschinerie zur Organisation und Durchführung der genozidalen Endlösung lieferten.

Himmler „Reichsführer SS und Chef der deutschen Polizei"

Die Verschmelzung von parteilichen und staatlichen Institutionen wurde am 17. Juni 1936 vollendet, Himmler erhielt den Titel „Reichsführer SS und Chef der deutschen Polizei". Damit war die Polizei, die bislang in Händen der Länder gelegen hatte, auf Reichsebene zentralisiert. Zwar war Himmler immer noch zugleich nominell Staatssekretär im Reichsinnenministerium und als solcher theoretisch dem Minister unterstellt. Aber praktisch überwog seine direkte Zuordnung zu Hitler als Reichsführer der SS. Himmler verschmolz damit Staatsfunktion und Parteifunktion und machte letztlich auch die Polizei zu einem SS-Instrument. Seine formelle Vollendung fand dieser Prozess mit der Zusammenlegung des SD, der Gestapo und der Kriminalpolizei zum „Reichssicherheitshauptamt" am 27. September 1939.

Q

Himmler zum Selbstverständnis des SS-Polizeistaates jenseits der Gesetze
Quelle: Festschrift Frick 1937, zit. n. Buchheim, Anatomie, S. 83f.

Die nationalsozialistische Polizei leitet ihre Befugnisse zum Vollzug des Willens der Staatsführung und zur Sicherung des Volkes und des Staates nicht aus Einzelgesetzen, sondern aus der Wirklichkeit des nationalsozialistischen Führerstaates und den ihr von der Führung gestellten Aufgaben her. Ihre Befugnisse dürfen deshalb nicht durch formale Schranken gehemmt werden, weil diese Schranken sonst auch den Aufträgen der Staatsführung entgegenstünden. [...] Wie die Wehrmacht kann die Polizei nur nach Befehlen der Führung und nicht nach Gesetzen tätig werden. Wie der Wehrmacht werden der Polizei durch die Befehle der Führung und durch die eigene Disziplin die Schranken des Handelns bestimmt.

2. Stufen der Judenpolitik

Eine durchaus nicht vollständige Sammlung jener antisemitischen Initiativen, die zwischen der Ernennung Hitlers zum Reichskanzler und dem Kriegsbeginn 1939 in Deutschland auf der Ebene des Reiches, der Länder und der Kommunen angesetzt wurden, listet 1448 „Maßnahmen" auf. Diese „Maßnahmen" sind kein gleichmäßiger Strom, sondern kamen in Wellen. Die erste Welle vom Frühjahr 1933 spiegelt sich in der beschriebenen Aprilgesetzgebung. Das Jahr 1934 zeigte eine relative Verlangsamung, während eine neue antisemitische Welle im Jahr 1935 in die „Nürnberger Gesetze" mündete. Das Jahr 1936 blieb wiederum eher ruhig, weil angesichts der Olympischen Spiele die Außendarstellung des „neuen Deutschlands" wichtiger erschien als die Beschleunigung der Rassenpolitik. Dann setzte eine erneute Steigerung ein, die über die Verdrängung der Juden aus dem Wirtschaftsleben und das Pogrom vom November 1938 sowie neue Austreibungspläne bereits auf den Krieg und dessen Optionen verwies.

„Kumulative Radikalisierung"

Die Diskriminierungs-, Entrechtungs- und Verfolgungsmaßnahmen in der Judenpolitik steigerten sich mithin schrittweise, sind aber zugleich gekennzeichnet durch einen programmatisch bestimmten Prozess „kumulativer Radikalisierung" (Hans Mommsen). Nach dem Boykott vom April 1933 konzentrierte sich das Regime mit einer gewissen Notwendigkeit auf die innenpolitische Machtsicherung, die wirtschaftliche Mobilisierung für das Anwerfen des Rüstungsprozesses sowie die außenpolitische Absicherung dieser elementaren Voraussetzungen für die künftige Handlungsfreiheit. Die antisemitische Propaganda lief gleichwohl auf den verschiedensten Ebenen weiter und erwies sich als ein latentes Element des Herrschaftsalltags. Nicht selten wetteiferten Parteiinstitutionen und örtliche Behörden darin, die offizielle Staatsdoktrin des „Dritten Reiches“ in möglichst vielen Bereichen umzusetzen.

Die schon beim „Judenboykott“ von 1933 erkennbar desaströsen Folgen für das Bild Deutschlands im Ausland verschärften sich durch diese meist ebenso ungezügelte wie unkoordinierte Eruption eines inhumanen Verfolgungseifers. Nach Hindenburgs Tod und der Etablierung Hitlers als „Führer“ und Reichskanzler, nach der Zähmung der SA und dem Ingangsetzen des Aufrüstungsprozesses sowie der außenpolitischen Ruhe-Sicherung gegenüber Polen und Großbritannien, bedeuteten die „Nürnberger Gesetze“ von 1935 eine neue Stufe der antijüdischen Verfolgung.

Antisemitismus als Grundmovens

Wenngleich man die Systematik dieses Prozesses nicht überschätzen sollte, so spiegelt sich darin doch deutlich die politische Prioritätenskala. War die Behandlung der Judenfrage von oben zunächst nachrangig gegenüber den elementaren Machtnotwendigkeiten, so blieb der Antisemitismus zugleich das ideologische Grundmovens, das nicht nur latent vorhanden war, sondern auf verschiedensten Ebenen befeuert wurde. Wie ein auf Aggression getrimmter Körper, dessen Glieder zunächst trainiert werden mussten, folgte nun die Beseitigung vermeintlicher körperlicher „Unreinheiten“ – in dergleichen Metaphorik des „Volkskörpers“, aus dem „die Juden“ „entfernt“ werden müssten, manifestierte sich das Selbstbild der Rassenherrschaft.

„Nürnberger Gesetze“

Im März und April 1935 kam es erneut zu Boykotten jüdischer Geschäfte und im Sommer wurde den jüdischen Deutschen der Besuch von Kinos, Theatern, Schwimmbädern und Urlaubsorten verboten. Nach der Wiedereinführung der allgemeinen Wehrpflicht legte am 21. Mai 1935 das Wehrgesetz die „arische“ Abstammung als Voraussetzung für die Einberufung fest und schloss die Juden damit vom „Ehrendienst am deutschen Volke“ aus. Während des ganzen Jahres schallte der Ruf nach einer „Blutschutzgesetzgebung“ von den agitierenden Antisemiten in NSDAP und SS und den von ihnen durchdrungenen staatlichen Institutionen immer wieder in die tagespolitische Arena. Zur gleichen Zeit nahm die Propaganda gegen den so genannten Rasseverrat, also den sexuellen Kontakt zwischen Juden und Nichtjuden, sowie das Bemühen um eine strenge Verfolgung solcher „Vergehen“ deutlich zu. So schwebte das Drängen auf eine „Blutschutzgesetzgebung“ permanent in der politischen Atmosphäre. Schon 1930 hatte Alfred Rosenberg, der „Parteiphilosoph“ und NS-„Chefideologe“, in seinem „Mythus des 20. Jahrhunderts“ gefordert: „Ehen zwischen Deutschen und Juden sind zu verbieten [...] Geschlechtlicher Verkehr, Notzucht usw. zwischen Deutschen und Juden ist je nach der Schwere des Falles mit Vermögensbeschlagnahme, Ausweisung, Zuchthaus und Tod zu bestrafen.“ Im selben Jahr hatte die NSDAP-Reichstagsfraktion einen Gesetzentwurf eingebracht, der jeden mit Zuchthaus bestrafen sollte, der „durch Vermischung mit Angehörigen der jüdischen Blutsgemeinschaft oder farbiger Rassen zur rassischen Verschlechterung und Zersetzung des deutschen Volkes“ beitrage. Sowohl im Innen- wie im Justizministerium wurden nun entsprechende Bestimmungen diskutiert. In einem Runderlass an die Standesbeamten vom Juli 1935 kündigte Innenminister Frick an, „die Frage der Verehelichung zwischen Ariern und Nichtariern binnen Kurzem allgemein gesetzlich zu regeln“. Mit den „Nürnberger Gesetzen“, die vom Zeitpunkt, nicht vom Inhalt her, überraschend kamen, setzte das Regime auf juristischem Wege einen – vorläufigen – Schlusspunkt unter diese Entwicklung.

Diese „Rassegesetze" waren keineswegs von langer Hand vorbereitet, sondern wurden unter hektischem Zeitdruck von eiligst nach Nürnberg befohlenen Beamten aus dem Innenministerium konzipiert, während in der Stadt der Trubel hunderttausender Parteianhänger tobte. Die Entwürfe wurden Frick und Hitler vorgelegt, verworfen, neu ausgearbeitet, wieder präsentiert und verworfen, bis Hitler schließlich die Vorlage von vier verschiedenen Fassungen forderte, von denen als „Gesetz zum Schutz des deutschen Blutes und der deutschen Ehre" am 15. September 1935 die schwächste Fassung verabschiedet wurde. Allerdings strich Hitler persönlich den Satz, wonach das Gesetz „nur für Volljuden" gelten sollte. Er beließ die Einschränkung allerdings in der amtlichen Meldung des Deutschen Nachrichtenbüros, was einige Verwirrung stiftete. Zusammen mit dem gleichfalls vom Nürnberger Pseudoparlament verabschiedeten „Reichsbürgergesetz" dienten die neuen Regelungen dazu, in dieser „Phase vornehmlich legislativer Judenverfolgung" (Hermann Graml) die nötigen Instrumente für eine Ausgrenzung und Absonderung der jüdischen Deutschen zu liefern. Sie eröffneten – wie sich allerdings erst im Nachhinein zeigte – zugleich eine neue Eskalationsstufe der NS-Rassenpolitik.

E

„Nürnberger Gesetze": „Reichsbürgergesetz" und „Blutschutzgesetz"
Grundmerkmal des „Reichsbürgergesetzes" war die Unterscheidung zwischen „Reichsbürger" und „Staatsbürger". Letztere erhielten eine Stellung minderen Rechts, denn „Reichsbürger" konnte „nur der Staatsangehörige deutschen oder artverwandten Blutes" sein. Diese waren „alleinige Träger der vollen politischen Rechte nach Maßgabe der Gesetze". Das hieß, dass die Deutschen jüdischen Glaubens per Definition als „Nichtarier" zwar Staatsangehörige, nicht aber Reichsbürger sein konnten. Das „Gesetz zum Schutze des deutschen Blutes und der deutschen Ehre", kurz „Blutschutzgesetz" genannt, folgte den ideologischen Imaginationen und war entsprechend konkret diskriminierend und dissimilierend gefasst: „Eheschließungen zwischen Juden und Staatsangehörigen deutschen und artverwandten Blutes sind verboten. Trotzdem geschlossene Ehen sind nichtig", hieß es darin, sowie: „Außerehelicher Verkehr zwischen Juden und Staatsangehörigen deutschen oder artverwandten Blutes ist verboten". Zudem durften Juden fortan keine weiblichen Staatsangehörigen „deutschen oder artverwandten Blutes unter 45 Jahren" in ihrem Haushalt beschäftigen.

Typische Kompetenzkonflikte

Nähere Rechts- und Verwaltungsvorschriften sollten im Einvernehmen zwischen dem Innenminister und dem „Stellvertreter des Führers" erlassen werden. Es folgten wie stets heftige Konflikte zwischen staatlichen und Parteiinstanzen, wobei letztere dem auch von Hitler unterstützten Grundsatz „die Partei befiehlt dem Staat" Geltung verschaffen wollten. Hitler meinte, es handele sich um den „Versuch der gesetzlichen Regelung eines Problems, das im Falle des abermaligen Scheiterns [...] zur endgültigen Lösung der nationalsozialistischen Partei übertragen werden müßte". Um sich eine größtmögliche Flexibilität zu bewahren, wurde zunächst nicht definiert, wer ein „Jude" sei oder als solcher zu gelten habe. Der willkürlichen Auslegung waren folglich alle Tore geöffnet und die Frage, ob die Gesetze nur für „Volljuden" galten oder auch auf Personen anzuwenden seien, die sowohl „arische" als auch jüdische Vorfahren hatten, wurde heftig diskutiert.

Nach längeren Auseinandersetzungen regelte die „Erste Verordnung zum Reichsbürgergesetz" vom 14. November 1935 Einzelheiten und versuchte, juristisch zu definieren, wer als Jude zu gelten hatte: Neben den „Volljuden" mit vier „volljüdischen" Großeltern waren das auch diejenigen mit drei („Dreivierteljuden") oder zwei jüdischen Großeltern („Halbjuden"), die die deutsche Staatsangehörigkeit besaßen und beim Erlass des Gesetzes der jüdischen Religion anhingen oder mit einem Juden verheiratet waren. Ebenso galt als Jude im Sinne des Gesetzes derjenige, der einer ehelichen oder außerehelichen Verbindung zwischen einem „Voll-" oder „Dreivierteljuden" mit einer ausländischen „Arierin" nach Inkrafttreten des „Blutschutzgesetzes" entstammte.

Wie immer man auch herumzuformulieren suchte, das Hauptkriterium war und blieb die Religionszugehörigkeit, was indirekt all die „rassischen" Definitionsversuche anthropologischer Konnotation als Unsinn qualifizierte, da sich durch diese vermeintlichen Merkmale eben keine klaren Kriterien finden ließen, um festzustellen, wer Jude war und wer nicht. Wie bereits die Regelungen des Jahres 1933, offenbarten die „Nürnberger Gesetze", indem sie weiterhin bei dem prinzipiell zufälligen, jedenfalls willkürlichen Kriterium der Religionszugehörigkeit Zuflucht suchen mussten, um „Rasse" zu bestimmen, die Absurdität der „Rassentheorie". Wie obskur die anthropologisch abgeleiteten Definitionsversuche waren, zeigt nicht zuletzt der viel zitierte Hinweis auf die Körperlichkeit der NS-Führungsclique, die für jedermann offensichtlich kaum dem propagierten Bild vom blonden, muskulösen und groß gewachsenen Germanen entsprach. Hitler oder Himmler, Goebbels oder Göring, Streicher oder Ley neben einer Figur von Joseph Thorak platziert, hätten anschauliche Karikaturen zur NS-Rassentheorie geboten. An den Folgen für die stigmatisierte Minderheit änderte die religiöse Definition nichts. Die jüdischen Deutschen wurden gesetzlich, politisch und sozial von ihrer Umwelt abgesondert, die wirtschaftliche Verdrängung sollte nach einer kurzen Pause folgen.

Täuschende Hoffnung

Dennoch verbanden sich mit den „Nürnberger Gesetzen" trotz aller Diskriminierung auch klärende Erwartungen. Hitler selbst schürte in der Öffentlichkeit die Hoffnung, damit sei die Stellung der Juden im NS-Staat abschließend geregelt. Auch war den wild wuchernden Diskriminierungen nun ein fassbarer gesetzlicher Rahmen gegeben. Mochte dieser Rahmen durch die nachfolgenden Verordnungen auch noch so weit dehnbar und letztlich verhängnisvoll sein, der Verfolgungswelle schien dennoch für einen Augenblick eine orientierende Grenze gesetzt. Doch dergleichen Versprechungen und Erwartungen erwiesen sich als trügerisch, denn in Fortführung dieser Bestimmungen schritt die staatliche Diskriminierung und Verfolgung in den nächsten Jahren in über 250 weiteren Gesetzen, Verordnungen und sonstige Maßnahmen kontinuierlich voran.

Zusammenfassend wird deutlich, dass die scheinbar „endgültigen" gesetzlichen Regelungen sich immer wieder als bloßer Einzelschritt eines unausgesetzt sich radikalisierenden Prozesses erwiesen. Hitler, der aus seiner Verachtung aller Beamtenapparate und insbesondere der Juristen nie einen Hehl machte, nahm dergleichen Regelungen stets nur als Stufen einer Entwicklung, die am Ende zur „Beseitigung" der Juden führen musste. Gesetze waren, wenn notwendig, jederzeit änderbar und die gewünschten Maßnahmen den Möglichkeiten der Zeit und der politischen Opportunität unterworfen. Die ruhige Reaktion etwa auf das Gustloff-Attentat vom Februar 1936 – ein Attentäter jüdischen Glaubens ermordete den Leiter der Schweizer Landesgruppe der NSDAP, Wilhelm Gustloff (1895–1936) – zeigt zugleich, dass die Entscheidungskompetenz der NS-Rassenpolitik letztlich bei der Spitze lag und jene nicht etwa gegen deren Willen getrieben wurde. Im Sommer 1935 war es opportun, dem aus radikalen Parteigliederungen hochkommenden Druck nachzugeben und in den „Nürnberger Gesetzen" eine Form der Kanalisierung zu suchen, weil auch Hitler von deren Sinnfälligkeit überzeugt war. Im Frühjahr 1936 erschien ein weiteres Drehen an der Verfolgungsschraube inopportun, weil die Olympischen Spiele ein anderes Deutschlandbild vermitteln sollten als in den Rassenausschreitungen zum Ausdruck kam. Diese Steuerungsfähigkeit zeigt den Einfluss des Regimes, die Judenpolitik trotz aller Eruptionen in Parteikreisen den eigenen Opportunitätserwägungen entsprechend zu beschleunigen oder zu verlangsamen: Hitler ließ sich bei aller unterschwelligen Dynamik, die aus dem Kompetenzeifer unterschiedlichster Institutionen auch in der Judenpolitik erwuchs, nur dann „treiben", wenn er selbst dies auch wollte und im Gesamtgefüge seiner politischen Zielsetzungen für passend hielt.

Steuerbarkeit des Radikalisierungsprozesses

Q

Hitler vor Kreisleitern auf der Ordensburg Vogelsang am 29. April 1937
Zit. n.: Kotze/Krausnick, „Es spricht der Führer", S. 147f.

Es handelt sich bei mir immer nur darum, keinen Schritt zu machen, den ich vielleicht wieder zurück machen muß, und keinen Schritt zu machen, der uns schadet. Wissen Sie, ich gehe immer an die äußerste Grenze des Wagnisses, aber auch nicht darüber hinaus. Da muß man nun die Nase haben, ungefähr zu riechen: 'Was kann ich noch machen, was kann ich nicht machen?' Auch im Kampf gegen einen Gegner. Ich will ja nicht gleich einen Gegner mit Gewalt zum Kampf fordern, ich sage nicht: 'Kampf!', weil ich kämpfen will, sondern ich sage: 'Ich will Dich vernichten! Und jetzt *Klugheit, hilf mir, dich so in die Ecke hineinzumanövrieren, daß du zu keinem Stoß kommst, und dann kriegst du den Stoß ins Herz hinein.'* Das ist es!

3. Auswanderung, Vertreibung und Schicksal der Juden im Wirtschaftsleben

Rolle des SD

In Heydrichs Apparat, besonders dem langfristig wichtigen SD-Hauptamt, bedeutete das Jahr 1937 für die Behandlung der Judenfrage eine gewisse Zäsur. Die SD-Rassentechniker arbeiteten eng mit dem Geheimen Staatspolizeiamt, dem Auswärtigen Amt und den zuständigen Stellen des Innenministeriums zusammen und favorisierten noch eindeutig die Auswanderungsförderung. Schon zu diesem Zeitpunkt allerdings überlegten sie, wie man nicht nur für Deutschland, sondern perspektivisch darüber hinaus zur entscheidenden Instanz in der „Lösung der Judenfrage" werden könne und begannen mit einer „systematischen Erfassung des Weltjudentums". Mit dem „Anschluss" Österreichs begann auch der SD eine neue „Erprobungsphase" antijüdischer Maßnahmen. Am 16. März 1938 wurde Adolf Eichmann nach Wien versetzt, um dort eine „Zentralstelle für jüdische Auswanderung" aufzubauen. Deren Prinzip war ebenso unkompliziert wie rücksichtslos und wirkungsvoll: Eichmann versammelte alle für eine Auswanderung notwendigen Verwaltungsinstanzen in seinem Dienstsitz, dem Wiener Palais Rothschild. Schritt für Schritt durchliefen die zur Auswanderungswilligkeit getriebenen Juden wie an einem Fließband den Prozess ihrer Ausbürgerung – sie verloren ihre Existenz und erhielten dafür einen Reisepass. Die nötigen Devisen kamen zum größten Teil von ausländischen jüdischen Organisationen und aus Beiträgen der vermögenderen Juden.

Juden im Wirtschaftsleben

Bis 1937 ist insgesamt ein gewisses Ungleichgewicht in den Schwerpunkten der „Judenpolitik" erkennbar, denn im Wirtschaftsleben hielt sich das Regime trotz mancher Diskriminierungen und der allgemeinen staatlichen Verfolgungspolitik doch zurück. Dies hatte vor allem opportunistische Gründe, denn eine möglichst störungsarme ökonomische Entwicklung im Dienst der Rüstungsproduktion war im Gesamtgefüge der ideologischen Zielsetzungen zunächst deutlich höher angesiedelt als die Entfernung jüdischer Deutscher aus der Wirtschaft. Allgemein ist jedoch bereits seit 1933 eine Spaltung des Wirtschaftslebens in einen jüdischen und einen nichtjüdischen Sektor identifizierbar. Nach den Boykottaufrufen vom April 1933 war es nicht mehr selbstverständlich, in jedem beliebigen Geschäft zu kaufen, ganz gleich, welcher Religion der Eigentümer angehören mochte. Manche nichtjüdische Unternehmer und Kaufleute warben nun mit ihrer „arischen" Identität sowie mit ihrer nationalsozialistischen Gesinnung. Zugleich forcierte die über die Jahre wachsende Wirtschaftsbürokratie mit ihren planwirtschaftlichen Steuerungseinflüssen bei Rohstoffen, Devisen und Arbeitskräften ein Austrocknen der von jüdischen Eigentümern geführten Unternehmensbereiche. Diese schleichende Vertreibung aus dem Wirtschaftsleben spiegelt sich drastisch in der Statistik: Im Frühjahr 1933 zählte man im Reich noch rund 100000 „jüdische" Betriebe, fünf Jahre später waren es nur noch etwa 40000 – drei von fünf Unternehmen hatten aufgegeben. Namentlich der Einzelhandel, in dem jüdische Unternehmer traditionell eine etablierte Marktstellung besaßen, verzeichnete zwischen Anfang 1933 und Mitte 1938 einen Rückgang von etwa 50000 auf nur mehr rund 9000 Geschäfte. Die Spaltung der deutschen Wirtschaft spiegelte sich auch darin, dass unter Juden eine deutliche Arbeitslosigkeit herrschte, die im „nichtjüdischen" Bereich im Gefolge des Rüstungsbooms seit 1933 einem akuten Arbeitskräftemangel gewichen war. Auch die antijüdische Politik in der Wirtschaft unterstreicht demnach die programmatische, im Zweifelsfall auch ökonomisch irrationale Getriebenheit, die der NS-Politik in weiten Bereichen zugrunde lag.

Für Hitler bestand ein ideologischer Zusammenhang zwischen der deutschen Kriegsfähigkeit, wie er sie in seiner Denkschrift zum Vierjahresplan vom August 1936 für spätestens 1940 forderte, und der Ausschaltung der Juden aus der Wirtschaft. In seinen Augen konnte das Reich nicht Krieg führen, wenn gleichzeitig noch jüdische Unternehmer im Land arbeiteten. Dementsprechend war seit 1937 eine erneute Beschleunigung in der antijüdischen Politik erkennbar, die nun deutlich auch die Wirtschaft erfasste. Als Hjalmar Schacht im November 1937 aus dem Wirtschaftsministerium gedrängt wurde und Göring für einige Monate auch dieses Amt übernahm, ließ dieser bezeichnenderweise ein speziell für einschlägige ökonomische Beobachtungen und Analysen konzipiertes Referat für „Judenfragen" einrichten und verkündete nach dem „Anschluss" Österreichs, dass die Juden aus der Wirtschaft des Reiches entfernt werden sollten.

Im „Altreich" entwarf Innenminister Frick im Sommer 1938 einen Katalog zur „endgültigen Ausschaltung der Juden aus dem deutschen Wirtschaftsleben", den er am 14. Juni Göring, Schacht, Heß und Himmler sandte. Die Juden waren nach Fricks Meinung durch die geplanten Maßnahmen „zum weit überwiegenden Teil zur Untätigkeit gezwungen", es würde „ihre Verarmung herbeigeführt". Er forderte deshalb Initiativen, um die Auswanderung zu fördern, die damit praktisch einer Vertreibung gleichkam. Finanzminister Schwerin von Krosigk widersetzte sich dergleichen Überlegungen mit dem Argument, es gebe keine Mittel, bedürftige Juden zu unterstützen. Noch-Reichsbankpräsident Schacht reagierte mit einem Protestschreiben, in dem er die unwillkommenen ökonomischen Folgen charakterisierte und forderte, es sei „unerläßlich, einen bestimmten Zeitraum, sagen wir fünf bis zehn Jahre, festzulegen und den Juden aufzugeben, bis dahin ihre Unternehmungen zu veräußern. Sie müssen in die Lage versetzt werden, sich selbst ihre Käufer zu suchen, um eine objektiv anständige, befriedigende Verwertung zu finden", da sonst schwere Schäden für „die deutsche Volksgemeinschaft vom Auslande und vom Inlande her" drohten.

Haavara-Verfahren

Die neue Gangart in der antijüdischen Politik zeigte sich auch hinsichtlich der Mittel, mit denen die Vertreibung beschleunigt werden konnte. Zur Emigrationsförderung existierte seit August 1933 ein Verfahren, das es jüdischen Deutschen, die nach Palästina auswandern wollten, ermöglichte, zumindest einen Teil ihres Vermögens zu retten. Sie konnten im Rahmen dieses so genannten Haavara-Abkommens Beträge zugunsten einer Treuhandgesellschaft einzahlen, die damit deutsche Exporte nach Palästina beglich; der Gegenwert wurde den Auswanderern dann vor Ort ausgezahlt. Eingefleischten Nationalsozialisten war dieses Verfahren seit jeher ein Dorn im Auge, zumal auf diese Weise zwar aus dem Reich Waren exportiert wurden, hierfür aber keine der so dringend begehrten Devisen zurückflossen, sondern nur Gelder von einem deutschen Sperrkonto. Auch wenn Palästina ein günstiges Ziel bot, um möglichst schnell möglichst viele Juden zur Emigration zu bewegen, fürchteten manche zudem, dass dort eine Art „Vatikan des Weltjudentums" entstehen könnte, der antideutsche Politik betreiben würde. Wirtschaftliche und ideologische Gründe mischten sich nun zu einer neuen Haltung und das Haavara-Verfahren, in dessen Rahmen rund 52000 jüdische Deutsche nach Palästina auswandern konnten, wurde im November 1938 aufgegeben.

4. Novemberpogrom und Kriegsperspektive

In das Bild der wieder ansteigenden Welle antisemitischer Aktivitäten im Herbst 1938 gehört, dass Göring am 14. Oktober erklärte, die „Judenfrage“ müsse „jetzt mit allen Mitteln angefaßt werden“, die Juden „müßten aus der Wirtschaft 'raus'“. Er hatte dabei vor allem im Auge, die zu „arisierenden“ Vermögen als Ressourcen für die Rüstungsproduktion zu nutzen.

Zwei Wochen später wies die deutsche Regierung zwischen 15000 und 17000 Juden polnischer Staatsangehörigkeit aus dem Reich, ohne dass die polnische Regierung bereit war, diese ins Land zu lassen. Ihr Vegetieren im Niemandsland zwischen den Grenzen erregte das Aufsehen der internationalen Öffentlichkeit. Zu den Vertriebenen gehörte ein Ehepaar namens Grynszpan. Deren in Paris lebender Sohn Herschel schoss am 7. November 1938 auf den deutschen Legationssekretär Ernst vom Rath (1909–1938). Weil beide zur Pariser Homosexuellenszene gehörten, vermutet die neuere Forschung hier das Motiv. Die NS-Führung nutzte den Anlass, eine Gewaltwelle gegen die noch im Reich lebenden Juden loszutreten.

Inszeniertes Pogrom

Eine für das Regime passende Koinzidenz brachte die Aktion ins Rollen. Zur Jahresfeier des Umsturzversuches von 1923 versammelte sich die Parteiprominenz alljährlich am 8. und 9. November in München. Am Nachmittag des 9. November erlag vom Rath seinen Verletzungen. Als Hitler während eines Essens davon erfuhr, besprach er sich umgehend mit Goebbels und verließ die Versammlung. Goebbels verkündete nun den Tod des Diplomaten und hielt eine Rede mit Hinweisen auf bereits erkennbare judenfeindliche Aktionen, zu denen er bemerkte: „Der Führer habe auf seinen Vortrag entschieden, daß derartige Demonstrationen von der Partei weder vorzubereiten noch zu organisieren seien, soweit sie spontan entstünden, sei ihnen aber auch nicht entgegenzutreten.“ Die Zuhörer verstanden dies als recht eindeutigen Wink, und als der Kameradschaftsabend gegen halb elf endete, telefonierten die Gauleiter Hinweise zu wünschenswerten antijüdischen Aktionen an ihre Untergebenen in der Provinz. Heydrich nutzte die Situation, um „insbesondere wohlhabende“ Juden in möglichst großer Zahl in Konzentrationslager verschleppen zu lassen.

Das von Goebbels in Absprache mit Hitler initiierte Pogrom lieferte gleichsam die exponentielle Steigerung der Signale vom Frühjahr 1933 und September 1935. Die von der Partei induzierte Gewaltwelle machte deutlich, dass Werte wie der generelle Respekt vor Privateigentum, der Schutz religiöser Stätten oder schlicht das zivilisierte Alltagsverhalten im sozialen Umgang gegenüber jedermann in weiten Teilen der Bevölkerung nurmehr marginale Bedeutung besaßen. Im ganzen Reich brannten Synagogen, wurden Geschäfte geplündert und Menschen zu Tode geprügelt. Heydrich erstellte für Göring eine Bilanz des Schadens und listete auf, dass 7500 Geschäfte zerstört und ein Vermögen von mehreren hundert Millionen Reichsmark vernichtet und dem inszenierten „Volkszorn“ zum Opfer gefallen war. Die Angaben zur Zahl der Todesopfer schwanken. Sprechen die einen von hundert Toten, womit wohl die direkt Ermordeten gemeint sind, so ist in anderen Werken von mehreren hundert Toten die Rede.

Rechnet man die in den Selbstmord Getriebenen mit zu den unmittelbaren Opfern des Pogroms, dürfte sich eine vierstellige Zahl ergeben. So ermordete die SA allein in Nürnberg neun Juden, zehn weitere nahmen sich das Leben. Göring, der Goebbels wegen der immensen wirtschaftlichen Schäden attackierte, musste zugleich akzeptieren, dass Hitlers Rückendeckung wie stets die letzte Rechtfertigung bot. Die Beseitigung der Schäden und weitere Forderungen wurden den Juden zusätzlich aufgebürdet.

Q

Bericht des Obersten Parteigerichts an Göring vom 13. Februar 1939
Quelle: Nürnberger Dokument PS 3063; zit. n.: Pehle, Der Judenpogrom 1938, S. 33.

Auch die Öffentlichkeit weiß bis auf den letzten Mann, daß politische Aktionen wie die des 9. November von der Partei organisiert und durchgeführt sind, ob dies nun zugegeben wird oder nicht. Wenn in einer Nacht sämtliche Synagogen abbrennen, so muß das irgendwie organisiert sein und kann nur organisiert sein von der Partei.

Indem man Eigentum zerstörte, Synagogen niederbrannte, Menschen schlug, demütigte, verschleppte und tötete, sandte das Pogrom den jüdischen Deutschen unmissverständlich das Signal, dass jeder letzte Rest von Hoffnung trog, in diesem Land unter diesem Regime überdauern zu können. Die Botschaft war eindeutig: In Deutschland würde es keinen sicheren Ort, keinen Schutz gegen Gewalt und Willkür mehr geben. Angesichts der außenpolitischen Konstellation sowie der internationalen Sensibilität gegenüber den Verfolgungen konzentrierte sich das Regime in dieser Phase noch auf die Auswanderung als probates Mittel einer „Endlösung". Forciert wurde dies, indem während des Pogroms 30000 jüdische Männer verhaftet und in die Konzentrationslager Dachau, Buchenwald und Sachsenhausen eingeliefert wurden. Die wohlhabenderen unter ihnen kamen frei, sofern ihre Angehörigen Auswanderungspapiere besorgt hatten.

E

„Endlösung"
Der Begriff „Endlösung" reflektiert ganz allgemein die radikalisierende Entwicklung von der Auswanderung und Vertreibung über die Ghettoisierung bis zum systematischen Völkermord. Bezogen auf die „Judenfrage" im NS-Herrschaftsbereich taucht er offensichtlich erstmals im Sommer 1938 in einem internen Papier des SD-Hauptamtes auf. Darin heißt es, die „Judenfrage" sei „auf dem Gesetzes- und Verordnungswege geklärt". „Der Jude" sei „nicht mehr Teil der Gemeinschaft". Keiner von ihnen könne sich mehr eine Existenz aufbauen, deshalb müssten alle, die hierzu noch in der Lage seien, auswandern. Allerdings würden selbst bei günstigsten Auswanderungsbedingungen vermutlich 200000 nicht auswanderungsfähige Juden in Deutschland bleiben. Hauptaufgaben seien nun die „Schaffung von Auswanderungsmöglichkeiten unter möglichster Vermeidung von Devisenkosten" und die „Sicherung der Unterstützungskosten für die zurückbleibenden Juden durch jüdische Mittel des In- oder Auslandes". Das „Problem" werde folglich, „soweit es innenpolitisch zu lösen ist, einer Endlösung entgegengeführt". [Quelle: Bundesarchiv Koblenz R 58/996, S. 113–122, hier S. 121f.]

Aus ideologischen Gründen umstritten blieb die Frage, ob man nur die „zerstreuende Auswanderung" in alle Welt fördern sollte oder auch die gezielte und oft einfacher zu organisierende Auswanderung nach Palästina, wobei man dort die Entstehung eines „jüdischen Vatikanstaates“ fürchtete. Aus dieser zwiespältigen „exterritorialisierenden Endlösung“ mittels Vertreibung entwickelte sich im Krieg die „territoriale Endlösung“, die eine Deportation der Juden im deutschen Herrschaftsbereich in ein abgegrenztes, von der SS kontrolliertes Gebiet vorsah. Als Orte für diese gigantischen Ghettos wurden Nisko am San und Madagaskar diskutiert, wobei eine millionenfache Verschleppung nach Madagaskar für die Mehrzahl der Deportierten den Tod bedeutet hätte. Mit dem Krieg gegen die Sowjetunion entwickelte sich aus der „territorialen“ die „genozidale Endlösung“ des systematischen Massenmordes im gesamten deutschen Herrschaftsbereich durch Erschießungskommandos („Einsatzgruppen“) und Vernichtungslager (Auschwitz, Majdanek, Treblinka). Wie stets orientierte sich das Regime an den Möglichkeiten seiner Machtentfaltung, um die weltanschaulich je umfassendste Option umzusetzen.

5. Schacht-Plan, intergouvernementale Flüchtlingshilfe und „Reichszentrale für die jüdische Auswanderung“

Als das Regime die Ausschaltung der Juden aus dem Wirtschaftsleben trotz seiner Bedenken vorantrieb, entwickelte Reichsbankpräsident Hjalmar Schacht um die Jahreswende 1938/39 einen eigenen Lösungsvorschlag. Er nahm nach Rücksprache mit Hitler Kontakt auf zum so genannten „Intergouvernementalen Flüchtlingskomitee“, das im Sommer 1938 aus der Konferenz von Evian hervorgegangen war.

E

Evian-Konferenz und „Intergovernmental Committee on Refugees“ (IGC)
Am 25. März 1938 initiierte der amerikanische Präsident Franklin D. Roosevelt (1882–1945) die Bildung eines Komitees, das über die Emigration politischer Flüchtlinge aus Deutschland und Österreich beraten sollte. Daraufhin trafen sich vom 6. bis 15. Juli 1938 im französischen Kurort Evian am Genfer See Vertreter aus 32 Staaten, um über Quoten und mögliche Einwanderungsgebiete zu sprechen. Die deutsche Seite lehnte eine Beteiligung strikt ab, weil sie die Judenpolitik als innere Angelegenheit betrachtete. Die Konferenzteilnehmer konnten sich nicht auf Einwanderungserleichterungen einigen. Allein die Dominikanische Republik stellte im August 1938 ein zusätzliches Kontingent für 100000 Personen in Aussicht. Aus der Zusammenkunft ging das „Intergovernmental Committee on Refugees“ (IGC) hervor, das, seit Herbst 1938 in Kontakt mit deutschen Stellen, eine internationale Lösung des Flüchtlingsproblems herbeiführen sollte.

Schacht-Plan

Nach Schachts Plan sollten zunächst alle diejenigen Juden auswandern, die im Ausland noch Erwerbsmöglichkeiten hätten. Seiner Ansicht nach war dies die rund 150000 Menschen umfassende Gruppe der 15- bis 45-Jährigen plus deren Angehörige – insgesamt 400000 Menschen, die in drei bis fünf Jahren aus dem Reich expediert werden sollten. Nach Schachts Entlassung als Reichsbankpräsident im Januar 1939 beauftragte Göring seinen Vertrauten Helmut Wohlthat die Verhandlungen fortzuführen, die Schacht mit dem „Evian-Komitee“ begonnen hatte. Auf dessen Seite folgten einige Personalwechsel, die die Gespräche verzögerten. Außerdem modifizierte das Komitee die ursprüngliche Vereinbarung mit Schacht, indem nun keine „bestimmte“ Gruppe von Auswanderern – gemeint waren die Juden – besonders gefördert werden sollte. Insgesamt ist nicht zu übersehen, dass die ganzen Verhandlungen angesichts der namentlich vom SD laufenden Vertreibungspraxis eher wie hilflose Trockenübungen wirkten. Wenn man dergleichen Gespräche in Reihen des SD überhaupt ernst nahm, so waren die vagen Resultate geeignet, Heydrich und seine Mitarbeiter eher noch zu motivieren, mit ihren eigenen „Lösungsmethoden“ fortzufahren, da internationale Übereinkünfte in naher Zukunft augenscheinlich kaum zu erwarten waren.

Hitlers Vernichtungs-Prophetien

Hitler selbst begann schon im Januar 1939, seine Lösungsvorstellungen auf die Möglichkeiten und Dimensionen des Krieges zu projizieren. Er hatte Schachts Initiative mehr duldend als billigend sein Placet gegeben, zumal ein Zeitraum von drei bis fünf Jahren sowie das Verbleiben einer Gruppe verarmter Juden in Deutschland weder in seine außenpolitischen Pläne noch zu seinen ideologischen Zielen passte. Seine tatsächliche Haltung äußerte er am Tag nach Schachts Entlassung gegenüber dem tschechoslowakischen Außenminister František Chvalkovský (1885–1944), als er unverblümt erklärte, die Juden würden im Deutschen Reich „vernichtet“. Noch deutlicher wurde Hitler, als er anlässlich des sechsten Jahrestages seiner Ernennung zum Reichskanzler vor dem Reichstag sprach und dabei unmissverständlich die Möglichkeit eines baldigen Krieges beschwor und den Juden für diesen Fall pseudoprophetisch erneut mit „Vernichtung“ drohte.

Q

Hitler am 30. Januar 1939 vor dem Reichstag
Zit. n.: Domarus, Hitler. Reden und Proklamationen, S. 1057–58.

Europa kann nicht zur Ruhe kommen, bevor nicht die jüdische Frage ausgeräumt ist. [...] Ich bin in meinem Leben sehr oft Prophet gewesen und wurde meistens ausgelacht. In der Zeit meines Kampfes um die Macht war es in erster Linie das jüdische Volk, das nur mit Gelächter meine Prophezeiungen hinnahm, ich würde einmal in Deutschland die Führung des Staates und damit des ganzen Volkes übernehmen und dann unter vielen anderen auch das jüdische Problem zur Lösung bringen. Ich glaube, daß dieses damalige schallende Gelächter dem Judentum in Deutschland unterdes wohl in der Kehle erstickt ist. Ich will heute wieder ein Prophet sein: Wenn es dem internationalen Finanzjudentum in und außerhalb Europas gelingen sollte, die Völker noch einmal in einen Weltkrieg zu stürzen, dann wird das Ergebnis nicht die Bolschewisierung der Erde und damit der Sieg des Judentums sein, sondern die Vernichtung der jüdischen Rasse in Europa.

Hitler erinnerte während des Krieges mehrfach wie zur Selbstvergewisserung an diese Äußerungen und datierte sie dabei ebenso symbolisch wie charakteristisch um auf den 1. September 1939, weil mit dem Kriegsbeginn gleichsam auch der „Rassenkrieg“ in eine neue Dimension geriet. Aus ähnlichen Motiven tat er dasselbe mit dem „Euthanasiebefehl“, der ursprünglich wohl vom Oktober 1939 stammt. Beide Vorgänge illustrieren anschaulich die dem Nationalsozialismus eigene untrennbare Verwobenheit von Rassenideologie, Kriegsorientierung und Vernichtungsintention.

E

„Euthanasie"
Ältere, auch international geführte Diskussionen über die Tötung „lebensunwerten Lebens" aufnehmend, veröffentlichten in Deutschland 1920 der Strafrechtler Karl Bindung (1841–1920) und der Psychiater Alfred Hoche (1865–1943) ein Buch mit dem Titel „Die Freigabe der Vernichtung lebensunwerten Lebens". Hoche und Bindung prägten darin Definitionen und Begriffe wie „Ballastexistenzen", „Neben-Menschen", „Defektmenschen", „geistig Tote" oder „leere Menschenhülsen", die die Nationalsozialisten für ihre Rassenkonstruktionen adaptierten und namentlich auf Behinderte anwandten. Seit Mitte der dreißiger Jahre gab es konkrete Überlegungen des Regimes und ihm nahe stehender Mediziner zu einschlägigen Tötungsaktionen. Schon vor dem September 1939 begannen Planungen zur „Kinder-Euthanasie". Mit dem Kriegsbeginn signalisierte Hitler durch seinen schriftlichen Befehl zur Euthanasie, den er vermutlich im Oktober 1939 erließ, jedoch auf den 1. September rückdatierte, dass die Rassenpolitik unter den Vorzeichen des militärischen Kampfes, dessen Anforderungen in allen Lebensbereichen zugleich ablenkend und verschleiernd wirkten, in eine neue Phase treten würde.

„Reichszentrale für jüdische Auswanderung"

Seit Jahresbeginn 1939 avancierte Heydrich mit seiner Ernennung zum Leiter der „Reichszentrale für die jüdische Auswanderung" am 24. Januar zum eigentlichen Dreh- und Angelpunkt aller Initiativen, möglichst viele Juden beschleunigt aus dem Reich zu vertreiben. Wie bereits in Österreich, so sollten nun auch im „Altreich" die Juden selbst mit Hilfe der „Reichsvereinigung der Juden in Deutschland" über internationale Organisationen Devisen und Einwanderungsmöglichkeiten beschaffen und namentlich die verarmten Gemeindemitglieder herausbefördern. Die „Reichszentrale für jüdische Auswanderung" bestimmte fortan bis zum Kriegsbeginn wesentlich die Initiative in der Judenpolitik, und der SD entwickelte sich immer deutlicher zum eigentlichen Exekutor der Rassenideologie. Wenngleich andere Ministerien weiterhin versuchten, Einfluss zu nehmen, so hielt Heydrichs Behörde das Heft in der Hand und verwies damit bereits auf die zentrale Rolle dieser Institution während des Krieges.

E

Kontroversen um die Motive der Verfolgung und Vernichtung
Die NS-Rassenpolitik und die im Zweiten Weltkrieg einsetzende systematische Vernichtung des europäischen Judentums und anderer Minderheiten hat in der Forschung einige kontrovers diskutierte Fragen aufkommen lassen: Gab es einen übergeordneten Zusammenhang zwischen den Verbrechen in Stalins Sowjetunion und in Hitlers Deutschland? War Hitlers Mord an den Juden eine Reaktion auf die vom Bolschewismus hervorgerufenen Bedrohungsängste? Besaß Hitler gar die Legitimation, „die Juden" als Feinde zu behandeln, weil sich Vertreter internationaler jüdischer Organisationen für den gemeinsamen Kampf mit den Alliierten aussprachen? Die Antworten sind trotz aller diffizilen Nuancen der Beurteilung im Kern vergleichsweise einfach: Die „Angst vor dem Bolschewismus" spielte eine gewisse Rolle in den Bedrohungsvorstellungen der deutschen Bevölkerung und trug damit zu den Wahlerfolgen Hitlers während der Weimarer Jahre bei. Das abschreckende Bild der stalinistischen Sowjetunion blieb auch ein Faktor in der Wahrnehmung des „Bolschewismus" im „Dritten Reich". Aber Hitlers Vernichtungswille gegenüber den Juden lässt sich daraus nicht ableiten, zumal auch die Verfolgung und Ermordung anderer Minderheiten oder geistig Behinderter damit nicht erklärbar ist. Es ist darüber hinaus schlicht grotesk, die in zahlreichen Staaten als Angehörige der jeweiligen Nation lebenden Anhänger der jüdischen Religion als eine vermeintliche Einheit zu behandeln, die Hitler etwa durch eine Äußerung des Präsidenten der Zionistischen Weltorganisation, Chaim

Weizmann, habe den „Krieg" erklären können. Dergleichen Argumente erinnern im Kern an die Theorien der jüdischen Weltverschwörung und repetieren im Wesen die NS-Argumentation. Hitlers Vernichtungsstreben hatte eigenständige Ursachen in der Tradition des europäischen Rassismus und österreichisch-deutschen Antisemitismus. Hitler entwickelte eine eigenständig gewachsene, in seinen Augen kohärente Ideologie und verfolgte seine eigene langfristige politische Agenda. Selbst wenn er den Bolschewismus immer wieder als Ausgeburt jüdischer Weltherrschaftsambitionen und permanente Gefahr beschwor, benötigte er im Grunde keinen sowjetischen Bolschewismus, um seinen Vernichtungswillen zu speisen oder zu motivieren, zumal dieselbe Bedrohungsphobie im Kern auch gegenüber den westlichen Demokratien galt, die nach Hitlers Ansicht gleichermaßen „jüdisch" beherrscht waren. Anders formuliert: Wäre die Sowjetunion als bolschewistisches Land 1933 von der Bildfläche der internationalen Politik verschwunden und durch irgendein anderes autoritäres Regime etwa nach dem Vorbild Polens oder Ungarns ersetzt worden, können wir davon ausgehen, dass Hitler seine Juden- und Rassenpolitik ebenso wie seine Eroberungsvorbereitungen kaum anders vorangetrieben hätte als dies tatsächlich geschah. Die nationalsozialistische Judenvernichtung ist keine Reaktion auf die Vernichtung von Bevölkerungsgruppen in der Sowjetunion, sondern eine ideologisch selbst induzierte, im rassistisch pervertierten Weltbild Hitlers, Himmlers und ihrer Anhänger als „logisch" und zwingend angesehene Entscheidung in der Absicht, die germanisch-arische Herrschaft im Allgemeinen und die „eigene Rasse" im Besonderen im globalen Maßstab durchzusetzen.

6. Bilanz

Es ist nicht genau festzustellen, wie viele Deutsche jüdischen Glaubens zwischen Hitlers Machtantritt und dem Kriegsbeginn das Land verließen. In der Literatur finden sich zahlreiche unterschiedliche Angaben mit Schwankungen von bisweilen mehreren tausend Menschen, doch die folgende Statistik gibt einen halbwegs verlässlichen Anhaltspunkt.

Geschätzte Zahlen jüdischer Auswanderung 1933–1939

Jahr	Emigranten	Summe
1933	37000	37000
1934	23000	60000
1935	21000	81000
1936	25000	106000
1937	23000	129000
1938	40000	169000
1939	78000	247000

(Quelle: Biographisches Lexikon der deutschsprachigen Emigration nach 1933.)

„Glaubensjuden" und „Geltungsjuden"

Es ist zugleich nicht einfach zu eruieren, in welchen Schritten die Zahl der Menschen jüdischen Glaubens abnahm, ganz abgesehen davon, dass sich hinter jeder vordergründig nüchternen Zahl je individuelle Schicksale verbergen. Selbst im *Statistischen Jahrbuch für das Deutsche Reich* variieren die Zahlenangaben zur Religionszugehörigkeit (aus der allein ja die „Rasse" abgeleitet wurde) über die Jahre 1933 bis 1941. Darüber hinaus unterschied das Regime zwischen „Glaubensjuden", also denjenigen, die der jüdischen Religion anhingen, und „Geltungsjuden", die unabhängig von ihrem eigenen Glauben aufgrund der Religion ihrer Großeltern per Gesetz als Juden deklariert wurden. Die Zahl der „Glaubensjuden" im Deutschen Reich belief sich im Jahr 1933 auf rund eine halbe Million Menschen, für Österreich waren es etwas mehr als 190000. In einer Anmerkung des *Statistischen Jahrbuchs* von 1938 heißt es lapidar: „Seit 1933 hat sich die Zahl der Glaubensjuden durch Abwanderung und Sterbefallüberschuß vermindert; amtliche Zahlen hierüber liegen jedoch nicht vor." Eine indirekte Berechnung aus diversen Statistiken ergibt zumindest einen Überblick, wie stark die Zahl der „Glaubensjuden" durch Vertreibung und Verfolgung zurückging.

Rückgang der Zahl der „Glaubensjuden" im Deutschen Reich (Auswanderung und Sterbefallüberschuss) von Mitte 1933 bis Mitte 1939

„Glaubensjuden"	„Altreich"	Saarland	Österreich	Sudetenland	Summe
Mitte 1933	500112	3118	194988	23394	721612
Mitte 1939	213457	473	81943	1534	297407
Rückgang	−286655	−2645	−113045	−21860	−424205

Zahl der „Glaubensjuden" im Vergleich zur Zahl der „Geltungsjuden" nach den NS-Rassegesetzen Mitte 1939

Mitte 1939	„Altreich"	Saarland	Österreich	Sudetenland	Summe
„Glaubensjuden"	213457	473	81943	1534	297407
„Geltungsjuden"	233095	551	94530	2363	330539
Differenz	19638	78	12587	829	33132

(Quellen [beide Tabellen]: Statistisches Jahrbuch für das Deutsche Reich Jg. 58 [1939/40], S. 25, Jg. 59 [1941/42], S. 27; Sudetenland: Volkszählung 1.12.1930; Österreich: Volkszählung 22.3.1934; Saarland: Volkszählung 25.6.1935.)

Für Österreich und das Sudetenland ist zu bedenken, dass der Rückgang in nur wenigen Monaten zu verzeichnen war. Insgesamt ist festzuhalten, dass die Zahl derjenigen, die in Folge der Rassegesetze als Juden deklariert wurden, um einige zehntausend höher lag als die Zahl derjenigen, die sich zum jüdischen Glauben bekannten. Summiert man die Daten aller Reichsteile von Mitte 1939, so kommt man auf eine Zahl von 330539 Menschen, die zu diesem Zeitpunkt laut Rassegesetzen Juden waren und noch im Reich lebten, also 33132 mehr „Geltungsjuden" als „Glaubensjuden".

Die trocken anmutenden Zahlen des Statistischen Jahrbuches offenbaren aber noch etwas anderes. Das Jahrbuch für 1941/42 führte die „Mischlinge" für das Jahr 1939 gesondert auf und macht bei näherem Hinsehen den willkürlichen NS-Rassenkonstruktionismus besonders plastisch. Von den 71126 „Mischlingen ersten Grades" (also jenen Menschen, die zwei Großeltern jüdischen Glaubens hatten), waren nur noch 6660 selbst jüdischen Glaubens, also nicht mal jeder Zehnte. Von den 41 456 „Mischlingen zweiten Grades" (mit einem Großelternteil jüdischen Glaubens) waren es nurmehr 490, also knapp jeder Hundertste. Hätten diese insgesamt 113 182 Menschen, die nun als „Mischlinge" galten, von denen sich aber nur noch 7150 weiterhin zum jüdischen Glauben bekannten, zwei Generationen früher gelebt, so hätten die Nachkommen der 106 032, die nicht mehr jüdischen Glaubens waren, also mehr als neunzig Prozent, im „Dritten Reich" als „reinrassige Arier" gegolten.

Zusammengefasst: Lebten im so genannten „Altreich" zu Beginn der NS-Herrschaft rund eine halbe Millionen Menschen jüdischen Glaubens, so waren es Anfang 1938 noch etwa 350 000 in rund 1400 Wohnorten, davon allein 140 000 in Berlin. Bis Ende 1939 schrumpfte die Gesamtzahl im Reich auf rund 190 000. Gleichwohl hatte damit mehr als ein Drittel der jüdischen Deutschen auch nach sechs Jahren NS-Herrschaft, trotz aller Verfolgungen und Einschüchterungsversuche, trotz aller politischen Entrechtung, wirtschaftlichen Verarmung und gesellschaftlichen Ächtung, trotz aller staatlichen und juristischen Diskriminierung, die Hoffnung nicht aufgegeben, in ihrer angestammten Heimat überleben zu können.

VII. Außenpolitik

3. Februar 1933	Grundsatzrede Hitlers vor führenden Offizieren
5. Mai 1933	Verlängerung des „Berliner Vertrages“ von 1926
17. Mai 1933	Hitlers „Friedensrede“ im Reichstag
15. Juli 1933	Unterzeichnung des „Viererpakts“ (nicht ratifiziert)
20. Juli 1933	Reichskonkordat mit dem Vatikan
14. Oktober 1933	Deutschland verlässt die Abrüstungskonferenz und den Völkerbund
26. Januar 1934	Deutsch-polnischer Nichtangriffspakt
1. März 1935	Wiedereingliederung des Saargebiets
16. März 1935	Wiedereinführung der allgemeinen Wehrpflicht
21. Mai 1935	Hitlers „Friedensprogramm“ im Reichstag
18. Juni 1935	Deutsch-britisches Flottenabkommen
7. März 1936	Remilitarisierung des Rheinlandes
11. Juli 1936	Deutsch-österreichisches Abkommen
26. Juli 1936	Beginn deutscher Unterstützung für General Franco
25. November 1936	„Antikominternpakt“ zwischen Deutschland, Italien, Japan
21. Dezember 1937	Weisung Hitlers für Angriff gegen die Tschechoslowakei
27. Januar 1938	Kriegsminister von Blomberg entlassen
4. Februar 1938	Heeres-Oberbefehlshaber von Fritsch entlassen
Februar 1938	Einrichtung des Oberkommandos der Wehrmacht
12. März 1938	Besetzung und „Anschluss“ Österreichs
30. September 1938	Münchner Abkommen
15. März 1939	„Zerschlagung der Resttschechei“
23. März 1939	Einmarsch der Wehrmacht ins Memelgebiet
3. April 1939	„Führerweisung“, den Angriff auf Polen vorzubereiten
28. April 1939	Hitlers Reichstagsrede: Kündigung des deutsch-polnischen Nichtangriffspakts und des deutsch-britischen Flottenabkommens
23. August 1939	„Hitler-Stalin-Pakt“
1. September 1939	Deutscher Angriff auf Polen

Langfristige Ambitionen

Die Außenpolitik des „Dritten Reiches“ bietet eine exemplarische Perspektive, um das Bewegungsgesetz der NS-Herrschaft – die Kombination von ideologischer Strategie mit machttaktischem Opportunismus – in seinem Wesen zu verstehen. Für das europäische, ja das Weltstaatensystem, bedeutete die Machtübernahme Hitlers eine revolutionäre Zäsur, die den wenigsten Menschen bewusst war. Der Sinn jeder Außenpolitik, wie Hitler sie aus seinen weltanschaulichen Prämissen ableitete und zur Maxime staatlichen Handelns erhob, lag darin, für das Deutsche Reich eine Weltmachtposition auf rassischer Grundlage zu erkämpfen. Das bedeutete zunächst, die Bevölkerung der eigenen Nation nach rassischen Kriterien zu sortieren und anschließend militärisch so zu erziehen, dass diese neu formierte „Volksgemeinschaft" zum „Kampf um Lebensraum" fähig und willens war. Das bedeutete auch, dass eine Revision des deutschen Status in Europa nicht auf das Territorium des ehemaligen Kaiserreiches beschränkt bleiben konnte. „Die Grenzen des Jahres 1914 bedeuten für die Zukunft der deutschen Nation gar nichts", erklärte Hitler schon in *Mein Kampf*. Der zu erobernde „Lebensraum" lag für ihn nicht in fernen Kolonien, sondern im Osten Europas. Dort lebten zugleich Millionen jener Menschen, die laut NS-Doktrin aufgrund ihres jüdischen Glaubens die bedrohliche „Gegenrasse" personifizierten. Sie standen nach Hitlers Überzeugung hinter den demokratisch-liberalen Gesellschaftssystemen des Westens, ebenso wie hinter dem bolschewistischen Regime in der Sowjetunion. In dieser Perspektive amalgamierten der Kampf gegen „die Juden", gegen „den Kommunismus" und für den zu germanisierenden osteuropäischen Lebensraum zu einem großen strategischen Ziel, das eine jahrelange Vorbereitung erforderte. Einen zeitlichen „Fahrplan" unterstellen zu wollen, nach dem bestimmte Teilziele – militärische Gleichberechtigung, Wiedereinführung der allgemeinen Wehrpflicht, Anschluss erwünschter Territorien mit deutscher Bevölkerung – für ein bestimmtes Datum geplant waren oder bis zu ihm erreicht werden sollten, hieße Hitlers Art Politik zu treiben, misszuverstehen. Für ihn war entscheidend, diese Politik materiell zu ermöglichen, das avisierte Ziel mit aller Energie anzustreben und jeden Schritt dorthin möglichst schnell zu gehen. Wie bald man die einzelnen Stationen auf dem Weg zur Weltmacht erreichte, hing davon ab, welche vorhandenen Hürden, namentlich das Versailler Vertragssystem, die anderen Großmächte zu verteidigen bereit waren, und ob sie vielleicht sogar neue in den Weg stellen würden. Dass es Hitler mit all dem ernst war, erschließt sich nicht allein aus der Stringenz seiner einschlägigen Äußerungen vor 1933, sondern aus der Gesamtschau auf die Außenpolitik des „Dritten Reiches". Man sollte deshalb auch nicht, wie in der früheren Forschung bisweilen angenommen, von der Unterscheidung zwischen einer „Revisionsphase" der Außenpolitik bis etwa 1937 und einer anschließenden „Expansionsphase" sprechen, sondern muss die Gesamtperspektive der ideologisch-programmatischen Grundlinie ernst nehmen, auch um die willentlich entfesselte Dynamik und Radikalisierung dieses Prozesses zu verstehen.

Täuschende Kontinuitäten

Die weit reichenden ideologischen Absichten und Ziele, die ohne einen Krieg nicht zu erreichen waren, beschreiben den strategischen Kern der Außenpolitik des „Dritten Reiches". Teile dieses Programms – die Revision des Versailles Vertragssystems, die militärische Wiederaufrüstung und die Wiederherstellung der deutschen Großmachtposition – wirkten in den Augen vieler wie die Fortschreibung bisheriger deutscher Forderungen an die internationale Politik und deckten sich mit Vorstellungen der bislang tonangebenden außenpolitischen Elite. Auch Hitler wollte Revision, auch er wollte die Wiederherstellung des Deutschen Reiches als europäische Großmacht, aber er wollte eben doch mehr. Die Koinzidenz partieller Ziele des NS-Ideologismus mit dem überkommenen deutschen Revisionismus der außenpolitischen Eliten, der für sich genommen schon eine Herausforderung für das europäische Staatensystem und das internationale Gleichgewicht der Mächte bedeutete, verdeckte für viele außenstehende

Betrachter die prinzipielle Neuartigkeit der Außenpolitik des „Dritten Reiches“. Ähnliches gilt für viele traditionelle Exponenten und Träger der deutschen Außenpolitik. Während die alten Eliten den revisionistischen Akzent und die großmachtpolitischen Ziele, auch manchen Zug hegemonialer Ambition Hitlers mit Genugtuung registrierten, ignorierten oder unterschätzten sie deren rassenideologische Weiterungen.

Als Hitler in das Kanzleramt berufen wurde, durfte er demnach von Seiten des außenpolitisch interessierten Establishments in Diplomatie, Militär und Verwaltung eine mit tastend-beobachtendem Wohlwollen verwobene, grundsätzliche Unterstützung erwarten. Zugleich fand sich die neue Regierung Anfang 1933 in einer außenpolitischen Position, die in vielerlei Hinsicht besser war als diejenige ihrer Vorgänger. Nicht nur, dass die Talsohle der Weltwirtschaftskrise gerade durchschritten war, auch die von der Regierung Brüning erzielte Befreiung des Reiches von den bisherigen Reparationslasten war ein enormer Vorteil, der Hitler in den Schoß fiel. Hinzu kam der zeitliche Abstand von der Erfahrung des Ersten Weltkrieges, vermengt mit dem fortwährenden Bedürfnis, dieses ungewollte Erbe endlich ad acta zu legen, was zugleich auf alliierter Seite mit einer wachsenden Zurückhaltung verschmolz, für scheinbar kleine Vertragsbrüche große militärische Aktionen zu mobilisieren.

Der allgemeine Eindruck, dass sich mit Hitlers Machtübernahme außenpolitisch nichts Revolutionäres an der bekannten Linie des Großmachtrevisionismus ändern würde, war nicht zuletzt der Tatsache geschuldet, dass der bisherige Außenminister Konstantin von Neurath ebenso im Amt blieb wie sein Staatssekretär Bernhard von Bülow (1885–1936). Auch die Beamten des Auswärtigen Amtes blieben auf ihren Posten. So war es für den Betrachter nicht leicht, sofort den Unterschied zwischen der traditionellen deutschen Revisions-Außenpolitik und der programmatischen Hitlerschen Aggressions-Außenpolitik zu erkennen. Das ideologische Grundmotiv offenbarte sich trotz der lange bekannten programmatischen Äußerungen Hitlers erst mit der Zeit – der Außenwelt ebenso wie manchen Akteuren des Auswärtigen Amtes. Hitler erstrebte und gelang ein jahrelanges internationales Täuschungsmanöver aus fortwährenden öffentlichen Friedensbekundungen bei gleichzeitigen Vertragsbrüchen, gedeckt und erleichtert durch die internationalen Krisen der dreißiger Jahre, während er im Innern, namentlich gegenüber seinen Vertrauten und dem Militär, seine langfristigen Ziele mit stringenter programmatischer Offenheit als Handlungsmaxime formulierte.

Strategische Weltmachtambitionen

Zusammengefasst: Die Außenpolitik des „Dritten Reiches“ stand von Beginn an im Bann der Weltmachtambitionen Hitlers, mochte diese Tatsache für das Ausland und selbst für viele Vertreter des diplomatischen Establishments in Deutschland auch erst langsam offensichtlich werden. In der Praxis stellte sich die Frage, wie die weitgesteckten Ziele erreichbar wären, ohne schon im Ansatz von den übrigen Mächten erkannt und erstickt zu werden, war das Reich doch rechtlich an die Bestimmungen des Versailler Friedensvertrages gebunden und in ein multilaterales Vertragssystem eingeflochten, dessen wichtigste Elemente die Verträge von Locarno und der Völkerbund bildeten.

1. Interne Strategie und öffentliche Bekundungen

Rüstung und Außenpolitik

Als Hitler an die Macht kam, besaß Deutschland nicht die Mittel, sich über bindende Bestimmungen hinwegzusetzen, ohne sich existentiell zu gefährden. Im Zentrum der multilateralen Sicherheitsdiskussion dieser Jahre stand die Abrüstung. Als drei Tage nach Hitlers Amtsantritt am 2. Februar 1933 in Genf die zweite Abrüstungskonferenz begann, forderte das Deutsche Reich „Rüstungsgleichberechtigung". Weil ein Kompromiss nicht zu finden war, vertagte man sich. Für Hitler war dies eine willkommene Entwicklung, denn ein ernsthaftes Angebot der anderen Mächte, ihre Streitkräfte zu verringern, hätte seine eigenen Ambitionen konterkariert. Wie die Dinge lagen, konnte er stets darauf verweisen, doch nur das Gleiche zu wollen, was die anderen bereits besaßen. Intern benannte er am 3. Februar ohne Umschweife vor den Befehlshabern des Heeres und der Marine sowie Außenminister Neurath die „Eroberung neuen Lebensraums im Osten" sowie dessen „rücksichtslose Germanisierung" durch Vertreibung der angestammten Bevölkerung als programmatische Ziele.

Q

Hitler zum Zusammenhang von Militär, Rüstung und Außenpolitik:
Mein Kampf **und Rede vom 3. Februar 1933 vor den Befehlshabern von Heer und Marine sowie Außenminister von Neurath**

[…] heute gilt es, dem Volke erst die Kraft in der Form des freien Machtstaates wiederzugeben, die die Voraussetzung für die spätere Durchführung einer praktischen Außenpolitik im Sinne der Erhaltung, Förderung und Ernährung unseres Volkes für die Zukunft ist. Mit anderen Worten: Das Ziel einer deutschen Außenpolitik von heute hat die Vorbereitung zur Wiedererringung der Freiheit von morgen zu sein. [Ein Reich läßt sich nur schaffen] durch ein schlagkräftiges Schwert. Dieses Schwert zu schmieden, ist die Aufgabe der innerpolitischen Leitung eines Volkes; die Schmiedearbeit zu sichern und Waffengenossen zu suchen die Aufgabe der außenpolitischen. (Quelle: Hitler, Mein Kampf, S. 687–689.)

Völlige Umkehrung der gegenwärt[igen] innenpol[itischen] Zustände in D[eutschland]. […] Wer sich nicht bekehren läßt, muß gebeugt werden. […] Aufnahmefähigkeit d[er] Welt ist begrenzt u[nd] Produktion ist überall übersteigert. Im Siedeln liegt die einzige Mögl[ichkeit], Arbeitslosenheer z.T. wieder einzuspannen. Aber braucht Zeit u[nd] radikale Änderung nicht zu erwarten, da Lebensraum für d[eutsches] Volk zu klein. […] Aufbau der Wehrmacht wichtigste Voraussetzung für Erreichung des Ziels: Wiedererringung der pol[itischen] Macht. Allg[emeine] Wehrpflicht muß wieder kommen. […] Wie soll pol[itische] Macht, wenn sie gewonnen ist, gebraucht werden? Jetzt noch nicht zu sagen. Vielleicht Erkämpfung neuer Export-Mögl[ichkeiten], vielleicht – und wohl besser – Eroberung neuen Lebensraums im Osten u[nd] dessen rücksichtslose Germanisierung. […] – Gefährlichste Zeit ist die des Aufbaus der Wehrmacht. (Quelle: Vogelsang, Neue Dokumente, S. 434–435.)

Wie kann Deutschland nun gerettet werden? Wie kann man die Arbeitslosigkeit beseitigen? […] 1.) durch Export auf jeden Preis und mit jedem Mittel 2.) durch gross angelegte Siedlungspolitik, die eine Ausweitung des Lebensraumes des deutschen Volkes zur Voraussetzung hat. Dieser letzte Weg wäre mein Vorschlag. […] Ich setze mir die Frist von 6–8 Jahren um den Marxismus vollständig […] zu vernichten. Dann wird das Heer fähig sein eine aktive Aussenpolitik zu führen, und das Ziel der Ausweitung des Lebensraumes des deutschen Volkes wird auch mit bewaffneter Hand erreicht werden – Das Ziel würde wahrscheinlich der Osten sein. Doch eine Germanisierung der Bevölkerung des annektierten bezw. eroberten Landes ist nicht möglich. Man kann nur Boden germanisieren. Man muss [...] rücksichtslos einige Millionen Menschen ausweisen. (Quelle: Wirsching, „Man kann nur Boden germanisieren", S. 547.)

Hitlers Raumkonstrukte

Was Hitler hier am 3. Februar 1933 verkündete, offensichtlich ohne bei der militärischen Elite auf erkennbaren Widerspruch zu stoßen, hatte er in ähnlicher Weise bereits in *Mein Kampf* und seither immer wieder formuliert: Alle Versuche, die vorhandene Bevölkerung, namentlich die in Osteuropa in den projektierten deutschen Siedlungsgebieten lebenden Polen oder Russen, etwa durch das Erlernen der deutschen Sprache zu „germanisieren" und die Unterschiede zwischen „slawischer" und „germanischer" Rasse zu überbrücken, führten nach seiner Ansicht zur „Bastardisierung". Dies bedeute „nicht eine Germanisierung, sondern eine Vernichtung des germanischen Elements" und sei folglich ausgeschlossen. Hitlers Raumkonstrukt, auf das er gleichfalls immer wieder zurückkam, imaginierte ein notwendiges Verhältnis von Bevölkerung und Territorium: Menschen benötigten Raum, primär als landwirtschaftliche Nutzfläche, und das Deutsche Reich war in dieser Perspektive überbevölkert – ohne dass allerdings ersichtlich wäre, was die „optimale" Korrelation zwischen Raum und Bevölkerung sein würde. Dieses bizarre Bedrohungsgefühl „germanischer Raumnot" besaß eine Tradition, die bis zurück ins 19. Jahrhundert reichte, als beispielsweise der geistige Schirmherr der völkisch-antisemitischen Tradition, Paul de Lagarde (1827–1891), Land „im Bereich des Groschenportos" forderte, also nahebei, das Russland notfalls in einem „Enteignungsverfahren", also einem Krieg, abzunehmen sei, um deutsche Siedler unterzubringen.

2. Außenpolitische Abschirmung der „Wiederwehrhaftmachung"

Außenpolitik als Tarnungsmanöver

Die „Wiederwehrhaftmachung", im Klartext: die materielle Aufrüstung und militärische Erziehung der Bevölkerung, stand im Zentrum der langfristigen ideologischen Strategie. Der Außenpolitik fiel die Aufgabe zu, die Schritte auf diesem Weg alltäglich abzusichern, indem man die anderen Staaten in der trügerischen Sicherheit repetierter Friedenswünsche hielt. Jeder Verstoß gegen die festgeschriebenen Rüstungsgrenzen konnte theoretisch eine unmittelbare militärische Reaktion anderer Staaten, allen voran Frankreichs, provozieren. In den Augen des Regimes galt es also zunächst, eine Position zu erreichen, die es ermöglichte, diese „Risikozone" zu überwinden. Das taktische Mittel hierfür lautete: forciert aufrüsten und zugleich Friedenswillen signalisieren. „Im Innern handeln und immer von Frieden und von der Abrüstung reden", erklärte Hitler diese Maxime den Reichsstatthaltern im Juli 1933.

Ist die Irreführung im Nachhinein ohne weiteres erkennbar, so bot sich den Zeitgenossen ein anderes Bild: Sie sahen sich im In- und Ausland einer

Welle beschwörender Friedenssignale ausgesetzt, deren Täuschungscharakter in der allgemeinen Krise des internationalen Staatensystems verschwamm und damit den deutschen Manövern zugute kam. Als Japan im September 1931 die Mandschurei besetzte, absorbierte dieser völkerrechtswidrige Angriff einerseits die britische und amerikanische Aufmerksamkeit und offenbarte andererseits die Machtlosigkeit des Völkerbundes, dergleichen Gewaltakte glaubwürdig zu sanktionieren. Die Idee der kollektiven Sicherheit schien fruchtlos, der Völkerbund ein zahnloser Wachhund, der sich ungestraft ignorieren ließ. Der Erste Weltkrieg lag weit genug zurück, um nun auch Deutschlands Machterweiterung wieder akzeptabel zu finden und doch nah genug, um die Folgen militärischer Interventionen zu fürchten.

Ablenkung durch internationale Krisen

Hinzu kam, dass in der Perspektive globaler Mächtebeziehungen der britisch-sowjetische Weltgegensatz ebenso virulent blieb wie Japans Aggressivität als Unsicherheitsfaktor ablenkte. Das Deutsche Reich galt dagegen in vielen Augen nach wie vor als ein notwendiges und stützenswertes Bollwerk gegen die Bolschewisierung Europas. Aus mancher internationaler Perspektive mochte in Deutschland ein beklagenswert inhumanes Regime mit brutalsten Methoden regieren und Teile seiner Bevölkerung misshandeln und gar ermorden: Solange es nach außen niemanden gefährdete, standen in den ersten Jahren der NS-Herrschaft andere Konflikte – neben der Mandschurei etwa Italiens Krieg gegen Abessinien vom Oktober 1935 bis Juli 1936 und der Spanische Bürgerkrieg vom Juli 1936 bis März 1939 – im Mittelpunkt des internationalen Interesses oder lenkten doch zumindest von der Entwicklung des deutschen Potentials ab.

Friedensbekundungen

Hitler tat das seine, um die skeptischen Beobachter im Ausland in täuschender Sicherheit zu wiegen und signalisierte Friedenswillen und Kompromissbereitschaft nach allen Seiten. Es galt Zeit zu gewinnen, um die Aufrüstung abzusichern, und in dieser Perspektive war nahezu jedes Mittel recht. So erklärt sich die opportunistische Politik gegenüber der Sowjetunion – eigentlich als der gefährlichste Feind deklariert –, mit der das Reich den bereits am 24. Juni 1931 von der Regierung Brüning verlängerten Berliner Vertrag von 1926 am 5. Mai 1933 ratifizierte. Wie sehr die deutsche Außenpolitik auf Zeitgewinn angelegt war, zeigt insbesondere das Verhältnis zu Polen. Der ungeliebte Nachbar im Osten stand im Zentrum der deutschen Revisionswünsche, und das Auswärtige Amt verfolgte eine seit langem eingefahrene antipolnische Politik, um die ehemals zum Reich gehörenden Gebiete zurückzugewinnen. In Polen regierte mit Marschall Józef Pilsudski (1867–1935) allerdings ein Militärmachthaber, der sich auf kühl abtastende Machtprojektion verstand. Durch Truppenkonzentrationen und antideutsche Demonstrationen nötigte er die Regierung Hitler am 3. Mai 1933 zu dem offenen Bekenntnis, dass man sich „strengstens" an bestehende Verträge halten werde. Polen erfuhr auch besondere Rücksicht in einer ausführlichen Erklärung Hitlers zur deutschen Außenpolitik am 17. Mai 1933 im Reichstag, die propagandistisch als „Friedensrede" verkauft wurde, und in der er wortreich den Respekt gegenüber anderen Völkern versprach.

Hitler ließ deutlich erkennen, dass es ihm darum ging, über den Hebel

Q

Hitlers so genannte Friedensrede vor dem Reichstag, 17. Mai 1933
Zit. n.: Ursachen und Folgen, Bd. 10, S. 9–14 (Dok. 2315).

Indem wir in grenzenloser Liebe und Treue an unserem eigenen Volkstum hängen, respektieren wir die nationalen Rechte auch der anderen Völker [...] und möchten aus tiefinnerstem Herzen mit ihnen in Frieden und Freundschaft leben. Wir kennen daher auch nicht den Begriff des 'Germanisierens'. [...] Wir sehen die europäischen Nationen um uns als gegebene Tatsache. Franzosen, Polen usw. sind unsere Nachbarvölker, und wir wissen, daß kein geschichtlich denkbarer Vorgang diese Wirklichkeit ändern könnte. [...] Das deutsche Volk wird bleiben genau so wie das französische und – wie uns durch die geschichtliche Entwicklung gelehrt wurde – das polnische! [...] Wenn Deutschland heute die Forderung nach einer tatsächlichen Gleichberechtigung im Sinne der Abrüstung der anderen Nationen erhebt, dann hat es dazu ein moralisches Recht durch seine eigene Erfüllung der Verträge [...]. Deutschland wäre auch ohne weiteres bereit, seine gesamte militärische Einrichtung überhaupt aufzulösen und den kleinen Rest der ihm verbliebenen Waffen zu zerstören, wenn die anliegenden Nationen ebenso restlos das gleiche tun. Wenn aber die anderen Staaten nicht gewillt sind, die im Friedensvertrag von Versailles auch sie verpflichtende Abrüstung durchzuführen, dann muß Deutschland zumindest auf der Forderung seiner Gleichberechtigung bestehen. [...] Deutschland hat nur den einzigen Wunsch, seine Unabhängigkeit bewahren und seine Grenzen schützen zu können.

der Gleichbehandlung einen eigenen Rüstungsansatz zu gewinnen. Bereits im Dezember 1932 war Deutschland die mögliche Gleichberechtigung in der Rüstung prinzipiell zugestanden worden. Aber im Laufe der Verhandlungen stellte sich heraus, dass die Westmächte eine „tatsächliche Gleichberechtigung" ungern akzeptieren wollten. Wer genau hinhörte, der vernahm trotz all der Friedensbekundungen außerdem, dass der „Führer" zwar vorgab, Polen als *Nation* und *Volk* nicht in Frage zu stellen, damit jedoch keineswegs automatisch den *Staat* Polen akzeptierte.

Hitler hatte mit der „Friedensrede" insofern leichtes Spiel, als er auf die tatsächliche Ungleichheit des deutschen Rüstungsniveaus gegenüber den anderen Staaten, namentlich Frankreich, verweisen konnte. Er durfte zudem darauf rechnen, dass seine Vorschläge zur Rüstungskontrolle international kaum auf Akzeptanz stoßen würden. So konnte er etwas anbieten, was friedlich klang, ohne für diese Forderung je einstehen zu müssen, zumal der Wunsch nach Gleichberechtigung auch vielen ausländischen Beobachtern legitim schien. Die Skepsis gegenüber der innenpolitischen Gewaltherrschaft, den Verfolgungen, den Bücherverbrennungen, der politischen Konformierung der Gesellschaft und vor allem gegenüber deren perzipierter Militarisierung blieb zwar latent, aber im diplomatischen Verkehr gehörten dergleichen Themen zur halbtabuisierten „Einmischung in innere Angelegenheiten", die man sich deutscherseits verbat.

Reichskonkordat als Prestigegewinn

Im Zeichen der inneren Konsolidierung und des äußeren Prestigegewinns erklärt sich auch das Konkordat mit dem Vatikan vom 20. Juli 1933. Es brachte dem Reich außenpolitische Anerkennung und lancierte die Katholische Kirche um den Preis der Entpolitisierung in ein trügerisches Sicherheitsgefühl. Die Welt sah mit Staunen, wie der Papst als Oberhaupt einer Kirche, die Frieden und Nächstenliebe als elementare Glaubensinhalte predigte, nun den ersten völkerrechtlich gültigen Vertrag mit dem „Führer" einer Ideologie abschloss, die Kampfeswillen und Gegnervernichtung auf ihre Fahnen geschrieben hatte. Hitler hatte nie einen Hehl daraus gemacht, dass im Vatikan ähnlich wie in Moskau seine ideologischen Todfeinde saßen, aber die Gegenwart gebot Zurückhaltung. Neben der politischen Kalmierung des deutschen Katholizismus als Oppositionspotential war der internationale Prestigegewinn unschätzbar.

„Viererpakt"

In dieser Stabilisierungs- und Beruhigungsperspektive erklärt sich auch die deutsche Zustimmung zum so genannten Viererpakt zwischen Frankreich, Großbritannien, Italien – den Garantiemächten von Locarno – und Deutschland, den der italienische Diktator Benito Mussolini (1883–1945) im März 1933 vorgeschlagen hatte und der am 15. Juli in Rom unterzeichnet, aber nie ratifiziert wurde. Bedeutend war darin vor allem die Betonung der Revisionsklausel des Versailler Vertrages (Art. 19). Die Grenzen von 1918, so das implizite Signal, waren keineswegs unabänderlich – für die Staaten Mittel- und Osteuropas eine beunruhigende Wandlung, die sich fünf Jahre später im Münchner Abkommen manifestieren sollte.

3. Austritt aus Völkerbund und Abrüstungskonferenz

Die offensichtliche Kompromissbereitschaft der deutschen Außenpolitik, wie sie sich den zeitgenössischen Beobachtern präsentierte, äußerte sich in dem allseits gebetsmühlenartig repetierten Friedenswillen gegenüber den Westmächten. Nahm man die Beteuerungen ernst, dann waren all die Verträge und Abmachungen sich ergänzende Ausdrücke des Strebens nach gutnachbarschaftlicher Übereinkunft. Vor dem Hintergrund der Erfahrungen der Jahre 1933 und 1934 gab es geringen Anlass, an der Ernsthaftigkeit solcher Ziele zu zweifeln. „Wir müssen Ruhe und Luft haben. Alles andere wird sich finden", notierte Goebbels in seinem Tagebuch.

Das Kalkül verlangte allerdings, neben den Friedensbekundungen zugleich die internationalen Kontrollmechanismen gegenüber der deutschen Rüstung außer Funktion zu setzen. In seiner „Friedensrede" vom Mai hatte Hitler dazu schon unmissverständlich gedroht, dass jeder Versuch, „seinem Land ein Abrüstungsabkommen aufzuzwingen [...], nur der Absicht entspringen" könne, „Deutschland von den Abrüstungsverhandlungen zu vertreiben" und folgerichtig gedroht: „Als dauernd diffamiertes Volk würde es uns auch schwerfallen, noch weiterhin dem Völkerbund anzugehören".

Die Abrüstungskonferenz sollte im Oktober 1933 wieder zusammentreten, aber Briten und Franzosen verhielten sich zur Frage der deutschen Rüstungsgleichberechtigung weiterhin indifferent bis ablehnend. Hitler nutzte dies, weil die Meinung im Volk ohnehin auf seiner Seite war und sich die Unnachgiebigkeit der anderen Großmächte propagandistisch auch international nutzen ließ. So entschied er sich für den Rückzug aus diesen internationalen Bindungen, informierte am 13. Oktober das Kabinett und am 14. die Teilnehmer der Abrüstungskonferenz sowie den Völkerbund.

Zugleich wurden die Landtage und der Reichstag aufgelöst. Während die Landtage nicht neu gewählt und damit praktisch beseitigt wurden, rief das Regime parallel zur Neuwahl des Reichstags am 12. November erstmals zu einer Volksabstimmung über die Politik der Reichsregierung auf. Die NSDAP-Einheitsliste erreichte bei dieser Reichstags-„Wahl" zwar 92,2%, aber die Ziffer von 7,8% ungültigen Stimmen schien gleichwohl beachtlich. Bei der Volksabstimmung über die Außenpolitik stimmten 4,9% gegen die Regierung.

Risiken

Das Verlassen des Völkerbundes und der Abrüstungskonferenz war ein riskanter Schritt, weil er das Reich zwar aus den Zwängen der Rüstungskontrolle befreite, zugleich aber international zu ächten drohte und die Gefahr von Sanktionen bis hin zu einer möglichen Intervention implizierte. Das Mächtesystem erwies sich jedoch als durchaus uneinig in der Reaktion, weil die einzelnen Staaten mehr ihre eigenen Interessen als die Idee der kollektiven Sicherheit verfolgten. Hitler signalisierte denn auch in einer weiteren „Friedensrede" am 14. Oktober, dass er sowohl gegenüber Frankreich als auch Polen zu einer gewaltfreien Zukunft bereit sei. In Paris vernahm man das gern, weil es schien, als habe Hitler seine tiefen antifranzösischen Ressentiments, die beispielsweise *Mein Kampf* durchzogen, in pragmatischer Einsicht aufgegeben. Polen wiederum hatte aus dem Viererpakt gelernt, dass ein Großmächte-Arrangement über die Köpfe und Interessen der Mittelstaaten hinweg drohend möglich war. Frankreich würde vermutlich bei Abwägung seiner Sicherheitslage gegenüber Deutschland im Zweifelsfall die eigenen Interessen denen seiner osteuropäischen Bündnispartner vorziehen. Für die polnischen Machthaber erschien es daher nur natürlich, die so demonstrativ von Hitler ausgestreckte Hand zu ergreifen. Und auch gegenüber Großbritannien wirkten die wiederkehrenden Beschwörungen von deutscher Friedenssehnsucht und gutem Willen erfolgreich als jene instrumentellen Barbiturate, als die sie Hitler verstand.

4. Deutsch-polnischer Nichtangriffsvertrag und Österreichfrage

Aus der Perspektive von Zeitgewinn und Eigensicherung erklärt sich schließlich auch der für die Zeitgenossen höchst überraschende Abschluss des Nichtangriffsabkommens mit Polen, das am 26. Januar 1934 unterzeichnet wurde. Der Warschauer Machthaber Pilsudski war einer der wenigen, die Hitlers langfristige Gefährlichkeit ernst nahmen. Hitler setzte einiges daran, die Polen zu gewinnen, einerseits um das Reich aus seiner erkennbaren Isolierung zu befreien, andererseits um eine französisch-polnische Umklammerung zu konterkarieren. Deutschland und Polen kamen überein, sich „in den ihre gegenseitigen Beziehungen betreffenden Fragen [...] unmittelbar zu verständigen" und „unter keinen Umständen" Gewalt anzuwenden.

Haltung des Auswärtigen Amtes

Wer die deutsche Außenpolitik der zwanziger Jahre verfolgt hatte und Hitlers Äußerungen kannte, der musste sich die Augen reiben. Polen war stets die erste Adresse gewesen, wenn es um künftige Ansprüche auf die

Rückgabe von Territorien ging, die das Reich nach dem Weltkrieg verloren hatte. Das Auswärtige Amt galt mit einigem Recht als antipolnisch eingestellt, und Außenminister Neurath hatte noch am 7. April 1933 im Kabinett erklärt, dass eine „Verständigung mit Polen [...] weder möglich noch erwünscht" sei. Obwohl demnach nicht wenige Diplomaten und Militärs wie auch große Teile der nationalen und internationalen Öffentlichkeit der Meinung waren, dass Polen das nächstliegende Objekt für revisionistischen Gebietserwerb sein würde, vollzog Hitler hier nicht nur, so schien es, eine komplette Umkehr, sondern machte gleichermaßen deutlich, wer die Außenpolitik des „Dritten Reiches" bestimmte. Zugleich kappte Deutschland die Zusammenarbeit mit der Sowjetunion, die auf militärischem Gebiet bis in die frühen Weimarer Jahre zurückreichte, ein „Sonderverhältnis", das trotz aller ideologischen Gegensätze bis zum Herbst 1933 auch von Hitler weiter betrieben worden war.

Österreichfrage

Eine Art Sonderfall der deutschen Außenpolitik bildete das Verhältnis zu Österreich. Schon seit langem gab es Pläne einer engeren Verbindung mit dem Reich, die laut Versailler Vertrag allerdings untersagt war; Frankreich hatte erst 1931 die weit reichenden Zollunionspläne der Regierung Brüning zu verhindern gewusst. Wer Hitlers Lebenslauf kannte und seine Äußerungen vernahm, der konnte keinen Zweifel haben, dass der neue Kanzler ein glühender Verfechter einer Vereinigung war, ja, dieses Ziel sogar programmatisch als „Lebensaufgabe" an den Anfang von *Mein Kampf* gesetzt hatte: „Deutschösterreich muß wieder zurück zum großen deutschen Mutterlande, und zwar nicht aus Gründen irgendwelcher wirtschaftlichen Erwägungen heraus. Nein, nein: auch wenn diese Vereinigung, wirtschaftlich gedacht, gleichgültig, ja selbst wenn sie schädlich wäre, sie müßte dennoch stattfinden. *Gleiches Blut gehört in ein gemeinsames Reich.*"

Als Hitler in Berlin an die Macht kam, meinten die Anhänger in seiner Heimat, ihr Ziel greifbar nahe zu sehen. Sie wurden von den deutschen Nationalsozialisten verdeckt und offen unterstützt, was den autoritär regierenden Bundeskanzler Engelbert Dollfuß (1892–1934) im Juni 1933 bewog, die österreichische NSDAP zu verbieten. Zugleich konnte Dollfuß gegen den permanenten Druck aus dem Norden auf die Unterstützung Mussolinis rechnen, zumal er begann, nach italienischem Vorbild eine Art „Austro-Faschismus" zu installieren. Als Hitler und Mussolini am 14. und 15. Juni 1934 in Venedig erstmals persönlich aufeinander trafen, sprachen sie zwar auch über Österreich, blieben aber distanziert. Angesichts der latenten Erwartung deutschen Beistands und weil es ihnen nicht gelang, den Anspruch auf Machtteilhabe auf normalem Wege durchzusetzen, versuchten die österreichischen Nationalsozialisten am 25. Juli 1934 einen Putsch – und endeten im Desaster. Sie ermordeten den Bundeskanzler, mussten aber zurückweichen, als Mussolinis Truppen am Brenner aufmarschierten. Hitler ließ die zuvor unterstützten Austro-Nazis mit instinktsicherem Realismus skrupellos fallen. Offiziell dementierte das Reich irgendwelche Einflussnahme, doch schon diese Tatsache deutete die verdeckte Beteiligung an, deren Ende man nun offen signalisieren musste. Hitler empfand den erzwungenen Rückzug als empfindliche Niederlage und sah fortan davon ab, ähnliche Aktionen zu ermutigen, solange er selbst nicht über entsprechende Machtmittel verfügte, um die internationalen Reaktionen entweder ignorieren oder kontern zu können.

5. Parallelinstitutionen der Außenpolitik

Neben dem Auswärtigen Amt und in Konkurrenz zu ihm entstanden weitere, ebenfalls miteinander konkurrierende Institutionen, die gleichfalls „Außenpolitik" zu treiben versuchten. Die beiden bemerkenswertesten Einrichtungen dieser Art waren die „Dienststelle Ribbentrop" und das „Amt Rosenberg". Aber auch die „Auslandsorganisation" (AO) der NSDAP, das Propagandaministerium und Dienststellen der SS und des SD wurden außenpolitisch aktiv. Aus diesem chaotischen Geflecht konkurrierender Einrichtungen, das für das Gesamterscheinungsbild der NS-Herrschaft auch in der Innenpolitik typisch war, entstand nicht selten eine eigene Dynamik, etwa beim erwähnten Putschversuch in Österreich, der Hitler zwar ideologisch und programmatisch prinzipiell genehm, außenpolitisch zu diesem Zeitpunkt jedoch höchst inopportun war.

E

Joachim von Ribbentrop (1893–1946)
Joachim von Ribbentrop war bei seiner Geburt als Sohn eines wilhelminischen Berufssoldaten weder adlig noch ein potentieller Diplomat. Im Schlepptau seines Vaters, der 1908 seinen Dienst quittierte, sammelte Ribbentrop in der Schweiz, England und Kanada Auslanderfahrungen. Bei Kriegsbeginn 1914 kehrte er nach Deutschland zurück, wurde Soldat, machte eine durchschnittliche Karriere und nahm 1919 seinen Abschied. Die Heirat mit Annelies Henkell, Tochter der Sektdynastie, forcierte seinen Aufstieg als Kaufmann und machte ihn wohlhabend. Um seinen Aufstiegsehrgeiz zu befriedigen, ließ er sich gegen Bezahlung von einer entfernten Verwandten adoptieren, die das „von" im Familiennamen trug. Goebbels meinte später sarkastisch, Ribbentrop habe sein Geld geheiratet, seinen Namen gekauft und sein Amt erschwindelt. Dem Herkommen nach ein reich verheirateter Spirituosenhändler mit Fremdsprachentalent und zeitlebens die personifizierte Humorlosigkeit, galt er den meisten aufgrund seines offensiv eingebildeten Auftretens als reichlich beschränkter Parvenü „Ribbensnob". 1932 traf er auf Hitler und lernte rasch, den NS-„Führer" zu vergöttern, weshalb ihn dieser für einen begabten Diplomaten und Englandkenner hielt. Indem Ribbentrop nach 1933, ausgestattet mit einer eigenen „Dienststelle", für Hitler sprechen und bald die neue deutsche Großmachtrolle repräsentieren konnte, gelangen ihm tatsächlich einige diplomatische Erfolge. Namentlich das Flottenabkommen mit Großbritannien 1935 sowie der Pakt mit Stalin im August 1939, der den Weg frei gab zum Überfall auf Polen, illustrieren dies. Ribbentrop, der 1936 unfreiwillig Botschafter in London und im Februar 1938 ersehntermaßen Außenminister wurde, wandelte sich vom Befürworter einer Annäherung an England, wie sie Hitler vorschwebte, zum Advokaten einer anti-englischen Bündnispolitik, wie der Hitler-Stalin-Pakt sie repräsentierte – der für Hitler stets ein taktisches Zwischenspiel aus machtpolitischem Opportunismus bleiben musste. Ribbentrop bestärkte Hitler in dessen Kriegswillen und konterkarierte alle Moderationsversuche, die aus konservativ-nationalistischen Kreisen des Auswärtigen Amtes noch entsprangen. Er knüpfte enge Bande zur SS und war einer der wenigen Duzfreunde Himmlers. Unter seiner Ägide verstärkte sich die seit 1933 sichtbare rassenideologische Durchdringung des Auswärtigen Amtes, so dass das Ministerium während des Krieges mit einigen seiner Mitarbeiter zu einem aktiven Faktor bei der europaweiten Judenverfolgung und Vernichtungspolitik avancierte.

E

Dienststelle Ribbentrop
Mit der Ernennung Ribbentrops zum Beauftragten für Abrüstungsfragen am 24. April 1934 begann der Aufbau des „Büro Ribbentrop“. Mit seiner Ernennung zum „Außerordentlichen Bevollmächtigten Botschafter des Deutschen Reiches in besonderer Mission“ am 1. Juni 1935 wurde daraus die „Dienststelle Ribbentrop“. Sie war geschaffen als dezidierte NS-Konkurrenz zu dem als konservatives Residuum geltenden Auswärtigen Amt. Wie um seinen Anspruch kundzutun, ließ Ribbentrop seine Institution bewusst gegenüber dem Außenministerium in das Haus des ehemaligen preußischen Ministerpräsidenten einziehen. Von kleinen Anfängen wuchs die Dienststelle bis Ende 1937 auf rund siebzig Mitarbeiter. Als Ribbentrop am 4. Februar 1938 in das Auswärtige Amt einzog, nahm er von den 74 Referenten seiner Dienststelle 24 mit, von denen zwanzig der SS angehörten.

E

Alfred Rosenberg (1893–1946)
Rosenberg wurde als Kind deutscher Eltern im estnischen Reval geboren, studierte Architektur und kam 1918 nach München, wo er Hitler kennen lernte und der NSDAP beitrat. Rosenberg war geradezu besessen von der Theorie einer „jüdischen Weltverschwörung“, produzierte unablässig Artikel und Pamphlete, avancierte im Februar 1923 zum Hauptschriftleiter des NS-Parteiblattes *Völkischer Beobachter* und bemühte sich um den Aufbau einer „antisemitischen Internationale“. Als ihm Hitler nach dem gescheiterten Umsturzversuch die Leitung der NSDAP übertrug, offenbarte Rosenberg seine auch zukünftig immer wieder erkennbare Unfähigkeit, sich im politischen Tagesgeschäft gegen machtbewusstere Opponenten durchzusetzen. So zog er sich Mitte 1924 zurück und gab auch die Chefredaktion des *Völkischer Beobachters* auf, bis ihn Hitler im Februar 1926 zurückholte. Rosenberg galt als außenpolitischer Experte, weil er internationale, vor allem antisemitische Kontakte knüpfte, sich intensiv mit dem Bolschewismus beschäftigte, 1927 eine Schrift über den „Zukunftsweg einer deutschen Außenpolitik“ publizierte und als Abgeordneter seit September 1930 seine Partei im außenpolitischen Ausschuss des Reichstages repräsentierte. Rosenbergs Vorstellungen vom Lebensraum im Osten und von einem Bündnis mit Großbritannien deckten sich mit denen Hitlers. Vor allem aber galt Rosenberg als NS-„Chefideologe“, spätestens seit er 1930 sein Buch *Der Mythus des 20. Jahrhunderts* veröffentlicht hatte. Wenngleich das Werk selbst nach Hitlers Ansicht kaum lesbar war (und tatsächlich auch kaum gelesen wurde), so formulierte es mit seinen dezidiert antichristlichen Ideologemen und seinem Bramarbasieren vom „Mythus des Blutes“ doch eine aggressive Expansionsrechtfertigung, deren Thesen Hitler teilte. 1933 übernahm Rosenberg als Reichsleiter das „Außenpolitische Amt der NSDAP“ und avancierte 1934 zum „Beauftragten des Führers für die Überwachung der gesamten geistigen und weltanschaulichen Schulung und Erziehung der NSDAP“, ein Amt, dessen hochtrabender Titel im umgekehrten Verhältnis zu seiner Bedeutung stand. Ab 1939 leitete er zudem ein „Institut zur Erforschung der Judenfrage“ und wurde im Krieg „Reichsminister für die besetzten Ostgebiete“. Sein „Einsatzstab Reichsleiter Rosenberg“ diente zur systematischen völkerrechtswidrigen Plünderung kultureller Schätze in ganz Europa. Alle Versuche Rosenbergs, einen bestimmenden Einfluss auf Staats- und Parteiinstitutionen zu verankern, blieben fruchtlos. Im Gegensatz zu Hitler, mit dem er so viele Axiome eines völkisch-rassistischen Weltbildes teilte, vermochte Rosenberg niemals das ideologische Ziel mit berechnendem, machttaktischem Opportunismus zu einer politischen Strategie zu verbinden.

E

Amt Rosenberg
Als „außenpolitischer Experte“ der NSDAP hatte Rosenberg gehofft, nach Hitlers Machtübernahme Staatssekretär des Auswärtigen Amtes zu werden, musste sich jedoch am 1. April 1933 mit dem Auftrag zufrieden geben, ein „Außenpolitisches

Amt der NSDAP“ (APA) aufzubauen. Das „Amt Rosenberg“ wuchs bis 1939 auf rund sechzig Mitarbeiter. Mangelhafte diplomatische Sachkenntnis und ideologische Borniertheit ließen es, wie Rosenberg selbst, in den NS-typischen Kompetenzkonflikten dilettantisch erscheinen, so dass sein Einfluss gering blieb. Wo das Amt sich in der Auslandspropaganda engagierte, geriet es mit Goebbels aneinander. Bei der Verbreitung von Denkschriften und Memoranden, die für jeden offenkundig im Banne von Rosenbergs kruden Ideologismen standen, konkurrierte es mit dem letztlich durchsetzungsfähigeren Außenministerium. Rosenbergs Amt schluckte mit den Jahren eine Reihe obskurer antisemitischer Organisationen, wobei es mit der fortschreitend systematischeren und auf Präpotenz angelegten Judenpolitik des SD in Konflikt geriet. Dergleichen Auseinandersetzungen prägten die Stellung eines Amtes, das trotz aller Bemühungen gerade aufgrund seiner ideologischen Fixiertheit nie eine der entscheidenden Institutionen des „Dritten Reiches“ zu werden vermochte.

6. Militärmacht als Grundlage „politischer Macht“

Als Hitler am 3. Februar 1933 dem Außenminister und den Befehlshabern von Heer und Marine seine langfristigen Ziele skizziert hatte, sprach er von der „Wiedererringung der politischen Macht“ als Voraussetzung jeder künftigen Politik und nannte den Aufbau der Wehrmacht als die wichtigste Voraussetzung. Schon vor Hitlers Berufung ins Kanzleramt hatten der künftige Minister Werner von Blomberg und sein Stabschef Walter von Reichenau (1884–1942) Sympathie für den Nationalsozialismus erkennen lassen. Blomberg signalisierte Hitler und Hindenburg gleichermaßen, dass er als Reichswehrminister das Militär in ihrem Sinne führen werde.

Arrangement Hitler-Blomberg

Die Abstimmung zwischen Hitler und Blomberg kam beiden Seiten zugute. Das Militär sollte nicht mehr für innenpolitische Aufgaben herangezogen werden, wie es unter General Schleicher gegen den Wunsch vieler Offiziere geschah. Hitler hatte zugleich am 3. Februar versprochen, dass „keine Verquickung von Heer und SA beabsichtigt“ sei – die Wehrmacht solle „unpolitisch“ sein und allein der Außenpolitik dienen. Das Militär wurde gleichsam entpolitisiert und erhielt dafür die Perspektive, der einzige und langfristig mit immensen Ressourcen gepäppelte „Waffenträger der Nation“ als Instrument der neuen politischen Führung zu werden.

Vorarbeiten zur Aufrüstung

In der Aufrüstung konnte das Regime auf eine Reihe von Vorarbeiten des Militärs zurückgreifen. Im Frühjahr 1933 lief ein erstes beschränktes Rüstungsprogramm aus, das trotz der Bestimmungen des Versailler Vertrages in den Jahren zuvor implementiert worden war. Zugleich waren schon die technischen, organisatorischen und finanzplanerischen Vorarbeiten geleistet, um ein zweites Programm anlaufen zu lassen, das ursprünglich für die Jahre 1933 bis 1938 vorgesehen war. Diese Entwürfe erleichterten es erheblich, die von Hitler mobilisierten finanziellen Ressourcen in den nächsten Jahren tatsächlich in militärisch produktiver Weise ausgeben zu können.

Teilstreitkräfte

Die Teilstreitkräfte waren sehr unterschiedlich entwickelt. Laut Versailler Vertrag durfte Deutschland ein Heer von 100 000 Mann besitzen sowie eine Marine mit weiteren 15 000 Mann auf einer begrenzten Zahl von

Schiffen, aber keine Luftwaffe. Während das Heer trotz dieser Bestimmungen ausdauernd daran arbeitete, Planungen für jene Zeit zu treffen, wenn die Fesseln abgestreift sein würden, stand die Marine weit zurück und verfügte nicht einmal über jene Menge an Schiffen, die sie besitzen durfte.

Zur Vorbereitung einer Luftwaffenrüstung hatte sich über die Jahre eine enge Kooperation mit der zivilen Luftfahrt herausgebildet, namentlich mit der Lufthansa. Darüber hinaus wurden Reichswehroffiziere trotz aller Vertragsbestimmungen im befreundeten Ausland für eine künftige Luftwaffe ausgebildet, so dass eine technische Expertise schon existierte. Im Ausland befanden sich auch bereits einige Produktionsstätten. Schon im Juli 1932 wurde konkret geplant, in den kommenden fünf Jahren 22 Staffeln mit rund 200 Flugzeugen zu entwickeln. Gleichwohl konstatierte der Chef des Truppenamtes, Wilhelm Adam (1877–1949), in einer Denkschrift für den Reichswehrminister noch im Frühjahr 1933, dass sich die „Fliegerwaffe" immer noch „in den ersten Anfängen" befinde. In den folgenden Jahren setzte eine massive Breitenrüstung ein, die bis 1939 immer weiter an Bedeutung gewann, mit den Jahren auch immer drohender öffentlich zur Schau gestellt wurde und ihren Höhepunkt fand in einer stundenlangen Einschüchterungsparade anlässlich von Hitlers 50. Geburtstag im April 1939. Schon seit 1935 konnte die vertragsoffiziell noch verbotene, faktisch seit 1933 im Bau befindliche Luftwaffe als außenpolitisches Drohinstrument wirken, weil sie vergleichsweise kurze Entwicklungs- und Bauzeiten erforderte und vor allem in Großbritannien rasch als Mittel der Machtprojektion ernst genommen wurde. Tatsächlich konnte der Ausbau der Luftwaffe mit einigem Recht als die intensivste Rüstungsleistung bis 1939 gelten: Besaß das Reich im Jahr 1933 gerade einmal drei „Reklamestaffeln", so standen bei Kriegsbeginn sechs Jahre später 4093 Frontflugzeuge zur Verfügung.

7. Zwischenresümee Anfang 1935

Die inneren Widersprüche der deutschen Außenpolitik – vertragliche Annäherung an Polen, Distanz zum gewünschten Partner Großbritannien – wurden aufgehoben in dem allseits beteuerten, gebetsmühlenartig repetierten Friedenswillen. Nahm man diese Beteuerungen ernst, dann sah es aus, als wäre die deutsche Außenpolitik tatsächlich allein geprägt vom Streben nach Gleichberechtigung und gutnachbarschaftlicher Übereinkunft. Vor dem Hintergrund der Erfahrungen der Jahre 1933 und 1934 gab es noch geringen Anlass, an der Ernsthaftigkeit solcher Ziele zu zweifeln – zumal das Reich in keiner Weise in der Lage war, militärisch selbst aggressiv zu werden.

Hitler machte damit mehreres deutlich: Erstens war er bereit, um der längerfristigen Ziele willen kurzfristig ganz opportunistisch alles zu akzeptieren, was Ruhe garantierte. Zugleich unterminierte er mit dem deutsch-polnischen Nichtangriffspakt direkt das französische Bündnissystem in Osteuropa und durchbrach die daraus resultierende Einkreisung. Darüber hinaus war in dem Pakt mit Polen durchaus auch eine ideologisch konnotierte antirussische Stoßrichtung zu erkennen.

„Stufenplan“ und „Selbstverharmlosung“

Das Bewegungsgesetz der Außenpolitik offenbart sich erst bei rückschauender Betrachtung: Galt es nach Art eines „Stufenplans“ (Andreas Hillgruber) im Stil einer „Strategie grandioser Selbstverharmlosung“ (Hans-Adolf Jacobsen) zunächst die Grundlagen der europäischen Machtpolitik und die Voraussetzungen der europäischen Expansion zu schaffen, so sollte in einer längerfristigen Perspektive das gewachsene und durch „Rassenauslese“ innerlich erstarkte Reich auch den Kampf mit den Vereinigten Staaten aufnehmen können und um die Vorherrschaft in der Welt kämpfen. Auf dem Weg dorthin strebte Hitler aus rassischen wie politischen Gründen eine Kooperation mit Großbritannien an, das deshalb in seiner Außenpolitik durchweg eine ambivalent-extrovertierte Rolle einnahm. Hitler meinte, die „rassisch“ verwandte Inselmacht sei ein geeigneter Partner, weil sie sowohl von den USA als auch von der Sowjetunion in ihrer Weltmachtstellung bedroht werde. Er hoffte, mit England die Welt in Interessensphären aufteilen zu können: Großbritannien als Flotten- und Kolonialmacht auf den Ozeanen, Deutschland als beherrschende Macht auf dem eurasischen Kontinent. Die Englandfixierung Hitlers ist schon in den zwanziger Jahren erkennbar und durchzieht seine Vorstellungen während des gesamten „Dritten Reiches“. Im Vergleich zu diesen langfristigen Absichten blieb das wachsende Zusammengehen mit Italien in der von Mussolini am 1. November 1936 proklamierten „Achse Berlin–Rom“ oder in dem am 25. November 1936 mit Japan abgeschlossenen „Antikomintern-Pakt“ ein instrumenteller Behelf.

8. Rückkehr des Saarlandes und Wiedereinführung der allgemeinen Wehrpflicht

Saarabstimmung

Das Versailler Friedensabkommen bestimmte in Artikel 49, dass fünfzehn Jahre nach Inkrafttreten des Vertrages die Saarländer selbst darüber entscheiden sollten, welchen Status sie künftig besitzen wollten. Sie hatten die Wahl zwischen dem Verbleib unter einer Treuhandregierung des Völkerbundes, einer Verbindung mit Frankreich, mit dem sie seit 1920 in einer Wirtschaftsunion verknüpft waren, oder der Wiedereingliederung in das Deutsche Reich. Frankreich gedachte, seine völkerrechtlichen Verpflichtungen zu erfüllen, und im Juni 1934 verständigte man sich auf eine Volksabstimmung für den 13. Januar 1935. Heftige Propagandawellen spülten seit geraumer Zeit in Richtung Saar, denn die Abstimmung war nicht nur eine Entscheidung über das nationale Selbstverständnis der Bevölkerung, sondern auch über die generelle Wirkung von zwei Jahren NS-Herrschaft in Deutschland. Mehr als eine halbe Million stimmberechtigter Saarländer hatte darüber zu entscheiden, ob sie Teil eines Staates werden wollten, in dem seit knapp zwei Jahren die Grundrechte des Individuums nicht mehr geschützt waren, ob sie sich mithin freiwillig unter eine Herrschaft begeben wollten, die politische Gegner ebenso verfolgte und vertrieb wie religiöse Minderheiten; ob sie sich einem Regime anschließen mochten, das täglich sichtbar danach strebte, geistiges Leben streng im Sinne der herrschenden Ideologie zu disziplinieren und die Bücher Andersdenkender zu bannen und öffentlich zu verbrennen. Demgegenüber stand die nationalistische Hoffnung, als Teil eines nun augenscheinlich dynamisch wieder erstarkenden Reiches gleichsam heimzukehren in einen Staat, in dem die meisten Saarländer, jedenfalls alle stimmberechtigten, geboren worden waren. Am Ende stand ein Triumph für Hitlers Regime: Fast 98% der Stimmberechtigten gingen zur Wahl und mehr als neunzig Prozent von ihnen votierten für eine Vereinigung mit dem Reich. Jenseits aller gleißenden propagandistischen Rhetorik war damit für die internationale Öffentlichkeit deutlich, dass die nationalistische Verlockung weit höher wog als jede Furcht um persönliche Rechte und Freiheiten. Das Saargebiet wurde zum 1. März 1935 wieder ein Teil des Deutschen Reiches.

Ergebnis der Volksabstimmung an der Saar vom 13. Januar 1935

	Stimmen	in Prozent
Abstimmungsberechtigte	539541	100
Abgegebene Stimmen	528005	97,86
Ungültige Stimmen	2249	0,43
Gültige Stimmen	525756	100
Für die Vereinigung mit Deutschland	477119	90,75
Für die Aufrechterhaltung Status quo	46513	8,85
Für die Vereinigung mit Frankreich	2114	0,40

(Quelle: Ursachen und Folgen, Bd. 10, S. 300 [Dok. 2426].)

Wiedereinführung der allgemeinen Wehrpflicht

Das international so eindrucksvoll wirkende Votum der Saarländer eröffnete Hitler die Option zu einigen außenpolitischen Manövern, die den Anspruch präsentierten, schon bald wieder als Großmacht etabliert zu sein. Am 11. März 1935 verkündete Göring in einem Interview, dass das Reich eine Luftwaffe besitze, „stark genug, Angriffe auf Deutschland jederzeit abzuwehren“ – mithin ein öffentliches Eingeständnis, den Versailler Vertrag gebrochen zu haben. Am 14. März wurde die Luftwaffe zu einem selbständigen Teil der künftig als „Wehrmacht“ firmierenden Reichswehr. Als die französische Nationalversammlung am 15. März die Militärdienstzeit von einem auf zwei Jahre verdoppelte, nutzte Hitler diese Vorlage, um am nächsten Tag selbst die lange geplante Wiedereinführung der allgemeinen Wehrpflicht öffentlich zu machen. Das „Gesetz über den Aufbau der Wehrmacht“ bestimmte eine Friedensstärke von 36 Divisionen mit 550000 Soldaten. Reichswehrminister Blomberg, weiterhin ein Garant für die Folgsamkeit des Militärs gegenüber dem Nationalsozialismus, erhielt die neue Amtsbezeichnung „Reichskriegsminister und Oberbefehlshaber der Wehrmacht“.

„Stresa-Front“

Damit war der deutsche Großmachtanspruch deutlich formuliert, denn diese Politik brach nicht allein die Versailler Bestimmungen, sondern auch die Vereinbarungen von Locarno. Großbritannien reagierte am 18. März ebenso mit einem Protest wie – deutlich schärfer – Frankreich drei Tage später. Mussolini als dritter Locarno-Garant sandte eine lauwarme Erklärung, die vor allem dazu dienen sollte, seinem Land nach beiden Seiten das Gesicht zu

Q

Proklamation der Reichsregierung zur Wiedereinführung der allgemeinen Wehrpflicht, 16. März 1935
Zit. n.: Ursachen und Folgen, Bd. 10, S. 319 (Dok. 2432 b).

Was die deutsche Regierung als Wahrerin der Ehre und der Interessen der deutschen Nation wünscht, ist, das Ausmaß jener Machtmittel sicherzustellen, die nicht nur die Erhaltung der Integrität des Deutschen Reiches, sondern auch für die internationale Respektierung und Bewertung Deutschlands als ein Mitgarant des allgemeinen Friedens erforderlich sind. Denn in dieser Stunde erneuert die deutsche Regierung vor dem deutschen Volk und vor der ganzen Welt die Versicherung ihrer Entschlossenheit, über die Wahrung der deutschen Ehre und der Freiheit des Reiches nie hinauszugehen, und insbesondere in der nationalen deutschen Rüstung kein Instrument kriegerischen Angriffs, als vielmehr ausschließlich der Verteidigung und damit der Erhaltung des Friedens bilden zu wollen.

wahren. In Reaktion auf den deutschen Vertragsbruch trafen sich die Regierungschefs der drei Mächte vom 11. bis 14. April in Stresa am Ufer des Lago Maggiore und proklamierten, „sich mit allen geeigneten Mitteln jeder einseitigen Aufkündigung von Verträgen zu widersetzen". Am 17. April verurteilte der Völkerbund den deutschen Vertragsbruch, aber praktische Folgen hatte das nicht, und dementsprechend unbeeindruckt zeigte sich Hitler.

Man mag darüber spekulieren, was geschehen wäre, wenn dergleichen Vertragsverletzungen international auf entschiedenen Widerstand, einschließlich militärischer Sanktionen bis hin zur Intervention, gestoßen wären. Es wäre Frankreich ein Leichtes gewesen, beispielsweise das Rheinland zu besetzen, zumal das Völkerrecht auf seiner Seite war. Ob Hitler dadurch entzaubert, gar gestürzt worden wäre, muss offen bleiben, denn innenpolitisch saß er inzwischen fest genug im Sattel. Zweifellos hätte ihm eine derartige außenpolitische Niederlage allerdings wohl einen Gutteil jenes aggressiven Momentums genommen, dessen Dynamik sich in den kommenden Jahren in immer neuen Aktionen beschleunigt entfaltete. Denn Hitler verstand auch die Außenpolitik als Teil des natürlichen Lebenskampfes, in dem alle Mittel recht waren, wenn sie nur Erfolg brachten. Wenn die anderen Mächte so bereitwillig darauf verzichteten, ihn militärisch in die Schranken zu weisen, dann interpretierte er das als Schwäche, die es weiter zu nutzen galt. Angesichts der je individuellen Interessenlage der Großmächte – Frankreich war von innenpolitischen Problemen gebeutelt, Großbritannien durch seine globalen Verpflichtungen abgelenkt und wirtschaftlich geschwächt, Italien verfolgte eigene expansive Ambitionen, bei denen eine Konfrontation mit Deutschland nur stören konnte – genügte es offensichtlich, schockierend schnell zu handeln und anschließend die Leier der Friedensliebe zu drehen, dann waren die Mächte gern bereit, weitere Versprechen geduldig zu akzeptieren. Solange sie aber duldeten statt zu handeln, musste man weder Verträge einhalten noch überhaupt zu sehr zögern, sondern konnte, ganz im Gegenteil, unter Bekundung seines Friedenswillens weiter rüsten, um schließlich im Zweifelsfall auch gewaltsam seine Ziele durchsetzen zu können. In diesem Sinne verkündete Hitler am 21. Mai 1935 in einer Rede vor dem Reichstag erneut die lauteren Absichten seiner Regierung.

Q

Hitlers so genanntes Friedensprogramm im Reichstag, 21. Mai 1935
Zit. n.: Ursachen und Folgen, Bd. 10, S. 338–349 (Dok. 2439).

Das nationalsozialistische Deutschland will den Frieden aus tiefinnersten weltanschaulichen Überzeugungen. Es will ihn weiter aus der einfachen, primitiven Erkenntnis, daß kein Krieg geeignet sein würde, das Wesen unserer allgemeinen europäischen Not zu beheben. [...] Niemand von uns hat die Absicht, jemanden zu bedrohen. [...] Wir leben in der Überzeugung, daß das Glück und die Leistungen Europas unzertrennlich verbunden sind mit dem Bestand eines Systems unabhängiger freier nationaler Staaten. [...] Wir Nationalsozialisten erkennen jedem Volk die Berechtigung eines eigenen Innenlebens nach seinen eigenen Erfordernissen und seiner eigenen Wesensart zu. [...] Soweit es sich beim Bolschewismus um eine russische Angelegenheit handelt, sind wir an ihm gänzlich uninteressiert. [...] Deutschland hat weder die Absicht noch den Willen, sich in die inneren Verhältnisse Österreichs einzumengen, Österreich etwa zu annektieren oder anzuschließen. [...] Die deutsche Reichsregierung wird [...] die im Wandel der Zeiten unvermeidlichen Revisionen [des Vertrags von Versailles, M.B.] nur auf dem Wege einer friedlichen Verständigung durchführen.

9. Deutsch-britisches Flottenabkommen

Britische Interessen

Trotz des deutschen Vertragsbruchs vom 16. März 1935 reisten der britische Außenminister John Simon (1873–1954) sowie Lordsiegelbewahrer Anthony Eden (1897–1977) neun Tage später zu einem Besuch nach Berlin. Großbritannien zielte mit diesem Einlassen auf bilaterale Gespräche – statt eines denkbaren multilateralen militärischen Vorgehens gemeinsam mit Frankreich und anderen Mächten, um Hitler zur Vertragstreue zu zwingen – auf eine Einbindung des Reiches und hoffte, Deutschland über diesen Umweg in die multilaterale Versammlung des Völkerbundes zurückholen zu können. Den Briten lag zugleich an Vereinbarungen zur Rüstungsbeschränkung, weil man insbesondere die deutsche Luftwaffe als wachsende Bedrohung empfand. Hitler sah demgegenüber Großbritannien vom ideologischen Standpunkt aus als ideale Partnermacht, in der Absicht, so den Rücken im Westen frei zu bekommen für die Lebensraumeroberung im Osten. Diese unterschiedlichen und im Kern inkompatiblen Ziele kreuzten sich im partiellen Interesse der Rüstungsberechenbarkeit. Die Briten waren an einer umfassenden Vereinbarung interessiert, die namentlich die Luftwaffe einschloss. Dazu war Hitler angesichts seiner längerfristigen Ambitionen verständlicherweise nicht bereit, signalisierte jedoch Entgegenkommen bei der Marinerüstung. In Anbetracht der langen Vorlaufzeiten im Schiffbau vergab sich die deutsche Seite damit nichts, weil bislang nicht einmal die im Versailler Vertrag zugestandenen Möglichkeiten vollständig ausgenutzt waren. Die Briten hofften dagegen vergeblich, damit den Weg zu einem Luftabkommen zu ebnen.

Die britische Appeasementpolitik, die nahezu bis Kriegsbeginn bestimmend bleiben sollte, zielte im Kern auf eine machtpolitische Befriedigung des Deutschen Reiches in der Absicht, es damit ruhig zu stellen. Die Londoner Regierungen meinten, dass man Hitler nur weit genug entgegenkommen müsse, damit er sich endlich satt und zufrieden mit der Beute in eine allgemeine völkerrechtliche Friedensordnung einbinden lassen werde. Der ideologische Impetus der deutschen Außenpolitik blieb so stets verborgen, ignoriert oder unverstanden. Hinzu kam, dass Großbritannien aufgrund seiner wirtschaftlichen und innenpolitischen Lage sowie seiner globalen Interessen keineswegs bereit war, sich auf einen kostspieligen und unpopulären Rüstungswettlauf einzulassen. Vereinfacht gesagt: Wenn Hitler die Absicht hatte, das Reich wieder auf das Niveau einer Großmacht aufzurüsten, dann war es nicht die Aufgabe der Briten, ihn auf Kosten der eigenen Wohlfahrt an diesem Ziel zu hindern, solange er nicht die Insel bedrohte.

Flottenabkommen

Das deutsch-britische Flottenabkommen kann zugleich als ein Erfolg der Nebenaußenpolitik angesehen werden, die von der „Dienststelle Ribbentrop" seit dem Frühjahr 1933 betrieben worden war. Trotz seines vielfach irritierenden Auftretens in London gelang es „Ribbensnob", die deutsch-britischen Flottenverhandlungen am 18. Juni 1935 durch einen Notenwechsel erfolgreich abzuschließen. Die Briten hatten schlichtweg ein Interesse an diesem Ergebnis, weil sie meinten, damit sowohl Sicherheit als auch Berechenbarkeit erzielt zu haben. Die deutsche Seite versprach, dass die eigene Marine zukünftig höchstens 35% der britischen Kriegsschifftonnage erreichen werde. Für den Bereich der U-Boote einigte man sich auf ein Verhältnis von 45 zu 100. Betrachtet man dies vor dem Hintergrund des deutsch-britischen Flottenwettlaufs vor dem Ersten Weltkrieg einerseits und der allgemeinen Aufrüstung des Reiches andererseits, dann wird deutlich, warum diese deutsche Selbstbeschränkung auf der Insel als Erfolg empfunden wurde. Aber auch die deutsche Seite war höchst zufrieden. Denn erstens war die Flottenaufrüstung für Hitler eine vergleichsweise nachrangige Frage, weil er auf Heer, Artillerie, Panzer und Luftwaffe setzte. Zweitens war damit in einer bilateralen Übereinkunft mit einer Siegermacht des Ersten Weltkriegs und Signatarmacht des Versailler Vertrages anerkannt, dass die seinerzeitigen Rüstungsauflagen und Machtbeschränkungen so nicht mehr gelten konnten. Drittens riss das Abkommen eine Lücke in die fadenscheinige Einigkeit der „Stresa-Front". Und viertens beließ sie auf Hitlers Seite die Hoffnung, dass man sich auch längerfristig noch mit dem ideologischen und machtpolitischen Wunschpartner Großbritannien würde einigen können. Fünftens schließlich dokumentierte das Abkommen die scheinbare Bereitschaft des Reiches, feste und berechenbare Vereinbarungen zu treffen, um die Spannung in den internationalen Beziehungen zu mildern.

In gewisser Weise erlebte mit diesen außenpolitischen Entscheidungen des Jahres 1935 die Retablierung auf internationaler Bühne in ähnlicher Weise eine Zäsur wie sie der Tod Hindenburgs innenpolitisch bedeutet hatte. Denn so wie der Anspruch auf die totale Macht mit der Übernahme des Reichspräsidentenamtes durch Hitler manifestiert war, so hatten die außenpolitischen Vereinbarungen der ersten beiden Jahre international eine trügerische Berechenbarkeit signalisiert und jene Toleranz erreicht, die das Regime benötigte, um das Land und die Gesellschaft ohne störende Interventionen für die weiteren Ziele vorbereiten zu können.

10. Rheinlandbesetzung, Spanischer Bürgerkrieg und internationales Krisenbewusstsein

Motive und Risiken

Als das Deutsche Reich am 7. März 1936 das entmilitarisierte Rheinland besetzte und damit erneut den Versailler Vertrag und den Locarno-Pakt brach, war dies ein nützlicher internationaler Überraschungsakt in mehrfacher Hinsicht: Zunächst zeigte der Coup den Deutschen erneut jene Risikobereitschaft, an der es nach Ansicht vieler Menschen in den Weimarer Jahren gemangelt hatte. Zugleich vermochte das elektrisierende Ereignis über die Erfahrungen der ernsten Versorgungskrise des Winters hinwegzutäuschen. Darüber hinaus warb die Remilitarisierung jene Rheinländer für das Regime, die ihm aufgrund der antikatholischen Kirchenpolitik sowie der immer noch schwierigen regionalen Wirtschaftslage kritisch gegenüberstanden.

Gleichwohl war die Rheinlandbesetzung mit hohen Risiken verbunden. Zwar hatte Mussolini am 22. Februar 1936 signalisiert, dass er sich passiv verhalten und damit die italienischen Verpflichtungen aus dem Vertrag von Locarno ignorieren werde. Es war jedoch keineswegs sicher, dass Frankreich auf den Vertragsbruch nicht beispielsweise mit einer militärischen Intervention reagieren würde. Wenn französische Truppen linksrheinische Gebiete besetzen wollten, dann stießen sie möglicherweise auf die eingerückten deutschen Soldaten, und ein Konflikt schien programmiert. Die militärische Führung sah für diesen Fall vor, dass bedrohte Gebiete rechtzeitig zu räumen seien und ein „hinhaltender Widerstand" organisiert würde. Allerdings sollten drei deutsche Bataillone bis nach Aachen, Trier und Saarbrücken vorstoßen. Diese Truppen sollten auch für den Fall einer französischen Intervention durchaus nicht, wie häufig angenommen, „kampflos" zurückweichen, sondern sich im Verbund mit Angehörigen des Grenzaufsichtsdienstes vor Ort zur Wehr setzen. Wie lange ein solcher Widerstand erfolgreich gewesen wäre, ist fraglich. Zweifellos hätte eine französische Intervention mit einer raschen Vertreibung der deutschen Truppen eine immense außenpolitische Blamage für Hitler bedeutet und seinen Nimbus als erfolgssicheren Politiker der „Vorsehung" ernsthaft unterminiert. Wie die Dinge sich entwickelten, ergab sich genau das Gegenteil: Hitler triumphierte. Die konfliktlose Rheinlandbesetzung schien aller Welt, vor allem aber den Deutschen, vor Augen zu führen, dass ihr „Führer" ein vom Erfolg getragener Politiker war, dem scheinbar alles gelang.

Internationale Ablenkungen

Als internationaler Hintergrund bot die seit Oktober 1935 schwelende Abessinienkrise eine willkommene Ablenkung, deren Chance Hitler nicht ungenutzt lassen wollte, weil die deutschen Vertragsbrüche so leicht im internationalen Krisenkontext verschwammen. Insgesamt vermischten sich innen- und außenpolitische Motive zu einer für Hitler höchst attraktiven Option, aller Welt Mut und Entschlossenheit vor Augen zu führen. Wenige Monate nach der Rheinlandmilitarisierung entschied er am 25. Juli 1936, in Spanien den aufständischen General Francisco Franco (1892–1975) zu unterstützen. Die deutschen Motive waren vielfältig: Hitler perzipierte die

Gefahr eines „bolschewistischen Spanien", das Europa von seiner Südwestflanke her bedrohen könnte. Hinzu kam die Aussicht auf dringend benötigte Rohstoffe; die wirtschaftliche Nutzung Spaniens versprach einen höchst willkommenen Nebeneffekt. Zugleich bot sich die Möglichkeit, modernes Militärgerät zu erproben, insbesondere die neue Luftwaffe. Hitler setzte sich mit seiner Entscheidung für den Spanieneinsatz über die „Bedenkenträger" im Auswärtigen Amt hinweg, die Francos Hilferufe distanziert aufgenommen hatten. Entscheidend für seinen Entschluss blieb, wie in allen außenpolitischen Fragen, der ideologische Impetus dichotomer Weltperzeption: Hier das bedrohte Europa mit Deutschlands „rassischer Sendung", dort die „jüdisch-bolschewistische" Weltgefahr, die sich nun in Spanien offenbarte.

11. Hoßbach-Niederschrift und Kriegsperspektive

Am 5. November 1937 versammelte Hitler seine führenden Militärs, Kriegsminister Blomberg, den Oberbefehlshaber des Heeres Werner von Fritsch (1880–1939), den Chef der Marine Erich Raeder (1876–1960) und Luftwaffenchef Göring sowie Außenminister Neurath in der Reichskanzlei. Anwesend war auch Hitlers Wehrmachtsadjutant Oberst Friedrich Hoßbach (1894–1980), der in den Tagen nach diesem Treffen auf Grundlage seiner Notizen eine handschriftliche Zusammenfassung der von Hitler präsentierten politischen Absichten niederschrieb und die anschließende, teilweise heftige Diskussion knapp skizzierte. Die Hoßbach-Niederschrift, deren Authentizität inzwischen zweifelsfrei feststeht, ist lange als Zeichen einer Zäsur in Hitlers Außenpolitik vom Revisionismus zum Expansionismus interpretiert worden. Bei genauer Betrachtung zeigt sich allerdings, dass die von Hoßbach wiedergegebene Argumentation nicht nur in das Bild passt, das von Hitlers Auffassungen aus anderen Dokumenten dieser Zeit überliefert ist, sondern das er hier eine Argumentation pointiert aktualisierend aufnimmt, die er im Kern bereits in *Mein Kampf* entwickelt hatte.

Q

Hitler in *Mein Kampf* über notwendigen Landerwerb für Deutschland
Zit. n.: Hitler, Mein Kampf, S. 153–154.

Für Deutschland lag [...] die einzige Möglichkeit zur Durchführung einer gesunden Bodenpolitik nur in der Erwerbung von neuem Lande in Europa selber. [...] Wollte man in Europa Grund und Boden, dann konnte dies im großen und ganzen nur auf Kosten Rußlands geschehen, dann mußte sich das neue Reich wieder auf der Straße der einstigen Ordensritter in Marsch setzen, um mit dem deutschen Schwert dem deutschen Pflug die Scholle, der Nation aber das tägliche Brot zu geben.

Wille zum Krieg

Hitler propagierte schon seinerzeit Mitte der zwanziger Jahre die „restlose Unterordnung aller sonstigen Belange eines Volkstums unter die einzige Aufgabe der Vorbereitung eines kommenden Waffenganges zur späteren Sicherung des Staates". Er wollte das erreichen, was nach seiner Interpretation das Kaiserreich versäumt und weshalb es unter anderem auch den Weltkrieg verloren hatte: ein auf Bauerntum und Rassenauslese gegründetes Hegemonialreich in Europa, das sich als Weltmacht durchsetzen konnte. Die seit der Machtübernahme vergangenen viereinhalb Jahre hatten mit der fieberhaften Rüstung die Grundlagen dafür geschaffen. Nun galt es, nicht zuletzt angesichts der fortdauernden Schwierigkeiten, diese Stoßkraft aufrechtzuerhalten und über die Perspektiven der Anwendung dieser Machtmittel nachzudenken. Das von Hitler vorgetragene Szenarium übertrug seine ideologischen Axiome auf den gegebenen Rüstungsstand, um daraus die außenpolitischen Optionen der kommenden Jahre zu konstruieren, die wiederum an der ideologischen Langzeitstrategie – der „Lösung der Raumfrage" – zu orientieren waren. Ähnlich einer Reihe anderer Grundsatzelaborate dieser Art, etwa der „Denkschrift zum Vierjahresplan", war Hitlers Botschaft unzweideutig: Deutschland musste in wenigen Jahren Krieg führen.

Ideologische Motivation

In erkennbar stringenter Parallelität zu seinen lange bekannten Axiomen entwickelte Hitler am 5. November 1937 die Ziele seiner Politik für die kommenden Jahre, die er zugleich als testamentarische Verpflichtung verstanden wissen wollte. Die deutsche „Volksmasse" mit ihren „über 85 Millionen Menschen" bilde einen „fest geschlossenen Rassekern [...], wie er in keinem anderen Land wieder anzutreffen sei". Das Ziel der deutschen Politik müsse demnach die „Sicherung und Erhaltung der Volksmasse und deren Vermehrung" sein. Eine vollständige Autarkie sei unter den gegebenen Umständen unerreichbar. Die deutschen Ernährungsschwierigkeiten könnten auch nicht durch weltwirtschaftliche Verflechtung und Außenhandel gelöst werden – dergleichen Fehlpolitik hatte Hitler seit jeher dem Kaiserreich vorgehalten. Noch war in seinen Augen das Bewusstsein im deutschen Volk vorhanden, dass dies alles unbedingt geschehen müsse, denn der Nationalsozialismus zeige durch seine schiere Existenz, dass die entsprechende, zum Handeln treibende „Weltanschauung" im deutschen Volk noch lebendig und nicht, wie andernorts, bereits degeneriert und abgestorben sei. Wenn allerdings das deutsche Volk nicht im Sinne der NS-„Weltanschauung" handle, werde dieses Bewusstsein auch in ihm erlöschen.

Aus diesen politischen Axiomen und Zielen, nach denen der Krieg in wenigen Jahren anstand, entflammte eine Diskussion mit heftigen Meinungsverschiedenheiten zwischen Blomberg und Fritsch einerseits und Göring andererseits, denen Hitler als aufmerksamer Zuhörer folgte und aus denen geschlossen werden kann, dass die traditionellen Militärs den Überlegungen Hitlers zu diesem Zeitpunkt keineswegs blindlings zu folgen bereit waren. Hoßbach gab seine Niederschrift Kriegsminister Blomberg zur Lektüre sowie auch dem Chef des Generalstabs des Heeres, Ludwig Beck. Obwohl Hoßbach ihn zweimal darauf ansprach, fand Hitler vorgeblich keine Zeit, das Dokument zu lesen, das mit seiner Einwilligung im Kriegsministerium blieb.

Q

Hoßbach-Niederschrift zum 5. November 1937
Zit. n.: Ursachen und Folgen, Bd. 11, S. 545–554 (Dok. 2598).

Der Führer stellte einleitend fest, daß der Gegenstand der heutigen Besprechung von derartiger Bedeutung sei, daß dessen Erörterung in anderen Staaten wohl vor das Forum des Regierungskabinetts gehörte [...]. Er wolle den anwesenden Herren seine grundlegenden Gedanken über die Entwicklungsmöglichkeiten und -notwendigkeiten unserer außenpolitischen Lage auseinandersetzen, wobei er im Interesse einer auf weite Sicht eingestellten deutschen Politik seine Ausführungen als seine testamentarische Hinterlassenschaft für den Fall seines Ablebens anzusehen bitte. [...]

Wenn kein dem deutschen Rassekern entsprechendes politisches Ergebnis auf dem Gebiet des Raumes vorläge, so sei das eine Folge mehrhundertjähriger historischer Entwicklung und bei Fortdauer dieses politischen Zustandes die größte Gefahr für die Erhaltung des deutschen Volkstums auf seiner jetzigen Höhe. [...] Die Möglichkeit der Katastrophe wachse in dem Maße der Bevölkerungszunahme [...]. Die einzige, uns vielleicht traumhaft erscheinende Abhilfe läge in der Gewinnung eines größeren Lebensraumes, ein Streben, das zu allen Zeiten die Ursache der Staatenbildungen und Völkerbewegungen gewesen sei. [...] Wenn die Sicherheit unserer Ernährungsgrundlage im Vordergrund stände, so könne der hierfür notwendige Raum nur in Europa gesucht werden [...]. Die Entwicklung großer Weltgebilde gehe nun einmal langsam vor sich, das deutsche Volk mit seinem starken Rassekern finde hierfür die günstigsten Voraussetzungen inmitten des europäischen Kontinents. Daß jede Raumerweiterung nur durch Brechen von Widerstand und unter Risiko vor sich gehen könne, habe die Geschichte aller Zeiten [...] bewiesen. [...] Weder früher noch heute habe es herrenlosen Raum gegeben, der Angreifer stoße stets auf den Besitzer. [...] Zur Lösung der deutschen Frage könne es nur den Weg der Gewalt geben, dieser niemals risikolos sei. [...] Auf der einen Seite die große Wehrmacht mit der Notwendigkeit der Sicherstellung ihrer Unterhaltung [...], auf der anderen Seite die Aussicht auf Senkung des Lebensstandards und Geburteneinschränkung ließen keine andere Wahl, als zu handeln. Sollte der Führer noch am Leben sein, so sei es sein unabänderlicher Entschluß: spätestens 1943/45 die deutsche Raumfrage zu lösen.

12. Auswärtiges Amt und Ideologisierung

Als das Auswärtige Amt bei Hitlers Kabinettsbildung in der Hand des konservativen Konstantin von Neurath blieb, der diese Position seit Juni 1932 schon unter den Reichskanzlern Papen und Schleicher innehatte, schien die Kontinuität einer berechenbaren Außenpolitik für die internationale Welt ebenso gewährleistet wie eine Fortsetzung des nationalistisch-revisionistischen Kurses erwartet wurde. Gleichwohl blieb auch dieses Ministerium, das traditionell als konservativ galt und auf elitäre Professionalität hielt, nicht von der schrittweisen geistigen und personellen Durchdringung im Dienste der herrschenden Ideologie frei, wie sie im Grunde alle Institutionen des Staates erlebten. Dies galt namentlich auch für die Behandlung der „Judenfrage", die von Beginn der NS-Herrschaft an eine internationale Dimension besaß.

„Judenfrage" und Außenpolitik

Auch das Außenministerium geriet so mit den Jahren in den Sog der

Ideologisierung. Am 20. März 1933 wurde für die Behandlung der „Judenfrage" das dem Staatssekretär unmittelbar unterstellte „Referat Deutschland" zuständig. Eine erste Reflexion auf die neuen Verhältnisse zeigt sich in einem hier entworfenen Runderlass über die „Entwicklung der Judenfrage in Deutschland und ihre Rückwirkungen im Ausland" vom Februar 1934. Nach Ansicht der Autoren war der Kampf um Deutschlands Gleichberechtigung herausgehoben „aus der Sphäre machtpolitischer Interessen [...] auf eine ideologische Ebene, in der sich nationalsozialistische Weltanschauung und jüdisch-marxistische Lehre unversöhnlich gegenüberstehen. Das zunächst rein innerdeutsche Judenproblem biologischen und rassischen Ursprungs gewinnt damit die Bedeutung einer außenpolitischen Frage ersten Ranges."

Dies war nun keineswegs typisch für das traditionell konservativen Prinzipien verpflichtete Ministerium, zeigte aber den wachsenden Einfluss eines neuen, ideologiegeleiteten Zirkels von Mitarbeitern, die enge Verbindungen zur SS knüpften und das Diplomatieestablishment mit der Zeit zusehends instrumentalisierten und überspielten. In einer Aufzeichnung vom 16. Oktober 1934 hielt der Leiter des Deutschlandreferats, Vicco von Bülow-Schwante (1891–1970), fest: „Ein Nachgeben in der Judenfrage unter wirtschaftlichem oder politischem Druck würde [...] zur Unterminierung der weltanschaulichen Grundposition des nationalsozialistischen Deutschland und damit zum politischen Zusammenbruch führen. Je schlechter daher die Wirtschaftslage ist, desto weniger sollte an Kompromisse in der Judenfrage gedacht werden." Am 30. Januar 1935 erklärte der sich als „Judenexperte" profilierende Emil Schumburg, das Referat Deutschland habe „seit seinem Bestehen versucht, jedes Hinneigen zu einer Kompromißlösung oder zum Paktieren in der Judenfrage abzuwehren". Schumburg, von 1936 bis 1940 Leiter des Judenreferats und „Verbindungsführer" Himmlers zum Auswärtigen Amt, hielt fest, Deutschland befinde sich in einem Kampf „materieller und weltanschaulicher Art" mit dem „internationalen Judentum". Der „Gedanke einer Kompromißlösung" schwäche die eigene Widerstandskraft, es dürfe „nur an den ganzen Sieg gedacht werden".

Auswanderung und Ideologisierung

Wenngleich solcherart Stellungnahmen ganz auf der offiziellen ideologischen Linie lagen, so blieb die „Judenfrage" doch zunächst vor allem ein innenpolitisches Problem, mit dem sich das Ministerium in erster Linie aufgrund der ausländischen Reaktionen zu beschäftigen hatte. Nach dem Ministerwechsel im Frühjahr 1938 sowie besonders im Zusammenhang mit den internationalen Bemühungen um eine große Auswanderungslösung wurde auch das Außenministerium stärker in die „Judenfrage" involviert. So ließ Ribbentrop jedes Bemühen seitens der Evian-Konferenz ebenso torpedieren wie die Initiative Schachts für eine groß angelegte Judenauswanderung. Der Außenminister verbuchte die Entlassung Schachts als Erfolg für sein Ressort, und sein Sonderreferat Deutschland stellte im Januar 1939 klar, es bestehe „weder eine rechtliche noch eine moralische Verpflichtung, den Juden die Möglichkeit der Transferierung ihres Vermögens zu geben", da „nach nationalsozialistischer Auffassung [...] der Jude als Fremdrassiger [...] seinen Besitz durch ein spezifisch jüdisches Geschäftsgebaren dem deutschen Volksvermögen entzogen" habe. Ende des Monats hielt eine Analyse zur „Judenfrage als Faktor der Außenpolitik im

Jahre 1938" fest, dass die „Judenfrage" für Deutschland „nicht ihre Erledigung gefunden habe, wenn der letzte Jude deutschen Boden verlassen hat". Es sei bereits jetzt „für die deutsche Politik eine wichtige Aufgabe, den Strom der jüdischen Wanderung zu kontrollieren und nach Möglichkeit zu lenken". Das „Judentum in der Welt" sei stets der „unversöhnliche Gegner des dritten Reiches". Diese unterschwellige Parallelentwicklung zur offiziellen Außenpolitik auf höchster Ebene, wie sie Hitler im internationalen Kontext vorantrieb, illustrierte die Intention des Regimes, alle tragenden Institutionen des überkommenen Staates in den Dienst von Ideologie, Partei und politischem Kampf zu stellen, sie damit ihrer staatlichen Funktion letztlich zu entkleiden und zum Instrument des „Weltanschauungskrieges" umzuformen. Auch dies war ein fortschreitender Prozess, der keinem genauen Plan folgte, der aber stets auf jenes immer gleiche Ziel gerichtet blieb: die Formierung aller Institutionen innerhalb einer auf den Rassenkampf ausgerichteten „Volksgemeinschaft".

13. Blomberg-Fritsch-Krise

Die von Oberst Hoßbach im November 1937 skizzierte Diskussion hatte Hitler gezeigt, dass die militärischen Führer seinen aggressiven Nahzielen distanzierter gegenüberstanden als er nach Blombergs willfährigem Verhalten, dem NS-Staat zu dienen, und auch der Bereitschaft Fritschs, dem Reich ein schlagkräftiges, motiviertes und hochmodernes Heer geschaffen zu haben, bislang annehmen mochte. Hitler nahm dies wahr, ohne allerdings einen konkreten Plan zu haben, diese Form partieller Distanzierung gegenüber seinen Absichten zu sanktionieren. Der Zufall kam ihm zu Hilfe.

Offizierskorps

Das Offizierskorps hatte 1934 im Zuge der „Nacht der langen Messer" gegen die SA ohne Protest zugesehen, wie die SS gleichsam nebenbei auch die Generäle Kurt von Schleicher und Ferdinand von Bredow ermordete. Die Entmachtung der SA-Führung und die Erschließung ihres Massenanhangs war ein herausragendes Ziel der Reichswehrführung gewesen und die Offiziere schluckten, wie es schien, die mörderischen Begleiterscheinungen gegen ihresgleichen als einen karrierenotwendigen Preis – der sie allerdings in den Augen vieler moralisch diskreditierte. In den folgenden Jahren kamen durch die immense Heeresvermehrung tausende junger Offiziere neu zum Militär, die sich nicht unbedingt nur mit den überkommenen Traditionen der preußisch-deutschen Militärgeschichte identifizierten, sondern sich auch als Soldaten eines neuen Staates sahen, auf dessen „Führer" sie vereidigt waren.

Vor diesem Hintergrund kam es zum Jahresbeginn 1938 überraschend zu einer Krise in der militärischen Führung, die binnen weniger Wochen zur „Gleichschaltung" auch dieser letzten potentiell verbliebenen Alternativmacht im NS-Staat führte. Kriegsminister Blomberg heiratete als sechzigjähriger Witwer eine junge Frau, die sich bald als ehemalige Prostituierte entpuppte. Nach den Ehrbegriffen des Offizierskorps und mit Blick auf die Öffentlichkeit war diese Verbindung unhaltbar. Sie hatte eine zusätzlich pikante Note, weil Hitler und Göring bei der Eheschließung im engsten

Kreis als Trauzeugen gedient hatten, um allen Standesdünkeln gegen die Heirat des Generals mit dem „Mädchen aus dem Volk“ die Spitze zu nehmen. Hitler fühlte sich brüskiert, witterte Skandal und forderte Blomberg auf, sich wieder zu trennen, was dieser, nicht nur zu Hitlers Irritation, glatt verweigerte. Der für die Verbindung von Wehrmacht und NS-Staat lange Zeit so geschmeidig arbeitende Kriegsminister, auf dessen folgsame Kooperation sich Hitler bislang stets hatte verlassen können, erhielt am 27. Januar 1938 seinen Abschied.

Ein in vielen Augen logischer Nachfolger war der Oberbefehlshaber des Heeres, Werner von Fritsch. Im Gegensatz zu dem in Offizierskreisen aufgrund seiner wachsweichen Hitlergefolgschaft unbeliebten Blomberg genoss Fritsch unter seinesgleichen den höchsten Respekt eines charakterstarken Professionalisten. Fritsch war weder ein Gegner des Nationalsozialismus noch Hitlers, aber sein traditionsgebundenes Verständnis distanzierte ihn doch von der Partei-„Bonzokratie“ (wie Generalstabschef Ludwig Beck es nannte) und von jenen Kräften, die auch den militärischen Apparat und namentlich das von Fritsch so schnell und effektiv geschaffene Heer auf die Linie ideologisch getriebener Aggressionspolitik zu formieren suchten.

Machtrivalitäten

Gleichzeitig weckte Blombergs überraschende Ablösung den Appetit anderer eifriger Machtsammler wie Göring und Himmler. In dieser Gemengelage einer drohenden öffentlichen Skandalisierung des Militärs durch Blomberg sowie den konkurrierenden Ambitionen um seine Nachfolge, wurde Fritsch, der das Ministeramt selbst gar nicht aktiv erstrebte, binnen weniger Tage zum Opfer einer, nur als schmierig zu charakterisierenden, Intrige. Aus einer Jahre zurückliegenden Verleumdung gegen ihn wurde nun mit Hilfe einer dubiosen Akte (deren Vernichtung Hitler einmal angeordnet hatte, ohne dass sich Heydrich an diese Anweisung hielt) der Vorwurf homosexueller „Verfehlungen“ gegen den Heeresbefehlshaber erhoben. Das war nicht nur ein moralischer Vorwurf, sondern wäre auch eine Straftat gewesen, von dem öffentlichen Aufsehen, das daraus entspringen konnte, ganz zu schweigen. Mit Hilfe eines fingierten Zeugen, der den stets kühl-distanzierten Fritsch fälschlicherweise „identifizierte“, entstand so eine Art Zweitkrise, die Hitler einerseits alarmierte, ihm zugleich aber machttaktische Handlungsoptionen öffnete, die er rasch und politisch instinktsicher nutzte.

Obwohl Fritsch unter Ehrenwort seine Unschuld beteuerte, ließ Hitler ihn am 3. Februar 1938 zum Rücktritt auffordern, entließ ihn am nächsten Tag und entschloss sich kurzerhand, den Oberbefehl über die Wehrmacht selbst zu übernehmen – nicht zuletzt, um die eifrigen Ambitionen Görings und auch Himmlers einzudämmen. Indem er das Amt des Kriegsministers gänzlich entfallen ließ, richtete er stattdessen ein Oberkommando der Wehrmacht (OKW) ein, das fortan der Hitler nahezu hörige Wilhelm Keitel (1882–1946) leiten sollte. Fritschs Nachfolger als Oberbefehlshaber des Heeres wurde Generaloberst Walther von Brauchitsch (1881–1948), der sich gleichfalls als folgsamer Hitler-Adept entwickelte. Neben dem Oberkommando des Heeres und dessen Generalstab sowie dem Oberkommando der Marine und der Luftwaffe existierte nun durch die Einrichtung des OKW eine weitere militärische Institution, die allerdings Hitler direkt zugeordnet war. Im Sinne militärischer Effizienz evozierte dies im Grunde einen erhöhten Koordinierungsbedarf, mündete in der Praxis in Kompetenzrangeleien und stärkte damit zugleich Hitlers Position. Anders formuliert: Mit der Übernahme des Oberbefehls hatte sich Hitler nicht nur einen direkteren Zugriff auf militärische Führungsentscheidungen geschaffen, sondern er stand nun auch in einer noch unmittelbareren Weise als letztinstanzliche Entscheidungsgewalt im Mittelpunkt der konkurrierenden Wehrmachtteile.

Unschuld von Fritschs

Die Vorwürfe gegen Fritsch erwiesen sich im Lichte der Untersuchung durch ein militärisches Ehrengericht als die unhaltbaren Verleumdungen, als die sie den Eingeweihten bekannt waren. Doch die machtpolitischen Würfel waren gefallen. Statt der Wiedereinsetzung in sein altes Amt erhielt Fritsch nur eine Pseudo-Rehabilitation, indem Hitler ihn zum Chef eines Artillerieregiments bestimmte, zugleich aber eine öffentliche Erklärung seiner Unschuld verweigerte.

Hitlers Machtinstinkt

Die Blomberg-Fritsch-Krise und die folgende Welle von Umbesetzungen im Militärapparat – Hitler entließ zwölf weitere Generäle und veränderte 51 zusätzliche Positionen – erregte beträchtliches innerdeutsches und internationales Aufsehen, zumal Hitler auch die Gelegenheit genutzt hatte, Außenminister Neurath gegen seinen Vertrauten Ribbentrop auszutauschen. Gleichwohl war die ganze Aktion kein langfristig geplanter Coup, sondern die instinktsichere Instrumentalisierung einer kurzfristig aufgekommenen Krise. Indem Blomberg durch sein privates „Fehlverhalten" einen zunächst durchaus unwillkommenen Handlungszwang schuf, öffnete er diese Option. Die Entlassung Fritschs unterminierte das Machtresiduum der Heeresspitze, die zwar unzweideutig im Dienst des Regimes und „für den Führer" arbeitete, aber zugleich gegenüber der Partei und der SS distanziert geblieben war. Wenn man unterstellt, dass das Offizierskorps bis zu diesem Zeitpunkt trotz aller deutlichen Annäherungen an den Nationalsozialismus noch eine gewisse eigenständige politische Position hätte ausbilden können, so war diese Option nun offensichtlich diskreditiert.

14. „Anschluss" Österreichs

Der gebürtige Österreicher Hitler hatte seit jeher ein aus völkischer Fixierung resultierendes, gespanntes Verhältnis zur politischen Situation in seinem Heimatland. In seinen Wiener Jahren zwischen Herbst 1909 und Mai 1913 hatte er sich der obligatorischen Meldung zum Militärdienst entzogen. Als die Linzer Behörden ihn 1914 in München aufspürten, attestierte ihm eine nachsichtige Musterungskommission wunschgemäß, er sei zu schwach. Schon dieses aus Heuchelei und Opportunismus gemischte Verhalten hatte im Kern ideologische Motive, denn Hitler wollte nicht für das „Rassengemisch" des Vielvölkerstaates in einen Krieg ziehen, in dem er seit 1914 auf deutscher Seite mit engagierter Begeisterung diente. Bei aller nachträglichen Selbststilisierung seiner Lebensgeschichte treten der Haß auf die Behandlung der Deutschen in der Donaumonarchie und die gleichzeitige Verklärung des Reiches als Hoffnung rassischer Wiederbelebung glaubhaft hervor. Die deutsch-österreichische Vereinigung war für Hitler also durchaus mehr als ein machtpolitisches Ziel im Sinne der Großmachtsicherung und Expansionsvorbereitung. Die wirtschaftlichen, demographischen und geostrategischen Vorteile waren weder zu unterschätzen noch zu vernachlässigen, ja im Sinne der langfristigen Vorbereitung des Krieges Richtung Osten unabdingbar. Gleichwohl bedeutete eine Verschmelzung beider Länder in Hitlers Augen genuin mehr, nämlich die Herstellung eines imaginierten historischen Normalzustandes, den die Geschichte bislang verweigert hatte.

Mussolinis Einlenken

Der „Anschluss" stand demnach seit jeher auf der Agenda der politischen Ziele des „Führers". Der dilettantische Putschversuch der österreichischen Nationalsozialisten im Jahr 1934 war Hitler inhaltlich erwünscht, aber der Zeitpunkt geradezu gefährlich verfrüht, zumal Mussolinis Italien sich seinerzeit noch als Schutzmacht gerieren konnte. Das Verhältnis der Diktatoren hatte sich inzwischen parallel zur wachsenden deutschen Rüstungspotenz einerseits und den außenpolitischen Schwierigkeiten Italiens andererseits deutlich gewandelt. Am 6. Januar 1936 signalisierte Mussolini dem deutschen Botschafter in Rom, Ulrich von Hassell (1881–1944), dass er nun nichts mehr einwenden würde, sollte Österreich in die Rolle eines Satelliten des Reiches geraten. Im so genannten Juli-Abkommmen von 1936, das euphemistisch die „Wiederherstellung freundschaftlicher Beziehungen" im Titel trug, geriet Österreich tatsächlich in den außenpolitischen Orbit des Reiches, indem es akzeptierte, sich „stets auf jener grundsätzlichen Linie" zu bewegen, „die der Tatsache, daß Österreich sich als deutscher Staat bekennt, entspricht." Angesichts der weiteren innen- und außenpolitischen Konsolidierung in Deutschland sprach Hitler in der zweiten Jahreshälfte 1937 des Öfteren drohend über die Möglichkeiten eines Schlages gegen sein Geburtsland. Auch wehrwirtschaftliche Motive spielten eine wichtige Rolle. Namentlich Göring drängte darauf, das österreichische Potential möglichst bald für die deutsche Rüstung zu erschließen. Als im Herbst 1937 der Staatssekretär im österreichischen Außenministerium, Guido Schmidt (1901–1957), zu Besuch nach Carinhall, Görings Landsitz in der Schorfheide, kam, fand er in der Bibliothek eine eigens angefertigte Wandkarte hängen, die Österreich schon als Teil des Deutschen Reiches zeigte. Als Schmidt protestierte, entgegnete ihm Göring unverhohlen, so werde die politische Landkarte ohnehin bald aussehen. In der von Hoßbach resümierten Besprechung hatte Hitler am 5. November 1937 hinsichtlich der „Erledigung der tschechischen und österreichischen Frage" als Option genannt, „die Tschechei und gleichzeitig Österreich niederzuwerfen" und hatte dabei zugleich die Vertreibung von zwei Millionen Menschen aus der „Tschechei" und einer Million aus Österreich avisiert.

Als am 19. November 1937 der enge Vertraute des britischen Premierministers Neville Chamberlain (1869–1940) und spätere Außenminister Lord Halifax (1881–1959) mit Hitler zusammentraf, gab er zu verstehen, dass die Briten einer Änderung des Status quo mit Blick auf Österreich, die Tschechoslowakei und Danzig nicht im Wege stehen würden, solange dergleichen Umgestaltung im Zuge „friedlicher Entwicklung" stattfinde. Mitte Februar 1938 nun schickte sich Hitler an, den ersten großen Schritt dieser Politik zu gehen. Während die Schockwellen der Blomberg-Fritsch-Krise noch wirkten, traf der österreichische Bundeskanzler Kurt von Schusch-

Erpressung Schuschniggs

nigg (1897–1977) am 12. Februar 1938 auf dem Obersalzberg zu einem Gespräch mit Hitler zusammen. In einer Art Mafiadiplomatie fuchtelte Hitler gleichsam symbolisch mit der geladenen Pistole vor Schuschniggs Augen, indem er mit militärischer Gewalt drohte und den österreichischen Kanzler, immerhin Regierungschef eines souveränen Landes und Mitglieds des Völkerbundes, zur Unterzeichnung eines Abkommens zwang, das ihn im Kern zum willfährigen Vasallen des Reiches degradierte. Die österreichischen Nationalsozialisten sollten an der Regierung beteiligt und ihr Führer Arthur Seyß-Inquart (1892–1946) zum Innenminister ernannt werden und die Polizeigewalt übernehmen.

Angesichts dieser Aussichten versuchte Schuschnigg die Flucht nach vorn und verkündete am 9. März 1938, dass vier Tage später eine Volksabstimmung über Österreichs künftigen Status befinden solle. Weil er fürchtete, dass viele Jugendliche sich für den „Anschluss“ begeistern könnten, ließ er das Wahlalter auf 24 Jahre heraufsetzen. Mit massivem Druck erreichte Hitler nicht nur, dass diese Abstimmung ausgesetzt wurde, sondern forderte ultimativ, dass Schuschnigg sein Amt für Seyß-Inquart frei machen solle. Schuschnigg suchte derweil vergeblich Hilfe bei den Westmächten, erhielt als Antwort nur ein diplomatisches Achselzucken und trat am 11. März zurück. Als der österreichische Bundespräsident Wilhelm Miklas (1872–1956) sich daraufhin zunächst weigerte, Seyß-Inquart zu ernennen, gab Hitler den Befehl zum Einmarsch – der am Samstag, den 12. März 1938 begann (obwohl Miklas inzwischen nachgegeben hatte). Auf eine militärische Invasion hatte vor allem Göring gedrängt, weil er die österreichischen Ressourcen dringend benötigte, um die wehrwirtschaftlichen Programme am laufen zu halten; er rühmte sich später, die eigentlich treibende Kraft beim „Anschluss“ gewesen zu sein. Die vordergründige militärische Besetzung entwickelte nun, selbst für Hitler in dieser Form überraschend, eine Art nationalistische Eigendynamik, denn die deutschen Truppen wurden keineswegs als feindliche Eroberer, sondern allenthalben mit Jubel empfangen. Euphorisiert und mitgerissen erweiterte Hitler seine ursprünglichen Absichten, die eine Union beider Staaten vorsahen, und forcierte den rasch vollzogenen „Anschluss“. Die frenetisch jubelnde Masse, der er am 15. März 1938 auf dem Wiener Heldenplatz „vor der Geschichte [...] den Eintritt meiner Heimat in das Deutsche Reich“ verkündete, bewies anschaulich, dass hunderttausende Österreicher diese erstaunlich rasche und reibungslose Vereinigung mit ähnlicher Begeisterung und sich selbst durchaus nicht als vergewaltigte Opfer empfanden.

Euphorisierte Besetzung

15. Sudetenkrise und Münchner Abkommen

Sudetendeutsche als Instrument

In Hitlers Überlegungen waren die österreichische und die tschechoslowakische Frage perspektivisch miteinander verbunden, um das außenpolitische Glacis in Osteuropa zu erobern. Den willkommenen Hebel für die Attacke auf die Tschechoslowakei boten die dort lebenden Sudetendeutschen. Als unterprivilegierte Minderheit, deren Siedlungsgebiet sich unmittelbar an das Deutsche Reich anschloss, boten sie Gelegenheit, die völkisch-nationalistische Trommel zu schlagen und dies mit dem gleichsam natürlichen Verlangen zu verbrämen, alle Deutschen legitimerweise in einem Staat zu vereinigen. Trotz aller authentischen völkischen Überzeugungen waren die Sudetendeutschen damit gleichwohl kaum mehr als ein willkommenes Instrument zu anderen Zwecken – der Zerstörung des tschechoslowakischen Staates. Am 28. März 1938 wies Hitler den Führer der Sudetendeutschen Partei, Konrad Henlein (1898–1945), an, stets solche Forderungen an die tschechische Regierung zu stellen, die für diese „unannehmbar" waren, damit der Konflikt latent blieb. Allerdings schwebte ihm kein „Überfall aus heiterem Himmel ohne jeden Anlaß" vor, wie er am 21. April 1938 das Oberkommando der Wehrmacht wissen ließ, sondern eine allmähliche Zerstörung. Als sich die Lage zuspitzte, mobilisierte die tschechische Regierung am 20. Mai ihre Streitkräfte und zwang damit sowohl ihre Bündnispartner in London und Paris als auch die deutsche Seite zum Bekenntnis. Weil die Westmächte signalisierten, ihre Beistandspflichten einhalten zu wollen, stoppte Hitler die militärischen Vorbereitungen und erlitt damit erstmals einen international weithin wahrgenommenen Dämpfer. Dass dieser Rückzug rein taktisch war, machte er schon gut eine Woche später deutlich, als er den Spitzen von Partei, Staat und Wehrmacht ankündigte, „die Tschechoslowakei in absehbarer Zeit durch eine militärische Aktion zu zerschlagen". Er befahl am 30. Mai 1938, dass die Wehrmacht ab 1. Oktober bereit stehen müsse, „Böhmen und Mähren rasch in Besitz zu nehmen".

Rücktritt Becks

Der Generalstabschef des Heeres, Ludwig Beck, der im November 1937 die Hoßbach-Niederschrift gelesen hatte und von dem aggressiven Willen Hitlers zum baldigen Konflikt geradezu erschüttert war, trat am 18. August 1938 aus Protest gegen diesen Kurs von seinem Amt zurück. In Kreisen des Militärs und der Diplomatie formierte sich eine Gruppe Oppositioneller, die ihre eigene Initiative gegen Hitler allerdings von der Haltung Großbritanniens abhängig machte. Wenn die Briten in der tschechischen Frage Hitlers Kriegskurs widerstanden, dann wollten sie selbst den Diktator entmachten. Sie schienen demnach offensichtlich weder willens noch fähig, Hitler aus eigener Kraft zu stürzen. Die britische Regierung verhielt sich demgegenüber ebenso misstrauisch wie dilatorisch und suchte, nachdem Hitler die Krise im September weiter beschleunigte und offensichtlich auf einen Krieg zusteuerte, eine direkte Lösung. Premierminister Chamberlain reiste mehrfach nach Deutschland, um Hitler zu treffen, beschwichtigte dessen Forderungen und gab zu verstehen, dass die Briten nicht für den Erhalt aller Territorien ihres tschechischen Bündnispartners zu kämpfen bereit waren. Als Chamberlain am 27. September von der Downing Street aus über Rundfunk zu seinen Landsleuten meinte, „how horrible, fantastic, incredible it is that we should be digging trenches and trying on gas masks here because of a quarrel in a far away country between people of whom we know nothing", offenbarte sein zynisch anmutender Realismus doch vor allem machtpolitische Hilflosigkeit.

Münchner Abkommen

Die zwei Wochen zwischen dem 15. und 29. September 1938 waren zweifellos der Höhepunkt der britisch-französischen Appeasementpolitik gegenüber dem Deutschen Reich. Chamberlain, der französische Ministerpräsident Edouard Daladier (1884–1970), Mussolini und Hitler versammelten sich, nach vorbereitenden Gesprächen zwischen Chamberlain und Hitler, am 29. September in München und trafen eine Vereinbarung, die vom italienischen Diktator vorgeschlagen, aber von deutscher Seite zuvor erarbeitet worden war. Danach musste die Tschechoslowakei die sudetendeutschen Gebiete bis zum 10. Oktober räumen und bekam dafür im Gegenzug eine Garantie der Großmächte gegen unprovozierte Angriffe. Was dergleichen Zusagen im Konfliktfall wert sein mochten, hatte die Vorgeschichte „Münchens" gerade gezeigt, denn praktisch gaben Frankreich und Großbritannien die Integrität eines Verbündeten preis, um selbst keinen Krieg führen zu müssen.

Keine Kriegsbegeisterung

In Deutschland war die Stimmung angesichts der wochenlangen Spannungen keineswegs euphorisch. Die Sudetendeutschen „heim ins Reich" zu holen, mochte in weiten Kreisen als ein legitimer völkisch-nationaler Anspruch empfunden werden. Ob er einen Krieg rechtfertigen würde, wurde gleichwohl vielfach bezweifelt. Als Hitler Ende September 1938 die Truppen mobilisierte, ließ er eine motorisierte Division in Kriegsausrüstung durch Berlin fahren und sah von der Reichskanzlei zu, wie drei Stunden lang Einheiten durch die Wilhelmstraße zogen. Enttäuscht erkannte er deutlich, dass die Bevölkerung keineswegs begeistert war. Der britische Botschafter Nevile Henderson (1882–1942) beobachtete die Szene und resümierte, dass die Deutschen, die normalerweise Militäraufzüge liebten, diesmal nicht eine Hand zum Applaus erhoben hätten – was Hitler tief beeindruckt habe: „Das Bild, das sich bot, glich beinahe dem einer feindlichen Armee, die durch eine eroberte Stadt zieht." Hitler meinte verärgert, „mit diesem Volk" könne er „noch keinen Krieg führen".

Trotz solcherart Unmut, die Anlass gab zu verstärkter Propaganda, um die Deutschen mental kriegsbereiter zu machen als sie offensichtlich waren, hätte Hitler nach rationalen Maßstäben zufrieden sein können. Das Deutsche Reich umfasste nun beinahe alle deutschsprachigen Menschen in Europa und sein Territorium war umfangreicher als selbst wilde Nationalisten fünf Jahre zuvor erwartet hatten. Hitler dachte das Gegenteil. Dass er in München die Abtretung der Sudetendeutschen Gebiete erreichen konnte, ohne einen Krieg zu führen – gerade das enttäuschte ihn. Denn er wollte mehr als das Sudetenland, und er hätte gern in diesem Zustand der allseits mangelhaften Rüstung vom Herbst 1938, in dem das Reich nach seiner Ansicht noch deutliche Vorteile besaß, militärisch zugeschlagen. Schon drei Wochen nach dem Münchner Abkommen wies er die Wehrmacht an, sich darauf vorzubereiten, „die Rest-Tschechei jederzeit zerschlagen zu können". Hitler wollte Krieg, und er wollte ihn bald.

16. Außenpolitische Bilanz nach sechs Jahren Herrschaft

Wer nun als Deutscher nach sechs Jahren Hitlerscher Außenpolitik ohne moralische Wertung auf die Gestalt des Reiches blickte, der konnte leicht dem Eindruck verfallen, dass hier anscheinend ein begnadeter Politiker all jene Träume von großdeutscher Herrlichkeit erfüllt hatte, die historisch allen seinen Vorgängern stets versagt geblieben waren. Sofern sie nicht zu den verfolgten Minderheiten gehörten, konnten die meisten Deutschen die vergangenen Jahre des „Dritten Reiches" rückblickend als eine Phase lang ersehnter Stabilität und stetiger Erfolge interpretieren. Angesichts dieser stets propagandistisch durchwobenen, bisweilen rauschhaften nationalistischen Befriedigung hatten die meisten Menschen ein natürliches Interesse daran, diese Errungenschaften nicht aufs Spiel zu setzen, sondern das Erreichte zu sichern. Hitler dachte anders, weil ihm jeder Erfolg vor allem Ansporn war, den nächsten Schritt zu wagen. Vor Truppenkommandeuren machte er am 10. Februar 1939 in stringenter Fortsetzung seiner Weltanschauungs-Axiome deutlich, es gehe um „das Schicksal unserer Rasse in kommenden Jahrhunderten". Der nächste Kampf werde „ein reiner Weltanschauungskrieg sein, d.h. bewußt ein Volks- und Rassenkrieg". Statt also zur Ruhe zu kommen und die unter Gewaltdrohung, aber doch friedlich erreichte Vereinigung nahezu aller Deutschen in Mitteleuropa als historisch bislang unerreichten Gewinn zu stabilisieren, folgte Hitler auch weiterhin der Perspektive seiner ideologischen Zielsetzungen. Und das bedeutete, dass diese Vereinigung des deutschen „Rassekerns" zur „Volksgemeinschaft" in einem Reich nur eine notwendige Voraussetzung war, um die vermeintliche historische Mission in Angriff zu nehmen, als deren gottgesandte Personifizierung er sich selbst im Rausch der scheinbar unendlichen Erfolge empfand. An dieser Stelle begannen sich nun auch deutlicher die Wege zu trennen zwischen Hitler und seinen ideologisch getriebenen Anhängern einerseits und den traditionellen Verfechtern einer europäischen Hegemonialpolitik des Deutschen Reiches in Militär und Diplomatie andererseits. Weil ihre Ziele bislang mit denen Hitlers weitgehend identisch waren, hatten sie nicht wenig dazu beigetragen, den NS-Herrschaftsanspruch mit jener professionellen diplomatischen und militärischen Expertise zu durchdringen, die Hitler das gewünschte Instrument schuf, um seine eigene Agenda voranzutreiben. Gleichwohl formierte sich auch jetzt keine nennenswerte Opposition, sondern man ergab sich der Selbsttäuschung, doch weiter mitmachen zu müssen, einerseits, weil es ja offensichtlich immer noch etwas zu gewinnen gab, andererseits, „um Schlimmeres zu verhindern", während man doch gerade dabei war, das Schlimme selbst am laufen zu halten.

Mit den außenpolitischen Aktionen des Jahres 1939 wurde im In- und Ausland zunehmend deutlich, dass es Hitler um mehr ging, als die Sammlung aller Deutschen unter dem Diktum „heim ins Reich". Zugleich hatte Deutschland mit seiner fiebrig auf Rüstung und Kriegsvorbereitung zielenden Politik ein Stadium wirtschaftlicher Überspannung erreicht, das geradezu zwanghaft nach frischen Ressourcen verlangte, um nicht unter der Last jener hochmodernen, doch volkswirtschaftlich unproduktiven Waffen zusammenzubrechen, die dem Volk bereits die Butter nahmen und, wenn keine neuen Ressourcen aufgetan würden, bald auch das Brot nehmen würden.

17. „Zerschlagung der Rest-Tschechei“ und „Hitler-Stalin-Pakt“

Laut Hoßbach-Niederschrift nahm Hitler bereits im Herbst 1937 als verlässlich an, dass England und Frankreich „die Tschechei bereits im Stillen abgeschrieben und sich damit abgefunden hätten, daß diese Frage eines Tages durch Deutschland bereinigt würde“. Das Münchner Abkommen wirkte in dieser Perspektive nur wie ein Zwischenspiel. Hitler ließ in den folgenden Monaten nicht den geringsten Zweifel daran, dass er die Tschechoslowakei im deutschen Klammergriff kaum lange überleben lassen wollte. Am 13. März 1939 diktierte er dem slowakischen Ministerpräsidenten Jozef Tiso (1887–1947) bei einem Besuch in Berlin, die Slowakei solle am nächsten Tag ihre Unabhängigkeit erklären. An diesem 14. März dann beorderte er den tschechoslowakischen Staatspräsidenten Emil Hácha (1872–1945) und dessen Außenminister František Chvalkovský nach Berlin und oktroyierte in der inzwischen so offensichtlich bewährten diplomatischen Mafiamanier, dass sich die Tschechoslowakei in ein „Schutzverhältnis“ zum Reich zu begeben habe. Als in der Nacht zum 15. März 1939 deutsche Truppen nach Böhmen und Mähren einmarschierten und damit die Tschechoslowakei zerstörten, schien sich Hitlers Prognose vom November 1937 zu erfüllen. Tatsächlich konnten Briten und Franzosen in diesem Moment nicht mehr verhindern, dass nunmehr aus einem sechs Monate zuvor noch souveränen, mit ihnen verbündeten Staat ein deutschkontrolliertes „Protektorat“ wurde. Als Hitler hörte, dass keine militärischen Reaktionen vernehmbar waren, erklärte er voller Genugtuung: „Ich habe es gewußt! In 14 Tagen spricht kein Mensch mehr darüber.“ Gleichsam als „Begleiterfolg“ dieser Drohpolitik presste Deutschland auch Litauen am 23. März das Memelgebiet ab und ließ Truppen der Wehrmacht einmarschieren.

„Griff nach Prag“

Der deutsche „Griff nach Prag“ war nicht nach vierzehn Tagen vergessen, im Gegenteil. Die deutsche Außenpolitik, die bei aller unterstützenden Vorbereitung der traditionellen Eliten in Militär und Diplomatie im jeweiligen Entscheidungsmoment genuin Hitlersche Außenpolitik wurde, offenbarte das wahre Gesicht der nationalsozialistischen Ambitionen, indem sie die Friedensbekundungen der zurückliegenden Jahre, die wortreichen öffentlichen Versprechungen und selbst die Unterzeichnung von Verträgen als heuchlerisches Täuschungsmanöver entlarvte. In Hitlers Augen war dies ein normales, ja gebotenes Verhalten, um im moralfreien Überlebenskampf zu gewinnen. Für all diejenigen, die in Paris, London und selbst Rom daran gewöhnt waren, dass man sich um des Friedens willen an Verträge hielt, enttarnte sich hier ein völkerrechtliches Gangstertum. Die britische Regierung konterte, indem Premierminister Chamberlain am 31. März 1939 im Unterhaus eine Garantie für die „polnische Unabhängigkeit“ verkündete und den Polen am 6. April ein Beistandsversprechen gab. Inzwischen hatte Hitler bereits am 3. April 1939 dem Oberkommando der Wehrmacht befohlen, den Krieg gegen Polen so vorzubereiten, „daß die Durchführung ab 1.9.1939 jederzeit möglich ist“.

Wenn das Regime nun 1939 mit Goebbels' Propagandamaschinerie im Allgemeinen und Hitler mit seinen Reden im Besonderen einen verschärft antipolnischen Ton anschlug, so stieß dies in weiten Teilen der deutschen Bevölkerung auf tiefe Sympathie. Die Ressentiments gegen den östlichen Nachbarn waren latent und wirkten ähnlich einer offenen Wunde, seit Polen nach dem Ersten Weltkrieg als Staat wieder erstanden war und dabei einen territorial wie ökonomisch nennenswerten Teil des ehemaligen Kaiserreiches zugesprochen bekommen hatte. Polen stand gleichsam selbstverständlich seit jeher im Zentrum aller Revisionsabsichten, und dementsprechend verwundert hatten viele Deutsche und die internationale Welt zugesehen, wie Hitler zu Beginn seiner Regierungszeit hier eine scheinbar auf Ausgleich und Verständigung zielende Appeasementpolitik betrieb. Deren Täuschungscharakter wurde nun offenbar.

Kündigung des deutsch-polnischen Nichtangriffspaktes und des deutsch-britischen Flottenabkommens

Diese Neuformierung der deutschen Außenpolitik, die nun Polen ins Visier nahm, zeigt sich auch in Hitlers Reichstagsrede vom 28. April 1939, in der er auf eine Botschaft des amerikanischen Präsidenten Franklin D. Roosevelt reagierte, in der dieser außenpolitische Friedenszusicherungen verlangt hatte. Neben seiner beißenden Polemik gegen Roosevelt und die Vereinigten Staaten nutzte er rhetorisch geschickt die Gelegenheit, um den deutsch-polnischen Nichtangriffspakt vom Januar 1934 sowie das deutsch-britische Flottenabkommen vom Juni 1935 zu kündigen.

Nur vier Wochen später erklärte er am 23. Mai seinen Militärführern die Absicht, „bei erster passender Gelegenheit Polen anzugreifen". Die unterschwellige Dynamik der deutschen Außenpolitik beschleunigte und radikalisierte sich, weil die Haltung der Westmächte Hitler zugleich ermutigte (er hielt sie für feige) und antrieb – der Rüstungsvorsprung musste genutzt und die Ressourcen zu dessen Konsolidierung mussten gesichert werden. Die Westmächte dagegen versuchten der über diplomatische Kompromisse offensichtlich nicht zu bremsenden Aggressivität des Deutschen Reiches mit einer internationalen Eindämmungspolitik zu begegnen – und beide Seiten suchten hierfür die Unterstützung der bislang international offen stigmatisierten Sowjetunion Josif Stalins (1879–1953).

Wettlauf Richtung Sowjetunion

Als seit dem Frühjahr 1939 eine allgemeine Annäherung Richtung Moskau begann, wirkte dies wie ein bisweilen bizarr anmutendes Wettrennen zwischen den westlichen Status-quo-Mächten einerseits und dem international herausfordernden Deutschen Reich andererseits. Stalin hatte angesichts der Krise um die Tschechoslowakei im September 1938 deutlich wahrgenommen, dass die Westmächte die Sowjetunion nicht als gleichberechtigte Großmacht in mitteleuropäischen Angelegenheiten betrachteten. Im internationalen Maßstab schien der Kommunismus den Westmächten immer noch eine mindestens ebenso große Gefahr wie das „Dritte Reich", das man als „Wellenbrecher" und „Bollwerk" gegen die „rote Flut" für erhaltenswert hielt. Ja, ein Gutteil der Nachgiebigkeit Chamberlains gegenüber Hitler resultierte aus der Furcht, dass Deutschland im Falle einer Destabilisierung oder eines Krieges womöglich bolschewistisch werden und damit eine noch größere Gefahr als unter NS-Herrschaft darstellen würde. Nun bot Frankreich der Sowjetunion am 15. April 1939 ein Bündnis an, und zwei Tage später begannen deutsch-sowjetische Gespräche, die trotz mancher Schwankungen in den kommenden Monaten ab Ende

Juli in eine ernste Phase mündeten, als deren Produkt am 23. August 1939 der deutsch-sowjetische Nichtangriffsvertrag vereinbart wurde.

In der sowjetischen Führung war das Wissen um die langfristigen rassenideologischen Ziele Hitlers durchaus verbreitet. Ungeachtet der offiziellen Lesart vom „deutschen Faschismus" als der letzen Bastion des Kapitalismus nahm man das NS-Regime in seiner genuinen Gefährlichkeit ernst. Gleichwohl sah Stalin, dass Hitler ihm deutlich mehr zu bieten bereit war als die Westmächte ihrem Selbstverständnis nach jemals konnten: die gemeinsame Aufteilung Ostmitteleuropas auf Kosten der kleinen Völker und Staaten. Zugleich fürchtete Stalin, dass die Sowjetunion bei einem Zusammengehen mit den Westmächten und einem von Hitler angestrebten Krieg die militärische Hauptlast würde tragen müssen. Ein Pakt mit Hitler, in dessen Folge man nicht nur Beute in Polen machen, sondern auch noch zusehen konnte, wie sich die kapitalistischen Staaten und das „Dritte Reich" kriegerisch gegenseitig zerfleischten, wirkte in dieser Perspektive beinahe unwiderstehlich. Für Hitler bot sich die Option, endlich „seinen" Krieg beginnen zu können unter Bedingungen, die es der Wehrmacht ermöglichten, den Westen zunächst defensiv zu sichern und sich auf den Angriff im Osten zu konzentrieren, was in Hitlers Perspektive zugleich den ersten Schritt im Lebensraumkrieg bedeutete. Vor den Oberbefehlshabern der Wehrmacht charakterisierte er dies am 22. August als „ein großes Ziel, das viel Einsatz fordert". Er habe „nur Angst, daß mir noch im letzten Moment irgendein Schweinehund einen Vermittlungsplan" vorlege. Nun sei der „Weg für den Soldaten [...] frei, nachdem ich die politischen Vorbereitungen getroffen habe".

Realpolitische Kalkulationen

Stalin gab Hitler mit der Zusage bedingungsloser Neutralität, im vollen Bewusstsein der Folgen, ein beruhigendes Signal für den Angriff auf Polen. Der deutsche Zweifrontenkrieg war auf diese Weise deutlich berechenbarer, weil es vor allem die Polen waren, die an zwei Fronten kämpfen mussten, während Deutschland in Richtung Westen durch die offensichtlich funktionierende kombinierte Abschreckung aus Wehrmacht und Westwall trotz französisch-britischer Kriegserklärung nicht nur die ersten Kriegswochen, sondern den ganzen Winter aussitzen konnte.

Q

Aus dem Geheimen Zusatzprotokoll zum Hitler-Stalin-Pakt, 23. August 1939
Zit. n.: Ursachen und Folgen, Bd. 13, S. 457f. (Dok. 2823k).

Aus Anlaß der Unterzeichnung des Nichtangriffsvertrages zwischen dem Deutschen Reich und der Union der Sozialistischen Sowjetrepubliken haben die unterzeichneten Bevollmächtigten der beiden Teile in streng vertraulicher Aussprache die Frage der Abgrenzung der beiderseitigen Interessensphären in Osteuropa erörtert. [...] Für den Fall einer territorial-politischen Umgestaltung der zum polnischen Staate gehörenden Gebiete werden die Interessensphären Deutschlands und der UdSSR ungefähr durch die Linie der Flüsse Narew, Weichsel und San abgegrenzt. Die Frage, ob die beiderseitigen Interessen die Erhaltung eines unabhängigen polnischen Staates erwünscht erscheinen lassen, und wie dieser Staat abzugrenzen wäre, kann endgültig erst im Laufe der weiteren politischen Entwicklung geklärt werden. [...] Dieses Protokoll wird von beiden Seiten streng geheim behandelt werden.

Krieg als Fortsetzung der Außenpolitik

Als mit dem deutschen Überfall auf Polen am 1. September 1939 der Krieg begann, waren die meisten Deutschen weder überzeugt, dass das Deutsche Reich hier einen Kampf um seine Existenz führte, noch waren sie gar euphorisch auf „Lebensraumeroberung" aus. Prinzipiell war eine Auseinandersetzung mit Polen in weiten Kreisen der alten Eliten und in der Bevölkerung durchaus willkommen, denn man kehrte damit quasi unter neuen Vorzeichen zur antipolnischen Politik von vor 1933 zurück. Aber musste man dafür, so die durchaus bange Frage, einen Krieg entfachen, der sich zum Konflikt um die Existenz des Deutschen Reiches selbst auswachsen konnte? Gerade die vielfältigen außenpolitischen Erfolge der vergangenen Jahre hatten doch gezeigt, dass man seine als legitim angesehenen Expansionswünsche, namentlich den „Anschluss" Österreichs und des Sudetenlandes, ohne Blutvergießen durchzusetzen vermochte. Warum sollte man dies nicht auch im Konflikt mit Polen erreichen, wenn man Geduld statt Gewalt einsetzte? Aber eine Wahl ließ Hitler nicht, und die Kraft und den Willen zur Alternative hatten die meisten Menschen aufgegeben und sich oft freimütig einbinden lassen. Millionen Deutsche erfreuten sich an den jahrelangen Erfolgen des „Dritten Reiches" und identifizierten sich mit der nationalsozialistischen Politik. So saßen sie alle im selben Zug, der nun in einen unberechenbar-waghalsigen Krieg raste, mochten sie dies wünschen, wie Hitler, oder fürchten, wie viele Deutsche.

18. Fazit

Fasst man die Entwicklung der deutschen Außenpolitik von Hitlers Machtantritt 1933 bis zum Kriegsbeginn 1939 zusammen, so ist deutlich erkennbar, dass sie bestimmte ideologisch abgeleitete, programmatisch fixierte Ziele erstrebte, ohne dass die Einzelschritte auf dem Weg dorthin von vornherein einem festen Zeitplan folgen konnten. Blickt man auf die wichtigsten Stationen dieser Strecke – Verlassen der Abrüstungskonferenz und des Völkerbundes (1933), Vertrag mit Polen (1934), Wiedereinführung der Wehrpflicht (1935), Remilitarisierung des Rheinlandes (1936), „Anschluss" Österreichs (1938), Erpressung und Zerschlagung der Tschechoslowakei (1938/39), Pakt mit der Sowjetunion (1939), Angriff auf Polen (1939) – so ist die durchweg entscheidende Rolle Hitlers unzweideutig erkennbar. Er reflektierte und begründete diese Schritte in Reden und militärischen Weisungen, die erkennen lassen, dass er stets einem ideologisch fixierten Missionarismus folgte: die Deutschen zunächst in einem Reich zu einer geschlossenen „rassischen Volksgemeinschaft" zu vereinigen, diesen nationalsozialistisch durchdrungenen Staat militärisch schnellstmöglich aufzurüsten und für einen Krieg vorzubereiten und diesen Krieg um „Lebensraum" dann unter Ausnutzung des rüstungstechnischen Vorsprungs möglichst bald zu führen.

Es ist offensichtlich, dass die meisten Ziele der konservativen Eliten – wie beispielsweise die Wiederaufrichtung der deutschen Großmacht, die Rückgewinnung verlorener Territorien, das Streben nach mitteleuropäischer Hegemonie, die Revanchegedanken Richtung Frankreich, die

Verachtung gegenüber den osteuropäischen Nachbarn, namentlich gegen die Tschechoslowakei und Polen, bis hin zu der Absicht ihrer Zerstückelung – vielfältig mit Hitlers Ambitionen parallel liefen und seine Politik förderten. Auch bei diesen lange staatsmächtigen Gruppen war stets die Option eines Krieges mitgedacht, für den es zu rüsten und auf den es sich vorzubereiten galt. Im Gegensatz zu Hitler allerdings verstanden sie Krieg nicht als das gleichsam naturgegebene Lebensgesetz ihrer politischen Existenz. Ein Krieg mochte wahrscheinlich, ja notwendig werden, um Deutschland hegemonial prädominant zu etablieren. Einen Krieg dagegen als Zwang eines vermeintlichen Lebensgesetzes um beinahe jeden Preis zu erstreben, das schien demgegenüber denn doch wie ein Vabanquespiel, das die Existenz des Reiches an sich in Gefahr zu bringen drohte. Gleichwohl und ohne aus dieser Wahrnehmung ernste Konsequenzen zu ziehen: Von Hitler, dessen außenpolitische Entscheidungskompetenz niemand zu konterkarieren oder auch nur ernsthaft in Frage zu stellen vermochte, ließen sie sich rasch vereinnahmen. Sie erstaunten angesichts der überraschenden, so scheinbar leicht erreichbaren Gewinne, die aus seiner Politik auch ihren lange schwelenden Wünschen zufielen. Nationalistische Hegemonialambitionen vermischten sich hier mit Gehorsamkeit und Staatstreue ebenso wie mit der ansteckenden Faszination einer scheinbar gottgewollten Erfolgssträhne. Mit dem Überfall auf Polen und besonders angesichts des Sieges gegen Frankreich ließen sich viele von der berauschenden Euphorisierung unerwarteter Triumphe gänzlich davontragen in die tätige Komplizenschaft eines Eroberungs- und Vernichtungskrieges, der schließlich das Ende des Deutschen Reiches mit einer gewissen Logik provozierte.

VIII. Schlussbetrachtung: Das „Dritte Reich", Hitler und die Deutschen

Blickt man rückschauend auf die Genesis des „Dritten Reiches", zeigt sich, dass die nationalsozialistische Herrschaft in Deutschland weder ein zwingend logisches Produkt der deutschen Geschichte noch eine historisch unverbundene Entgleisung verkörpert. Es entstand aus einer multikausalen Mischung komplexer, lange unterschwelliger Traditionen, die sich mit einem Bündel zufälliger, oft bis in ein schlicht persönliches Intrigantentum reichender Aktivitäten einer kleinen Gruppe machtentscheidender Individuen zu jener Konstellation verbanden, in der Adolf Hitler am 30. Januar 1933 zum Reichskanzler berufen wurde.

Bis zu diesem Tag war die von Hitler geführte nationalsozialistische „Bewegung" nicht in der Lage, aus eigener Kraft an die Schalthebel der Macht zu gelangen. Gleichwohl repräsentierte sie ein Wählerreservoir von rund 13 Millionen Deutschen, das, in Zusammenschau mit den gleichfalls nach Millionen zählenden Deutschnationalen und Kommunisten, eine mehrheitliche und weit reichend fundamentale antirepublikanische und antidemokratische Disposition in der deutschen Gesellschaft verkörperte.

Die deutsche Bevölkerung und die deutsche Gesellschaft waren keine homogene Masse, die den 30. Januar einstimmig als Erlösung begrüßte. Zugleich gab es Millionen, die derartige Hoffnungen hegten. Die nationalsozialistische Herrschaft reflektierte untrennbar beides – tief wurzelnde Traditionen eines deutschen Sonderbewusstseins, in dem sich kulturelles Überlegenheitsgefühl und machtgläubige Autoritätsorientierung mit antiparlamentarischen, antirepublikanischen und antisemitischen Dispositionen mischten. Zugleich brach das „Dritte Reich" mit den ebenso verbreiteten, aber offensichtlich nicht weiter durchsetzungsfähigen christlich-humanen, zivil-kultivierten, liberalen, parlamentarischen und demokratischen Traditionen einer offenen Gesellschaft und suchte deren Anhänger umzuerziehen und ihre Residuen zu zerstören. Darüber hinaus schien ein Teil der deutschen Gesellschaft offensichtlich willig, das überkommene christlich-abendländische Zivilisationsverständnis zugunsten einer rassistisch grundierten „Volksvergemeinschaftung" abzustreifen. Diejenigen, die dieser ideologischen Neuformierung distanziert, oppositionell oder phlegmatisch gegenüberstanden, vermochten daraus zu keinem Zeitpunkt einen einheitlich wirkenden Widerstand zu bilden.

Ein vielleicht banal anmutendes Bild mag diesen Prozess illustrieren: Die deutsche Gesellschaft erschien durch die gesamte Weimarer Zeit wie ein großer Topf, in dem ein unharmonisch komponiertes Gemenge aus Republikanern und Anti-Republikanern, Nationalisten, Sozialisten und Kommunisten, Demokraten und Monarchisten, Christen und Atheisten lebte. Eine Gesellschaft, die durchzogen war von obrigkeitsstaatlichen Traditionen und autoritätsfixierten Gewohnheiten, krisengeschüttelt und voller Frustrationen über die nationale Schmach der Kriegsniederlage und die Demütigung der Friedensbedingungen. Alle Ingredienzien eines autoritären Staates waren vorhanden, nicht selten auch der Wille und die Hoffnung auf eine

Art absolute Erlösung, aber die Entwicklung der Präsidialkabinette illustrierte doch die Ohnmacht zur grundstürzenden Umgestaltung. Hitlers Ernennung zum Reichskanzler löste gleichsam eine neuartige, aus der Masse seiner Anhängerschaft gespeiste Reaktion aus. Seine missionarische Energie setzte fortan all jene Energien frei, die sich aus nationalistischem Superioritätsgefühl, völkischem Sendungsbewusstsein und eifriger Revanchelust zum aggressiven Gemisch eines auf Rassismus und Expansion fixierten Staatswesens verbanden. Die Gegentraditionen christlicher, parlamentarischer, demokratischer, liberaler, marktwirtschaftlicher oder antirassistischer Orientierung waren nach wie vor enthalten, verschwammen jedoch, lösten sich auf oder wurden aufgelöst. Als Hitler verschwand, versiegte auch die Quelle dieser fortgesetzt aggressiven Reaktion und nicht wenige Ingredienzien fielen zurück in ihre Ursprungsseparation. Kein Zweifel: Wer ein fundiertes humanes Bewusstsein besaß, der ließ sich nicht fangen, verließ vielleicht sogar das Land, praktizierte Alltagsresistenz, wagte bisweilen sogar Widerstand. Aber entscheidend wurde das nie, und als erschreckend mag man diagnostizieren, wie wenig Energie es bisweilen bedurfte, um das Gift einer grundstürzenden Unmenschlichkeit freizusetzen.

Ebenso wie seine Ursachen, war auch die Praxis der nationalsozialistischen Herrschaft bis zum Kriegsbeginn ein komplexer Prozess, in dem sich verschiedenste, zum Teil widersprüchliche Elemente mischten. Einerseits lag eine stete Drohung staatlich-polizeilicher und parteigenerierter Willkür und Gewalt über dem Land, die sich, verkürzend zusammengefasst, im Aufbau des „SS-Staates" ausdrückte, der die traditionelle Polizei- und Staatsmacht durchdrang und absorbierte. Andererseits empfanden viele Menschen die „neue Ordnung" nach den Krisenjahren der Weimarer Republik als eine Phase der Normalisierung, Beruhigung und persönlichen Sicherung. Der komplementäre Doppelprozess von Machtfreigabe und Revolution mündete mit der Enthauptung der SA-Spitze und dem Ableben des Reichspräsidenten im Sommer 1934 in eine weit reichend gesicherte „Führer"-Diktatur, in der Hitler die unangefochtene Entscheidungsinstanz bildete. Zugleich entstand ein Geflecht von immer neuen Institutionen und „Beauftragten", deren polykratisch-konkurrierende Dynamik ebenso radikalisierend wirkte wie es die sozialdarwinistische Grundierung der Herrschaftsideologie offenbarte. Anders formuliert: Die Konkurrenz zahlreicher Ämter und Institutionen, die sich oft im selben Aufgabenbereich stritten, zeigt einen dynamisierenden Polykratismus im komplementären Zusammenspiel mit einer monokratischen Führung. Es ist daher kaum erkenntnisfördernd, einen gedachten Maßstab „moderner" Regierungsstrukturen und Staatsführung anzulegen, um Funktionieren und Wirkung des „Dritten Reiches" verstehen zu wollen. Die Wahrheit ist, dass Hitler wie das „Dritte Reich" auf die Dauer keine „normale" Existenz führen konnten.

Permanenter Kampf und die Bereitschaft, ja der Wille zum Krieg offenbarten sich schon nach innen als das Bewegungsgesetz der nationalsozialistischen Herrschaft. Beim Blick auf die historischen Entwicklungslinien deutscher Außenpolitik wird dies umso deutlicher: Die Politiker der Weimarer Regierungen hatten trotz aller Restitutionsträume und Revisionswünsche den Krieg nicht gesucht und Verträge geschlossen, an die man sich bei aller fortdauernden Revisionsdynamik auch zu halten gedachte. In gleicher Weise war außenpolitische Revision selbst für die Präsidialkabinette, trotz aller Aufrüstungspläne, an politische Kategorien und nicht an pseudozwanghaft wirkende ideologische Axiome gebunden. Mit der nationalsozialistischen Machtübernahme ist von Beginn an die treibende Energie des Regimes zu schneller Aufrüstung und langfristiger Machtexpansion erkennbar, was angesichts der internationalen Situation der Großmächte oft als normaler Nachholeffekt angesehen und nach und nach akzeptiert wurde. In den Augen der meisten Deutschen bedeutete diese Politik nicht nur eine materiell-militärische Normalisierung, sondern auch eine lang ersehnte Wiederherstellung der nationalen Reputation, im Grunde eine Selbstverständlichkeit, die auch jene der Regierung hoch anrechnen mochten, die deren ideologischen Axiome nicht teilten.

Die innenpolitischen Erfolge des Regimes erwiesen sich in ihrer Oberflächlichkeit kurzfristig voll täuschender Kraft, weil sie das langfristig selbstzerstörerische Moment der nationalsozialistischen Wirtschafts-, Rüstungs- und Außenpolitik manipulativ zu verdecken vermochten. Wenige Menschen in Deutschland erkannten, dass Hitlers Politik seit seinem Machtantritt ein Wechsel auf die Zukunft war, den man gewaltsam einzulösen hatte, und den fremde Völker in einem Krieg zu begleichen haben würden. Der „Erfolg" der NS-Wirtschaftspolitik resultierte vor allem aus der von Beginn an rücksichtslosen Instrumentalisierung der ökonomischen Ressourcen mittels Schuldenfinanzierung für die mittelfristige Kriegsvorbereitung zur anschließenden Refinanzierung dieser Brachialexpansion mittels Ausbeutung der unterworfenen Völker und Territorien. Die jahrelangen außenpolitischen Erfolge betäubten in ihrer kumulierenden Wirkung jene Skeptiker, die zu internationaler Vorsicht statt risikovoller Vabanque-Attitüde mahnten.

Das internationale Stillhalten gegenüber Hitlers fortgesetzter Friedensheuchelei, seinen Gewaltdrohungen und regelmäßigen Vertragsbrüchen bis hin zu seinen militärischen Machteinsätzen förderte die Stabilisierung der NS-Herrschaft und ließ sie zu einem Faktor internationaler Bedrohung heranreifen. Auch außenpolitisch zeigte sich nach wenigen Jahren, dass Hitler kein Großmachtpolitiker gewöhnlichen Zuschnitts war, sondern ein durchtriebener Ideologe, dessen Wort nur soweit zählte, als er von äußerer Gewalt zu dessen Einhaltung gezwungen wurde. Insofern versagten auch die außenpolitischen Gegner Hitlers, ähnlich wie seine innenpolitischen Steigbügelhalter mit ihrem Zähmungskonzept versagt hatten. Die Appeasementpolitik, für die es aus zeitgenössischer britischer und französischer Sicht manches gute Argument gab, erwies sich gleichsam als internationale Variante dieses Zähmungskonzepts und ermunterte Hitler geradezu in analoger Perzeption seiner offensichtlich schwachen Gegner, immer aggressiver aufzutreten in der Hoffnung, auf internationaler Ebene das zu etablieren, was ihm national schon gelungen war: die rücksichtslose Durchsetzung einer hegemonialen Gewaltherrschaft.

Das „Dritte Reich" nahm trotz aller Kompetenzkämpfe und konkurrierender Institutionen, trotz aller bisweilen unsystematischen und sprunghaft anmutenden „Maßnahmen" keine beliebige Entwicklung, sondern zeigt sich als ideologiegetriebene Abfolge von radikalisierenden Schritten mit dezidierten Zielen: Rassensegregation, völkische Militarisierung, territoriale Expansion, völkerverschiebender Lebensraumkrieg mitsamt der Implikation millionenfacher Menschvernichtung im Kampf um europäische Hegemonie mit Weltmachtanspruch. Dieser Impetus ging von Hitler aus, setzte sich in seinen Gläubigen fort und zwang schließlich mit dem Krieg das gesamte Volk in seinen Dienst.

Die Person und Rolle Hitlers ist entscheidend, um die fortdauernde Entfaltung der ideologiegeleiteten NS-Herrschaftspraxis in ihrer Dynamik zu verstehen. Die deutsche Gesellschaft ohne Hitler besaß eine profunde Zahl autoritärer, machtwilliger Politiker, aber keinen, der in seiner integrierend-dynamisierenden Funktion Hitler gleichkam. Wenn die deutsche Gesellschaft nach 1933 eine innere Dynamik entfaltete, die auf totalitäre Gewaltherrschaft und Krieg hinauslief, dann bedurfte es offensichtlich einer anderen, eigenständigen Induktion als sie – in derselben Gesellschaft – in den gleichfalls schon autoritär geprägten Jahren 1930 bis 1933 gegeben war. Man muss sich also deutlich machen, warum trotz derselben, zehntausende, wenn nicht hunderttausende zählenden Gruppe nationalistischer, revisionistischer, hegemonieträumender, machtbewusster, einflussreicher Persönlichkeiten in Militär, Wirtschaft und Verwaltung und trotz der bereits instrumentalisierten verfassungsmäßigen Sonderrechte des Reichspräsidenten zwischen 1930 und 1933 nicht dieselbe aggressive Dynamik entstand wie in demselben Zeitraum danach. Dergleichen Politik war offensichtlich kein gesellschaftlich induzierter Selbstläufer, schon gar keine historisch logische Selbstverständlichkeit, sondern reflektiert einen ideologisch fixierten Dynamismus, der in Hitlers Persönlichkeit wurzelte und mit seiner Amtsübernahme den Schlüssel erhielt, die Schleusen für seine Anhänger zu öffnen.

Die Fähigkeit zur autosuggestiven Selbstüberhebung, wie sie bei machttaktisch erfolgreichen Politikern nicht selten diagnostizierbar ist, steigerte sich bei Hitler mit den Jahren zu einer Hybris vermeintlicher Unfehlbarkeit. Spätestens seit 1936 begann er gänzlich dieser latenten autosuggestiven Kraft zu erliegen, die ihn schon in früheren Jahren angetrieben hatte. „Ich gehe mit traumwandlerischer Sicherheit den Weg, den mich die Vorsehung gehen läßt", verkündete er selbstapotheotisch am 14. März 1936. Die weiteren Erfolge der kommenden Jahre, vom „Anschluss" Österreichs bis zum Sieg über Frankreich, überrollten die wenigen verbliebenen Skeptiker und ließen Hitler selbst vollends dem Wahn der auserwählten Unfehlbarkeit erliegen.

Jede andere Figur aus dem Personal des „Dritten Reiches" ließe sich wegdenken, ohne dass die Geschichte wohl einen grundsätzlich anderen Verlauf genommen hätte. Ohne Goebbels wäre die NS-Propaganda vielleicht weniger von jener eifernd-zynischen Intelligenz geprägt gewesen, aber seine Konkurrenten hätten die Macht des Ministers zweifellos rasch zu teilen gewusst. Als Blomberg und Fritsch abserviert wurden, verschwanden sie im Grunde spurlos. Als Todt verunglückte, ersetzte ihn Speer, der auch Göring verdrängte, als dieser in der Überfülle seiner Funktionen versagte. Als Heydrich im Krieg einem Attentat zum Opfer fiel, lief die Mordmaschinerie weiter. Wäre Himmler etwas zugestoßen, so dürfen wir dasselbe annehmen. Versucht man dieses Gedankenspiel mit Hitler, so wird deutlich, dass die nationalsozialistische Herrschaft mit einiger Sicherheit an der anarchischen Zersplitterung ihrer institutionellen und personellen Strukturen und deren inneren Widersprüchen zerbrochen wäre. Hitler allein war es, der diese allseitige Heterogenität überwölbte und integrierte, der jenseits des personellen und institutionellen Wettbewerbs jene mentale Bindung zu personifizieren vermochte, die das „Dritte Reich" als nationalsozialistische Herrschaft nicht allein stabil hielt, sondern permanent antrieb. Hitlers Fähigkeit zur durchdringenden Entscheidung blieb bis zum Untergang ungebrochen. Sie beschreibt die eigentliche historische Wirkungsmacht seines Einflusses und ist der Kern des Gedankens, dass das „Dritte Reich" ohne ihn weder so entstanden wäre noch den Weg in das Vabanque um Weltmacht oder Untergang sowie den millionenfachen technisch-industriellen Massenmord gegangen wäre.

Viele Deutsche waren von Hitlers augenscheinlicher Berufung je länger, je stärker fasziniert. Er öffnete ihnen nicht selten zugleich einen Weg, das verbreitete Sonderbewusstsein von einer speziellen Sendung und Gefährdung der Deutschen zu einer neuen geschichtlichen „Aufgabe" umzudeuten: die Durchsetzung des völkisch-rassischen Programms durch das Deutsche Reich. Mit den Jahren und mit den Erfolgen zeigten sich nicht nur die Eliten von der „Sendung" des „Führers" eingenommen, sondern gewöhnten sich auch viele „durchschnittliche" Menschen daran, in den ideologischen Kategorien eines permanenten Überlebenswettbewerbs bis hin zum Vernichtungskampf zu denken. Die Rassenpolitik der Friedensjahre, die mit Diskriminierung, Verfolgung, Pauperisierung und Austreibung bis hin zur Tötung rassisch stigmatisierter Minderheiten, allen voran der jüdischen Deutschen, bereits „erprobt" war, wandelte sich mit Kriegsbeginn graduell, nicht prinzipiell. Der Krieg diente insofern als entscheidender Katalysator, als er die Gewaltpotentiale aller bisherigen Hemmungen enthob und ungekannte Optionen bot, Rassenvorurteile, Machtphantasien und kompensierte Ängste gegen vielfältige Gegner bis hin zu unbeteiligten Opfern auszuleben. Als dieser Krieg am 1. September 1939 mit dem Überfall deutscher Truppen auf Polen begann, war dies mithin im Sinne der NS-Ideologie und den Zielen ihrer Herrschaft bei Lichte betrachtet eine eher oberflächliche Zäsur, ein Wandel in der Methode zunächst sowie der Potentiale und ihrer Reichweite, doch weiterhin getrieben von dem immergleichen Motiv, Rassendoktrin und „Weltanschauung" zu jenem Prinzip zu erheben, nach dem man die Erde neu zu gestalten dachte.

Auswahlbibliographie

Forschungsberichte und Hilfsmittel

Benz, Wolfgang (Hrsg.): Legenden, Lügen, Vorurteile. Ein Wörterbuch zur Zeitgeschichte, München 1992.

Benz, Wolfgang und Hermann Graml, Hermann Weiß (Hrsg.): Enzyklopädie des Nationalsozialismus, aktualis. u. erw. Neuausgabe 2007 (EA 1997).

Boberach, Heinz u. a. (Bearb.): Inventar archivalischer Quellen des NS-Staates. Die Überlieferung von Behörden und Einrichtungen des Reichs, der Länder und der NSDAP. Teil 1: Reichszentralbehörden, regionale Behörden und wissenschaftliche Hochschulen für die zehn westdeutschen Länder sowie Berlin; Teil 2: Regionale Behörden und wissenschaftliche Hochschulen für die fünf ostdeutschen Länder, die ehemaligen preussischen Ostprovinzen und eingegliederte Gebiete in Polen, Österreich und der Tschechischen Republik mit Nachträgen zu Teil 1, München 1991–1995.

Boberach, Heinz und Rolf Thommes, Hermann Weiß (Bearb.): Ämter, Abkürzungen, Aktionen des NS-Staates. Handbuch für die Benutzung von Quellen der nationalsozialistischen Zeit. Amtsbezeichnungen, Ränge und Verwaltungsgliederungen, Abkürzungen und nichtmilitärische Tarnbezeichnungen, München 1997.

Brechtken, Magnus: Literaturbericht zur Geschichte der nationalsozialistischen Herrschaft, in: Geschichte in Wissenschaft und Unterricht 62 (2011), 3/4, S. 237–251; 5/6, S. 366–380; 7/8 S. 491–507.

Hockerts, Hans Günter (Bearb.): Weimarer Republik, Nationalsozialismus, Zweiter Weltkrieg (1919–1945). Erster Teil: Akten und Urkunden (Quellenkunde zur Deutschen Geschichte der Neuzeit von 1500 bis zur Gegenwart, Band 6/I). Darmstadt 1996.

Ruck, Michael: Bibliographie zum Nationalsozialismus. 2. erw. Aufl., 2. Bde. Darmstadt 2000.

Studt, Christoph: Das Dritte Reich in Daten, München 2002.

Quellen

Akten zur deutschen auswärtigen Politik 1918–1945. Serie C 1933–1937, Bd. 1–6, Göttingen 1971–1981; Serie D 1937–1941, Bd. 1–13, Baden-Baden/Frankfurt a. M. u. a. 1950–1970.

Akten der Reichskanzlei. Regierung Hitler 1933–1938, hrsg. von Konrad Repgen und Hans Booms, Teil I: 1933/34, Bd. 1: 30. Jan. bis 31. Aug. 1933, Bd. 2: 12. Sept. 1933 bis 27. Aug. 1934, Boppard a. Rh. 1983; Teil II: 1934/35, Bd. 1: 1. Aug. 1934–Mai 1935, Bd. 2: 2. Juni–Dez. 1935, Boppard a. Rh. 1999.

Aly, Götz und Wolf Gruner, Susanne Heim, Ulrich Herbert, Hans-Dieter Kreikamp, Horst Möller, Dieter Pohl, Hartmut Weber (Hrsg.): Die Verfolgung und Ermordung der europäischen Juden durch das nationalsozialistische Deutschland 1933–1945, Bd. 1: Deutsches Reich 1933–1937, bearb. von Wolf Gruner, München 2008; Bd. 2: Deutsches Reich 1938 – August 1939, bearbeitet von Susanne Heim, München 2009.

Bajohr, Frank und Christoph Strupp (Hrsg.): Fremde Blicke auf das „Dritte Reich“: Berichte ausländischer Diplomaten über Herrschaft und Gesellschaft in Deutschland 1933–1945, Göttingen 2011.

Boberach, Heinz (Hrsg.): Meldungen aus dem Reich 1938–1945. Die geheimen Lageberichte des Sicherheitsdienstes der SS, 18 Bde., Neuausg. Herrsching 1984/85 (EA 1965).

Documents on British Foreign Policy 1919–1939. 2. Serie 1929–1938, Bd. 1–21, London 1946–1984.

Documents diplomatiques français 1932–1939. 1. Serie 1932–1935, Bd. 1–13, Paris 1964–1984; 2. Serie 1936–1939, Bd. 1–19, Paris 1963–1986.

Domarus, Max (Hrsg.): Hitler. Reden und Proklamationen 1932–1945. Kommentiert von einem deutschen Zeitgenossen, 4 Bde., 4. Aufl. Leonberg 1988 (EA 1962/63).

Feder, Gottfried: Das Programm der NSDAP und seine weltanschaulichen Grundgedanken, München 1927.

Foreign Relations of the United States, Diplomatic Papers, 1933–1939, Washington 1950–1969.

Fröhlich, Elke (Hrsg.): Die Tagebücher von Joseph Goebbels, Teil 1: Aufzeichnungen 1923–1941, München 1998 ff.

Hitler, Adolf: Mein Kampf, München 153.–154. Auflage 1935 [EA 1925/26].

Hitler. Reden, Schriften, Anordnungen, Februar 1925 bis Januar 1933, hrsg. vom Institut für Zeitgeschichte, München u. a. 1992–1999.

Jäckel, Eberhard und Axel Kuhn (Hrsg.): Hitler. Sämtliche Aufzeichnungen 1905–1924, Stuttgart 1980; ergänzend: Dies. und Hermann Weiß: Neue Erkenntnisse zur Fälschung von Hitler-Dokumenten, in: Vierteljahrshefte für Zeitgeschichte (VfZ) 32 (1984), S. 163–169.

Klemperer, Victor: Ich will Zeugnis ablegen bis zum letzten. Tagebücher 1933–1945, 2 Bde., Berlin 1995.

Kotze, Hildegard von und Helmut Krausnick (Hrsg.): „Es spricht der Führer“. 7 exemplarische Hitler-Reden, hrsg. und erläutert von Hildegard von Kotze und Helmut Krausnick unter Mitwirkung von F. A. Krummacher, Gütersloh 1966.

Ley, Robert: Soldaten der Arbeit, München 4. Aufl. 1942.

Müller, Klaus-Jürgen: Armee und Drittes Reich 1933–1939. Darstellung und Dokumentation, Paderborn 1987.

Der Prozeß gegen die Hauptkriegsverbrecher vor dem Internationalen Militärgerichtshof. Nürnberg, 14. 11. 1945–1. 10. 1946, 42 Bde., Nürnberg 1947–1949.

Reischle, Hermann: Nationalsozialistische Agrarpolitik, München 1941.

Ursachen und Folgen. Vom deutschen Zusammenbruch 1918 und 1945 bis zur staatlichen Neuordnung Deutschlands in der Gegenwart. Eine Urkunden- und Dokumentensammlung zur Zeitgeschichte, hrsg. u. bearbeitet v. Herbert Michaelis und Ernst Schraepler, 28 Bde., Berlin 1964–1980.

Statistisches Jahrbuch für das Deutsche Reich, hrsg. vom Statistischen Reichsamt, Jg. 52 (1933) bis Jg. 59 (1941/42), Berlin 1933–1942.

Thomas, Georg: Geschichte der deutschen Wehr- und Rüstungswirtschaft (1918–1943/45), hrsg. von Wolfgang Birkenfeld, Boppard a. Rh. 1966.
Treue, Wilhelm: Hitlers Denkschrift zum Vierjahresplan 1936, in: VfZ 3 (1955), S. 184–210.
Vogelsang, Thilo: Neue Dokumente zur Geschichte der Reichswehr 1930–1933, VfZ 2 (1954), S. 397–436.
Walk, Joseph (Hrsg.): Das Sonderrecht für die Juden im NS-Staat. Eine Sammlung der gesetzlichen Maßnahmen und Richtlinien – Inhalt und Bedeutung, Heidelberg 1981.
Winschuh, Josef: Gerüstete Wirtschaft, Berlin 1939.
Wirsching, Andreas: „Man kann nur Boden germanisieren". Eine neue Quelle zu Hitlers Rede vor den Spitzen der Reichswehr am 3. Februar 1933, in: VfZ 49 (2001), S. 517–550.
Wollstein, Günter (Hrsg.): Quellen zur deutschen Innenpolitik 1933–1939, Darmstadt 2001.

Allgemeine Darstellungen und übergreifende Themen

Bajohr, Frank und Michael Wildt (Hrsg.): Volksgemeinschaft. Neue Forschungen zur Gesellschaft des Nationalsozialismus. Frankfurt am Main 2009.
Bavaj, Riccardo: Die Ambivalenz der Moderne im Nationalsozialismus. Eine Bilanz der Forschung, München 2003.
Benz, Wolfgang: Geschichte des Dritten Reiches, München 2000.
Benz, Wolfgang und Barbara Distel (Hrsg.): Der Ort des Terrors. Geschichte der nationalsozialistischen Konzentrationslager, München 2005–2009.
Bracher, Karl Dietrich: Die Auflösung der Weimarer Republik. Eine Studie zum Problem des Machtverfalls in der Demokratie, ND der 5. Aufl. 1971 Düsseldorf 1984 (EA 1955).
Bracher, Karl Dietrich: Die deutsche Diktatur. Entstehung, Struktur, Folgen des Nationalsozialismus, Frankfurt a. M. 6. Aufl. 1983 (EA 1969).
Bracher, Karl Dietrich und Manfred Funke, Hans-Adolf Jacobsen (Hrsg.): Nationalsozialistische Diktatur 1933–1945. Eine Bilanz, Bonn 1986.
Bracher, Karl Dietrich und Manfred Funke, Hans-Adolf Jacobsen (Hrsg.): Deutschland 1933–1945. Neue Studien zur nationalsozialistischen Herrschaft, Bonn 1992.
Bracher, Karl Dietrich und Wolfgang Sauer, Gerhard Schulz: Die nationalsozialistische Machtergreifung. Studien zur Errichtung des totalitären Herrschaftssystems in Deutschland 1933/34, 2., durchges. Aufl. Köln/Opladen 1962 (EA 1960).
Broszat, Martin: Der Staat Hitlers. Grundlegung und Entwicklung seiner inneren Verfassung, 15. Aufl. München 2000 (EA 1969).
Broszat, Martin und Norbert Frei (Hrsg.): Das Dritte Reich im Überblick. Ursprünge, Ereignisse, Zusammenhänge, 6. Aufl. München 1999 (EA 1983).
Burleigh, Michael: Die Zeit des Nationalsozialismus. Eine Gesamtdarstellung, Frankfurt a. M. 2000.
Caplan, Jane (ed.): Short Oxford History of Germany, Oxford 2008.
Conze, Eckart und Norbert Frei, Peter Hayes, Moshe Zimmermann: Das Amt und die Vergangenheit. Deutsche Diplomaten im Dritten Reich und in der Bundesrepublik, unter Mitarbeit von Annette Weinke und Andrea Wiegeshoff, München 2010.
Dahm, Volker und Albert A. Feiber, Hartmut Mehringer, Horst Möller (Hrsg.): Die tödliche Utopie. Bilder. Texte. Dokumente. Daten zum Dritten Reich, München, 5., vollst. überarb. u. erw. Neuausgabe 2008.
Das Deutsche Reich und der Zweite Weltkrieg, Band 1: Ursachen und Voraussetzungen der deutschen Kriegspolitik, von Wilhelm Deist, Manfred Messerschmidt, Hans-Erich Volkmann, Stuttgart 1979.
Deutscher Sonderweg – Mythos oder Realität? Kolloquien des Instituts für Zeitgeschichte, München 1982.
Dülffer, Jost: Deutsche Geschichte 1933–1945. Führerglaube und Vernichtungskrieg, Stuttgart 1992.
Erdmann, Karl Dietrich: Deutschland unter der Herrschaft des Nationalsozialismus 1933–1939, Gebhardt, Handbuch der Deutschen Geschichte, 9. neu bearb. Aufl., hrsg. von Herbert Grundmann, Stuttgart 1976.
Evans, Richard J.: Das Dritte Reich. Bd. II/1–2: Diktatur. Aus dem Englischen von Udo Rennert, München 2006.
Falter, Jürgen W.: Hitlers Wähler, München 1991.
Fraenkel, Ernst: Der Doppelstaat, 2., durchges. Aufl. Hamburg 2001 (EA 1974; englisch: The Dual State 1941).
Frei, Norbert: Der Führerstaat. Nationalsozialistische Herrschaft 1933–1945, 6., erw. u. akt. Aufl. München 2001 (EA 1987).
Grebing, Helga: Der „deutsche Sonderweg" in Europa 1806–1945. Eine Kritik, Stuttgart u. a. 1986.
Hehl, Ulrich von: Nationalsozialistische Herrschaft, München 1996.
Herbst, Ludolf: Das nationalsozialistische Deutschland 1933–1945. Die Entfesselung der Gewalt: Rassismus und Krieg. Frankfurt a. M. 1996.
Hildebrand, Klaus: Das Dritte Reich, München 7. durchgesehene Aufl. 2009 [der 6. überarb. Aufl. 2003].
Hirschfeld, Gerhard und Lothar Kettenacker (Hrsg.), Der „Führerstaat". Mythos und Realität. Studien zur Struktur und Politik des Dritten Reiches, Stuttgart 1981.
Kershaw, Ian: Der NS-Staat. Geschichtsinterpretationen und Kontroversen im Überblick, Reinbek bei Hamburg 4. Aufl. 2006.
Möller, Horst und Andreas Wirsching, Walter Ziegler (Hrsg.): Nationalsozialismus in der Region. Beiträge zur regionalen und lokalen Forschung und zum internationalen Vergleich, München 1996.
Mommsen, Hans: Nationalsozialismus, in: Sowjetsystem und demokratische Gesellschaft. Eine vergleichende Enzyklopädie, Bd. 4, Freiburg i. Brsg. 1971, S. 695–713.
Neumann, Franz: Behemoth. Struktur und Praxis des Nationalsozialismus, Frankfurt a. M. 5. Aufl. 2004 [EA 1942].
Recker, Marie-Luise: Die Außenpolitik des Dritten Reiches, München 1990.
Süß, Dietmar und Winfried Süß (Hrsg.): Das „Dritte Reich". Eine Einführung. München 2008.
Schieder, Theodor: Europa im Zeitalter der Weltmächte, in: Handbuch der europäischen Geschichte, hrsg. von Theodor Schieder, Bd. 7/1, Stuttgart 1979.
Thamer, Hans-Ulrich: Verführung und Gewalt. Deutschland 1933–1945, Berlin 1986.
Weber, Max: Max Weber Gesamtausgabe, Bd. I/22: Wirtschaft und Gesellschaft. Die Wirtschaft und die gesell-

schaftlichen Ordnungen der Mächte. Nachlaß. Tübingen 1999 ff.
Wehler, Hans-Ulrich: Der Nationalsozialismus. Bewegung, Führerschaft, Verbrechen 1919–1945, München 2009.
Wildt, Michael: Geschichte des Nationalsozialismus. Stuttgart 2008.
Winkler, Heinrich August: Der lange Weg nach Westen, Bd. 2: Deutsche Geschichte vom „Dritten Reich" bis zur Wiedervereinigung, München 5., durchges. Aufl. 2002 [EA 2000].
Wirsching, Andreas: Deutsche Geschichte im 20. Jahrhundert, München 3. Aufl. 2011 [EA 2001].

Hitler

Bullock, Alan: Hitler. Eine Studie über Tyrannei, vollst. überarb. Neuausg. Düsseldorf 1967 (EA 1953) (engl. 1952; vollst. überarb. engl. Ausg. 1964).
Erpel, Simone und Hans-Ulrich Thamer (Hrsg.): Hitler und die Deutschen: Volksgemeinschaft und Verbrechen, Dresden 2010.
Fest, Joachim: Hitler. Eine Biographie, mit einem Vorwort des Autors vers. ND Berlin 1996 (EA 1973).
Herbst, Ludolf: Hitlers Charisma: Die Erfindung eines deutschen Messias, Frankfurt a. M. 2010.
Kershaw, Ian: Hitlers Macht. Das Profil der NS-Herrschaft, München 1992.
Kershaw, Ian: Hitler, 2 Bde., Stuttgart 1998–2000 (engl. 1998–2000).
Jäckel, Eberhard: Hitlers Weltanschauung. Entwurf einer Herrschaft, 4. Aufl. der erw. u. überarb. Neuausg. 1981 Stuttgart 1991 (EA 1969).
Jäckel, Eberhard: Hitlers Herrschaft. Vollzug einer Weltanschauung, 3. Aufl. Stuttgart 1991 (EA 1986).
Longerich, Peter: Der ungeschriebene Befehl. Hitler und der Weg zur „Endlösung", München–Zürich 2001.
Dolezel, Stephan und Martin Lopierdinger: Adolf Hitler in Parteitagsfilm und Wochenschau, in: Loiperdinger, Martin, Rudolf Herz, Ulrich Pohlmann (Hrsg.): Führerbilder. Hitler, Mussolini, Roosevelt, Stalin in Fotographie und Film. München 1995, S. 77–100.
Plöckinger, Othmar: Geschichte eines Buches: Adolf Hitlers „Mein Kampf" 1922–1945. München 2006.
Schmölders, Claudia: Hitlers Gesicht. Eine physiognomische Biographie, München 2000.
Schreiber, Gerhard: Hitler-Interpretationen 1923–1983. Ergebnisse, Methoden und Probleme der Forschung, 2., verb. u. durch eine annot. Bibliogr. für die Jahre 1984–1987 erg. Aufl. Darmstadt 1988 (EA 1984).
Turner, Henry Ashby: Die Großunternehmer und der Aufstieg Hitlers, Berlin 1985.
Turner, Henry Ashby: Hitlers Weg zur Macht. Der Januar 1933, München 1996.
Ueberschär, Gerd R. und Winfried Vogel: Dienen und Verdienen. Hitlers Geschenke an seine Eliten, Frankfurt a. M 2000.

Biographisches

Ackermann, Josef: Himmler als Ideologe. Nach Tagebüchern, stenographischen Notizen, Briefen und Reden, Göttingen 1970.
Bollmus, Reinhard: Das Amt Rosenberg und seine Gegner. Studien zum Machtkampf im nationalsozialistischen Herrschaftssystem, Neuausg. mit einem Nachwort München 2001 (EA 1970).
Breloer, Heinrich und Rainer Zimmer: Die Akte Speer. Spuren eines Kriegsverbrechers, Berlin 2006.
Fest, Joachim: Das Gesicht des Dritten Reiches. Profile einer totalitären Herrschaft, Neuausg. München 1993 (EA 1963).
Gerwarth, Robert: Reinhard Heydrich. Biografie. Aus dem englischen von Udo Rennert, München 2011.
Hachmeister, Lutz. Der Gegnerforscher. Die Karriere des SS-Führers Franz Alfred Six. München 1998.
Herbert, Ulrich: Best. Biographische Studien über Radikalismus, Weltanschauung und Vernunft 1903–1989, Neuaufl. Bonn 2001 (EA 1996).
Janßen, Karl Heinz und Fritz Tobias: Der Sturz der Generäle. Hitler und die Blomberg-Fritsch-Krise 1938, München 1994.
Klee, Ernst: Das Personenlexikon zum Dritten Reich. Wer war was vor und nach 1945, Frankfurt a. M. 2003.
Klee, Ernst: Das Kulturlexikon zum Dritten Reich. Wer war was vor und nach 1945. Frankfurt am Main 2007.
Kopper, Christopher: Hjalmar Schacht. Aufstieg und Fall von Hitlers wichtigstem Bankier, München/Wien 2006.
Krings, Stefan: Hitlers Pressechef: Otto Dietrich (1897–1952). Eine Biographie. Göttingen 2010.
Kube, Alfred: Pour le mérite und Hakenkreuz. Hermann Göring im Dritten Reich, 2. Aufl. München 1987 (EA 1986).
Lilla, Joachim (Bearb.) unter Mitarbeit von Martin Döring: Statisten in Uniform. Die Mitglieder des Reichstags 1933–1945. Ein biographisches Handbuch. Unter Einbeziehung der völkischen und nationalsozialistischen Reichstagsabgeordneten ab Mai 1924, Düsseldorf 2004.
Longerich, Peter: Heinrich Himmler. Biographie, München 2008.
Martens, Stefan: Hermann Göring. „Erster Paladin des Führers" und „Zweiter Mann im Reich", Paderborn 1985.
Neliba, Günter: Wilhelm Frick. Der Legalist des Unrechtsstaates. Eine politische Biographie. Paderborn 1992.
Piper, Ernst: Alfred Rosenberg. Hitlers Chefideologe, München 2005.
Pyta, Wolfram: Hindenburg. Herrschaft zwischen Hohenzollern und Hitler, München 2007.
Reuth, Ralf Georg: Goebbels, München/Zürich 1995 [EA 1990].
Schenk, Dieter: Hans Frank. Hitlers Kronjurist und Generalgouverneur, Frankfurt am Main 2006.
Smelser, Ronald: Robert Ley. Hitlers Mann an der „Arbeitsfront". Eine Biographie. Paderborn 1989.
Smelser, Ronald und Rainer Zitelmann (Hrsg.), Die braune Elite. 22 biographische Skizzen, 4., aktual. Aufl. Darmstadt 1999 (EA 1989).
Smelser, Ronald und Enrico Syring, Rainer Zitelmann (Hrsg.): Die braune Elite II. 21 weitere biographische Skizzen, 2., aktual. Aufl. Darmstadt 1999 (EA 1993).
Smelser, Ronald und Enrico Syring (Hrsg.): Die SS. Elite unter dem Totenkopf. 20 Lebensläufe, Paderborn 2000.
Ueberschär, Gerd R. (Hrsg.): Hitlers militärische Elite. Von den Anfängen bis Kriegsbeginn, Darmstadt 1998.
Weiß, Hermann (Hrsg.): Biographisches Lexikon zum Dritten Reich, Frankfurt a. M. 2. Aufl. 1998.

Wildt, Michael: Generation des Unbedingten. Das Führungskorps des Reichssicherheitshauptamtes, Hamburg 2002.

Rassenpolitik und Herrschaftstechnik

Brechtken, Magnus „Madagaskar für die Juden". Antisemitische Idee und politische Praxis 1885–1945, München 2. Aufl. 1998.
Buchheim, Hans: Die SS – das Herrschaftsinstrument, Anatomie des SS-Staates, Bd. 1, München 1967.
Enzyklopädie des Holocaust, hrsg. v. Eberhard Jäckel, Peter Longerich und Julius H. Schoeps, München 1995.
Friedländer, Saul: Das Dritte Reich und die Juden. Die Jahre der Verfolgung 1933–1939. Übersetzt von Martin Pfeiffer, München 2. Aufl. 1998.
Graml, Hermann: Reichskristallnacht. Antisemitismus und Judenverfolgung im Dritten Reich, München 1988.
Herbert, Ulrich und Karin Orth, Christoph Dieckmann (Hrsg.): Die nationalsozialistischen Konzentrationslager. Entwicklung und Struktur, 2 Bde. Göttingen 1998.
Höhne, Heinz: Der Orden unter dem Totenkopf. Die Geschichte der SS, Neuausg. Augsburg 2000 (EA 1967).
Longerich, Peter: Politik der Vernichtung. Eine Gesamtdarstellung der nationalsozialistischen Judenverfolgung, München/Zürich 1998.
Longerich, Peter: „Davon haben wir nichts gewusst!" Die Deutschen und die Judenverfolgung 1933–1945. München 2006.
Maier, Hans (Hrsg.): Totalitarismus und Politische Religionen. Konzepte des Diktaturvergleichs Paderborn 1996.
Paul, Gerhard und Klaus-Michael Mallmann (Hrsg.): Die Gestapo – Mythos und Realität, Darmstadt 1995.
Pehle, Walter H. (Hrsg.): Der Judenpogrom 1938. Von der „Reichskristallnacht" zum Völkermord, Frankfurt a. M. 1988.
Pohl, Dieter: Verfolgung und Massenmord in der NS-Zeit 1933–1945, Darmstadt 2003.
Schulte, Jan Erik (Hrsg.): Die SS, Himmler und die Wewelsburg. Paderborn 2009.
Wagner, Patrick: Hitlers Kriminalisten. Die deutsche Kriminalpolizei und der Nationalsozialismus zwischen 1920 und 1960, München 2002.
Wilhelm, Friedrich: Die Polizei im NS-Staat. Die Geschichte ihrer Organisation im Überblick, 2., durchges. u. verb. Aufl. Paderborn u. a. 1999 (EA 1997).
Wildt, Michael: Volksgemeinschaft als Selbstermächtigung. Gewalt gegen Juden in der deutschen Provinz 1919 bis 1939. Hamburg 2007.

Gesellschaft, Justiz, Kirchen, Verwaltung, Widerstand, Wirtschaft

Aly, Götz (Hg.): Volkes Stimme. Skepsis und Führervertrauen im Nationalsozialismus. Frankfurt am Main 2. Aufl. 2007.
Benz, Wolfgang und Walter H. Pehle (Hrsg.): Lexikon des deutschen Widerstandes, Neuaufl. der 2., durchges. Aufl. 1994 Frankfurt a. M. 2001 (EA 1994).
Bähr, Johannes, Axel Drecoll, Bernhard Gotto, Kim C. Priemel, Harald Wixforth: Der Flick-Konzern im Dritten Reich, München 2008.
Blaich, Fritz: Wirtschaft und Rüstung im „Dritten Reich, Düsseldorf 1987.
Boelcke, Willi A.: Die Kosten von Hitlers Krieg. Kriegsfinanzierung und finanzielles Kriegserbe in Deutschland 1933–1948, Paderborn 1985.
Deutsche Hochschule der Polizei, Münster, Florian Dierl, Mariana Hausleitner, Martin Hölzl und Andreas Mix (Hg.): Ordnung und Vernichtung. Die Polizei im NS-Staat, Dresden 2011.
Gailus, Manfred und Armin Nolzen (Hrsg.): Zerstrittene „Volksgemeinschaft". Glaube Konfessionen und Religionen im Nationalsozialismus, Göttingen 2011.
Gotto, Klaus und Konrad Repgen (Hrsg.), Die Katholiken und das Dritte Reich, 3., erw. u. überarb. Aufl. Mainz 1990 (EA 1980).
Gruchmann, Lothar: Justiz im Dritten Reich 1933–1940. Anpassung und Unterwerfung in der Ära Gürtner, 3., verb. Aufl. München 2001 (EA 1988).
Grüttner, Michael: Studenten im Dritten Reich. Paderborn 1995.
Hehl, Ulrich von u. a. (Bearb.): Priester unter Hitlers Terror. Eine biographische und statistische Erhebung. 3., wesentlich veränderte und erweiterte Auflage Paderborn 1996.
Humann, Detlev: „Arbeitsschlacht". Arbeitsbeschaffung und Propaganda in der NS-Zeit 1933–1939, Göttingen 2011.
Jellonek, Burkhard: Homosexuelle unter dem Hakenkreuz. Die Verfolgung der Homosexuellen im Dritten Reich, Paderborn 1990.
Kramer, Nicole: Volksgenossinnen an der Heimatfront. Mobilisierung, Verhalten, Erinnerung, Göttingen 2011.
Longerich, Peter: Die braunen Bataillone. Geschichte der SA, München 1989.
Medizin im Nationalsozialismus, Kolloquien des Instituts für Zeitgeschichte, München 1988.
Meier, Kurt: Kreuz und Hakenkreuz. Die evangelische Kirche im Dritten Reich, überarb. Neuausg. München 2001 (EA 1992).
Petzina, Dieter: Autarkiepolitik im Dritten Reich. Der nationalsozialistische Vierjahresplan, Stuttgart 1968.
Prinz, Michael und Rainer Zitelmann (Hrsg.): Nationalsozialismus und Modernisierung, 2., durch ein Nachwort ergänzte Auflage Darmstadt 1994.
Scholder, Klaus: Die Kirchen und das Dritte Reich, Bd. 1: Vorgeschichte und Zeit der Illusionen 1918–1934, geringfügig erg. u. korr. Ausg. Frankfurt a. M./Berlin 1986 (EA 1977); Bd. 2: Das Jahr der Ernüchterung. 1934. Barmen und Rom, geringfügig erg. u. korr. Ausg. Frankfurt a. M./Berlin 1988 (EA 1985).
Schulte, Wolfgang (Hrsg.): Die Polizei im NS-Staat. Beiträge eines internationalen Symposiums an der Deutschen Hochschule der Polizei in Münster, Frankfurt am Main 2009.
Steinbacher, Sybille (Hrsg.): Volksgenossinnen. Frauen in der NS-Volksgemeinschaft, Göttingen 2007.
Tooze, Adam: Ökonomie der Zerstörung. Die Geschichte der Wirtschaft im Nationalsozialismus. Aus dem Englischen von Yvonne Badal, München 2007.
Volkmann, Hans-Erich: Die NS-Wirtschaft in Vorbereitung des Krieges, in: Das Deutsche Reich und der Zweite Weltkrieg, Bd. 1, Stuttgart 1979, S. 177–368.

Register

Deutschland, Deutsches Reich etc. sowie Adolf Hitler sind nicht aufgenommen.